2019年高二5班学生参加全国歌唱祖国班班有歌声展示活动合影

《青春禁忌游戏》参演学生:
戴炜伦、邵骏泽、张心言、张莹兰、高艺轩

《青春禁忌游戏》参演学生：濮可扬、叶玮怡、蔡程、徐策、王天乐

《行，以知道：我与上戏附中这五年》发布会与袁岳老师等合影

青年后备干部训练营赴上海实验学校学习

深州艺术高级中学聘肖英校长为办学顾问　聘书

与学生们一起毕业留念

学生舞蹈《红旗颂》

学生舞蹈《红色礼赞》

学生舞蹈《映山红》

与高三毕业生

与学生一起观看话剧《青春禁忌游戏》

聘请余迪老师、宋罡老师为上戏附中名家讲师团成员

《青春禁忌游戏》剧照

与浙江传媒学院签约
学校成为浙江传媒学院优质生源基地学校

个人照

# 行，以知趣

## 我的教育叙事

肖英——著

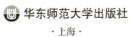

·上海·

图书在版编目(CIP)数据

行,以知趣:我的教育叙事/肖英著.—上海:华东师范大学出版社,2021
ISBN 978-7-5760-1680-2

Ⅰ.①行… Ⅱ.①肖… Ⅲ.①中学教育-教育研究
Ⅳ.①G632.0

中国版本图书馆 CIP 数据核字(2021)第 078367 号

# 行,以知趣:我的教育叙事

著　　者　肖　英
责任编辑　朱华华(策划组稿)
　　　　　王国红(项目统筹)
特约审读　李　莎
责任校对　时东明　李琳琳
装帧设计　吴逸君

出版发行　华东师范大学出版社
社　　址　上海市中山北路 3663 号　邮编 200062
网　　址　www.ecnupress.com.cn
电　　话　021-60821666　行政传真 021-62572105
客服电话　021-62865537　门市(邮购)电话 021-62869887
地　　址　上海市中山北路 3663 号华东师范大学校内先锋路口
网　　店　http://hdsdcbs.tmall.com

印　刷　者　上海华顿书刊印刷有限公司
开　　本　787×1092　16 开
印　　张　16.75
插　　页　4
字　　数　215 千字
版　　次　2021 年 6 月第 1 版
印　　次　2021 年 6 月第 1 次
书　　号　ISBN 978-7-5760-1680-2
定　　价　98.00 元

出版人　王　焰

(如发现本版图书有印订质量问题,请寄回本社客服中心调换或电话 021-62865537 联系)

# 目录

序一：校长的教育自觉/陈玉琨　/ 1

序二：那至善的师道，谁真不让你做了？/袁岳　/ 3

自序：行，以知趣：做美丽而高贵的教育人　/ 5

## 上编　上以扬美致，下以育菁莪

第一章　切近雅趣："文化名人进校园"课程　/ 3

一、归真返璞，永存初心——濮存昕专场　/ 3

二、不是因为坚持，而是因为喜欢——骆新专场　/ 8

三、你听说过"天生丽质"这个词吗？——马伊琍专场　/ 16

四、云程发轫，干霄凌云——谭元元专场　/ 23

五、不负古韵，妙演昆曲——张军专场　/ 28

六、致知力行，踵事增华——"力量之声"余迪、宋罡专场　/ 33

第二章　步履趋趣：上戏附中学生的表演实践课程　/ 36

一、心之所向，素履以往——2018年话剧《青春禁忌游戏》　/ 36

二、业精于勤，行成于思——2019年合唱比赛（深圳之行）　/ 45

1

三、万里蹀躞,以艺为归——2020年话剧《奥菲利娅的

影子剧院》/ 54

四、不营微芒,造炬成阳——2020年原创音乐剧《守候》/ 59

第三章 相聚谈趣:肖邀午后 / 66

## 下编:踽踽行十载,兴感当如何

第四章 涉笔成趣:我的科研实践 / 87

一、创享全息剧场 奠基幸福人生 / 87

二、畅享全息剧场 成就特色学校 / 106

三、构建新时代高校与中学合作美育共同体 / 130

四、"全息剧场"场域下戏剧特色高中育人模式的探索

——2020年10月庆祝建校95周年戏剧高峰论坛发言稿 / 138

五、戏剧教育,让课堂更有生命力 / 145

六、迈向教育信息化2.0之学习之变 / 149

七、后疫情时代的混合式学习新常态 / 154

八、以戏剧教育推动学校育人方式转变的思考与实践

——写于上海戏剧学院附属高级中学建校95周年之际 / 157

九、助力"双新"背景下的"新"教师,打造"后特色时代"的人才库

——2020年上戏附中第二届人才工作会议讲话 / 164

**第五章　秀致育趣：我的育人理念**　/ 175
一、如何培养"液态"社会下的孩子　/ 175
二、撑起美丽而高贵的教育　/ 182
三、打开心灵，拥抱生活
　　——致2017届高三毕业生　/ 184
四、为什么是我
　　——致2018届高三毕业生　/ 185
五、向美而生，向上而行
　　——致2019届高三毕业生　/ 187
六、以确定的信念面对不确定的未来
　　——致2020届高三毕业生　/ 189
七、1925—2020：许过去以未来　/ 191
八、做有态度的教育，办有品质的学校　/ 192
九、最好不过的时代，我们要做的就是跟上　/ 195
十、遇见青春，遇见最美的自己　/ 197
十一、名校长访谈：走出特色高中"后特色时代"的
　　　品牌之路　/ 198
十二、少年美则中国美　/ 202

**第六章　撰文品趣：我的学习札记**　/ 210
一、《清华管理学课》学习札记　/ 210
二、《赋能领导力》学习分享　/ 214
三、《小米组织调整的8个关键词》学习分享　/ 216

四、教育随笔：音乐剧为什么越来越受青睐？ / 219

五、教育随笔：一次"性价比"极高的接待 / 221

六、教育随笔：静待一朵"颜花"盛开 / 225

七、教育随笔：师心荡漾——戏剧育人的魅力 / 229

八、教育随笔：游戏化，重塑人类积极的未来 / 236

九、教育随笔："鸡娃"不如"鸡自己" / 239

十、教育随笔："控制"和"溺爱"是教育的大忌 / 240

十一、教育随笔：家长会上有爸爸的身影吗？ / 242

十二、教育随笔：你听说过"雌雄同体"一词吗？ / 244

**后记：因为热爱，所以懂得** / 247

# 序一：校长的教育自觉

陈玉琨

"真善美"是人精神领域的三大追求,在我看来,"美"无疑是其中最高的境界。科学是求"真"之学,伦理与道德是求"善"之学,文学与艺术是求"美"之学。探究着"真"、追求着"善"、执着于"美"当然就是人生的终极追求。

《行,以知趣》是肖英校长继《行,以知雅》与《行,以知道》后的第三部作品。《行,以知道》讲的是艺术之道;《行,以知雅》讲的是艺术中与艺术外的礼仪,其实质也就是艺术中与艺术外的伦理与道德;《行,以知趣》当然就是对艺术美的追求。

没有对美的追求还能称得上"艺术"吗?回答当然是否定的,但是,在社会中这种论调又是存在的。你可以把这种艺术叫作"假艺术"或者"伪艺术",然而,可以肯定,总有人会为之辩论,甚至也有人会说,"假艺术"或者"伪艺术"也是艺术。无语!

上戏附中是一所以艺术——主要是以戏剧为特色的高中。作为校长,肖英知道学校承担着怎样的社会责任与历史使命,以美益智、以美育德、以美健体、以美促劳,"精致教学,戏剧涵盖,艺术浸润,以戏剧的核心特征推动学校课程教学改革,优化教学生态,提升教学品质。在完善戏剧艺术特色幸福课程中,凸显学校的教育理念和办学特色"。这就是一位校长的教育自觉!

# 行，以知趣
## 我的教育叙事

教育有"自在"的教育与"自觉"的教育之分。远古时期的教育当然是"自在"的，是父母与子女之间，师傅与徒弟之间为了生存而进行的劳动与生产技能传授的活动。现代的教育在大多数的国家层面上，是"自觉"的，是把自然人培养成社会人的活动。人并非是天生就能成为社会人的。把一个初生的婴儿放在狼群中，他不会懂得人的语言，甚至不会直立行走，20世纪60年代出现在印度的"狼孩"就是例证。所以教育需要尊重学生，也需要引导学生。在上戏附中，肖英校长始终牢记着社会赋予学校的使命，并不辞辛劳，以身作则，举办"肖邀午后"，面对面、零距离地了解学生、把脉学生，倾听学生的心声，引领学生的成长；邀请艺术大咖，让他们坦诚地表达作为艺界名人对艺术品位与社会责任的理解。这些举措无疑是成功的，从学生的反馈来看，它们引起了学生强烈的心灵震撼。

我一直说，教育无小事，其实教育也没有什么大事。教育就是以教师的一言一行影响学生的一举一动。做教师不难，拿着一本教材走进教室，开口就讲，这是教师，这样的教师难吗？当然，做教师也很难，尤其做艺术类学校教师就更难。每一位学生都不一样，尤其是艺术天赋有很大差别，一个好导演要针对每个演员设计适合他们的角色，一个好教师就像好导演一样为每个学生设计他们未来的人生。校长就是一所学校的总设计师，他的理念与言行影响着学生的一生。感谢肖英校长为我们贡献的办学经验与智慧。

作者介绍：陈玉琨教授，华东师范大学首批终身教授、博士生导师。曾任校务委员会副主任、教育科学学院院长、教育管理学院院长、公共管理学院院长、教育部中学校长培训中心主任。现任华东师范大学考试与评价研究院院长、国际慕课研究中心主任、教育学部学术委员会主任。社会与学术兼职包括国务院学位委员会公共管理学科评议组成员、全国教育干部培训专家委员会主任委员等。

# 序二：那至善的师道，谁真不让你做了？

袁 岳

对一个孩子讲爱好、见识、动手能力、社会阅历、自我决策、挫折体验的重要性，最让你无奈的回答是：我妈不让我去做！如果你和他妈说，他妈最让你无奈的回答是：考试用不上，老师不让学生这么干！如果你跟老师说，老师最让你无奈的回答是：考评指标里没这个，学校不让你这么干！如果你去跟学校领导说，他最让你无奈的回答是：教学大纲与系统考评里没要求我这么干！谁也没有责任，谁也能找到自己不干的理由，最后大家都认为对的事真的没干或干得远远不够。

我还真看到有的孩子有爱好，有见识，有动手能力，有社会阅历，有自我决策能力，有挫折体验。也许开始他妈也没要他干，但是他真干了，妈妈也看到了孩子的能力与独特点，并没有真阻止。有老师看到自己学生有自己的选择与想法，也没有说非要掐灭他，甚至也用欣赏和包容的姿态鼓励了他。而有的校长，在各种规定的条件下，结合自己对情势的判断、人才成长所需要的空间的体会、活生生的新一代学生发展所呈现出来的态势，提供了更多的选项、空间、条件与机会。可见事在人为，重点是要有为的热情、勇气与策略。

教育工作者中有人成为教育家，有人成为教育官员，有人只是专业教课人

## 行，以知趣
### 我的教育叙事

员。而能称为教育家的，需要有对社会的敏感认识，有对不同社会条件下人才发展特点的洞察，有在规定动作下设置创意动作的魄力和前瞻性，有人性变迁、人类潜能开发的科学知识，有对调动社会资源为人才培养服务的热情、感染力和历练。校园与社会难免有所隔离，而教育家就是打破隔离与促进建设性互动的桥梁。

我冒昧为肖英校长的书写序，因为她把我以前送她书时候题写的"行，以知道""行"出来了，还写成了书，而今进一步还"行，以知趣"了。她就属于我说的那类总说"其他人不让干而我自己能干点什么"的人。肖校长是不是教育家，这个我不敢断言，大家可以公评下。你看看她这本书里面说的事与做的事，站在社会的角度来说，是受欢迎的；站在孩子与家长的角度，是被认可的；站在某些教育者或者校长的角度来说，多少是有点难以置信的。知趣通常是说你明智地躲开了。但你要真明智，一定要看看肖校长的这本书。毕竟她都"行"了，你"知"一下还不行么。

作者介绍：袁岳博士，零点有数董事长、飞马旅联合创始人、黑苹果青年公益理事长、全国工商联宣教委副主任、欧美同学会常务理事、中国市场信息调查业协会副会长、上海市决策咨询委员会委员。北京大学社会学博士、哈佛大学公共管理硕士、耶鲁大学世界学者、独立媒体人，发表关于数据科学、管理科学、社会群体研究等相关领域著作逾1350万字。

# 自序：行，以知趣：做美丽而高贵的教育人

曾经设想，我该如何总结在上戏附中这近十年的教育经验？是要尽力地将相关内容全部写一遍？如此，竟颇有"一部十七史从何说起"的感受。因此，我先在2015年7月写了人生中的第一本书《行，以知雅》，后又在2018年5月出版了我的第二本书《行，以知道：我与上戏附中这五年》，并准备在2021年出版人生的第三本书《行，以知趣：我的教育叙事》。毋庸讳言，我曾在脑海中为第三本书设计了一个极其宏大、壮观的结构，谁知道却又再一次印证先哲"方其搦翰，气倍辞前；暨乎篇成，半折心始"之预言，最终形成了如此"面目"。因此，这本书中的一些内容，就不能不说是"盲人摸象"的结果，但它若能展现近十年往事的真容，我也就感到欣慰了。

《行，以知雅》的书名由余秋雨大师题写，珍贵无比。此书的内容主要有四个部分——育人篇、管理篇、教研篇、随笔篇。承蒙国家督学杨国顺和静安区教育学会会长徐承博厚爱，为这本书亲自执笔总序；又受长宁区教育学院原院长陈晞、华东师大教授郅庭瑾、浦东教育研究院原院长顾志跃照拂，为书中的四个部分作分序。当然，书中内容较为驳杂，其中有市三女中、市西中学带过的学生对我的印象，又有公开发表的多篇文章与科研课题，还有刚来上戏附中时的公开讲

# 行，以知趣
## 我的教育叙事

话稿……共20多万字，计244页。如今翻来，最令我感动的是已毕业多年的学生，他们竟能清晰地记得当时的事件细节，而我却已然淡忘。

选择在第一本书中写"雅"也是有目的的。正如我在后记标题中所说，"有一种教育生活可以优雅"。当然，优雅的教育生活是充满热情地工作；优雅的教育生活是满心欢喜地对待学生；优雅的教育生活是可以等待的；优雅的教育生活就是给"良材美质"们播下美的种子，洒下爱的雨露，等待他们慢慢滋养和回味，在未来将汲取的养料幻化为蓬勃向上的力量。

而到第二本书《行，以知道：我与上戏附中这五年》，就开始来记录到上戏附中后的所思、所想、所做、所获。扉页的题名，为2014年8月30日袁岳老师为上戏附中所留"行以知道"的墨宝，堪为凤毛麟角；总序拜上海教育学会会长、上海市教委原副主任尹后庆先生所赐，如获至珍。此书内容有七章，分两个部分。第一部分题为"道不远人"，由"望道：我与文化名人之间的小故事""悟道：我在上戏附中的精彩小片段""知道：我任校长期间的精粹小短文"三章组成。第二部分题为"聚力而行"，由"凸显文化标识注重品牌影响力""提升管理效能，增强团队凝聚力""构建3D课程，彰显戏剧生命力""回望发展成果，持续师生幸福力"四章构成。全书共19万字，计230页。

这本书中的"道"蕴含丰富。一方面，它是道路，投影着我来上戏附中五年里风雨兼程的身影。另一方面，"道"也代表着透过现象探寻事物本质的心迹。正如在后记中写的："我带着对教育理想的执着，一路走来，冷暖自知。我用艺术粉饰校园，用人文点缀教育，一溜墙就是一道风景，一棵树就是一片福地，一抹亮色就是一份温暖，一个设计就是一种寓意，一次改革就是一轮攻坚，一番创新就是一次飞跃。"

在"雅"、"道"之后，我对教育又有了更深刻的感悟，因而想在第三本书中谈

## 自序：行，以知趣：做美丽而高贵的教育人

谈"趣"。如果说"行，以知雅"是讲究教育的外在形态，那"行，以知道"便是追求了教育的内在意蕴，而"行，以知趣"便是达到了外在与内在融合的一个境界。这是一个人在经历工作、生活的打磨后完成的蜕变。生命更加通透后，我的教育感悟中也多了一些对人性的洞察。写这本书时，我已经57岁，正处于一场没有硝烟的战争中——全国上下团结一致抗击新型冠状病毒。于"危急存亡之秋"，我更能领悟到生命的意义与价值，也更明白自由呼吸的奢侈和曾经的幸福。同时，我也有了更多思考——人生如果可以用"玩"的境界来做事，用"有意思"的志趣来生活，用一份轻松幽默的态度来"撰写"生命，这亦是教育的幸事。因此，我更喜欢这一两年我的微信头像和它所传达的精神——"做人要像茶壶一样乐观，屁股都烧红了还有心情吹口哨！"这是我的精神寄托，也是我对自己的勉励。

何"趣"之有呢？在我的人生中，工作更多意味着自我价值和社会责任，因此，它可以成为我的人生之"趣"。常常有朋友打趣我工作太过拼，也有朋友疑惑我对教育三十多年如一日源源不绝的激情，我想"喜欢"和"趣味"便足以解释这一切。

除此以外，工作之余看书、写作、观剧、交友、旅游等丰富了我的生活，也为我保持积极向上的姿态提供了极大的动力，并于此过程中建构着我独特的人生哲学。工作多年，我一直保持着看纸质书的习惯。除了在学校图书馆看喜欢的书，我也会经常光顾一些书店。纸质书阅读之外，我又开始听书，听后再买课程，以便整理文字、做记录。比如，"得到"App上梁宁老师的《增长30讲》是我听了好几遍的书，越听越有"得到"；还有清华大学宁向东教授的《管理学课》，它共有316讲，我一直坚持在听。听至一半，我对管理学有了一次革命性的认识，它塑造了我的思维，也在指导着我的工作。总之，我因为有感触、有收获、有意思而记录了很多，每一次思考出的独特感受，是我于文字与思维中涵泳出的无限趣味。

## 行，以知趣
### 我的教育叙事

作为校长，写文章对我来说是家常便饭。例如，《招生简章》写"校长的话"，《年鉴》写给高三学生的毕业寄语，等等。我逐渐明白，只有享受写作之"趣"，文字才能更有灵性和表达效果。常常有很多文字都经历过多次修改，反复琢磨。例如，2020年10月我们学校承办"少年美，中国美——中小学戏剧教育高峰论坛"，我发表了主旨报告——《"全息剧场"场域下戏剧特色高中育人模式的探索》。这篇文章尽管只有3000多字，但经过六位小伙伴三个多月的打磨，我的理解也从"形"走向"神"，从表象走向内核，从"技"升华至"道"，更深刻理解"全息剧场"、"戏剧艺术"、"双新教育理念"和"剧组化运营"等概念。随着时间的推移"戏剧+"的想法越来越成熟，从而为戏剧赋能。

至于"艺术"，对年轻时的我而言，它一定是奢侈品。我没有机会开掘天生的好嗓子，这可能是个遗憾。结婚生女后，我力排众议，克服重重困难让女儿学习钢琴。20世纪80年代上海交通还很不便利的情况下，我带着女儿长途跋涉，每周从闵行区到市中心，跟随上海师范大学音乐系的戴老师学习钢琴。课罢，再去江苏路利西路的蕴老师家学习功课，而后再去上海音乐学院钢琴房里练习。这些年，钢琴学习费用从25元一个月上涨至250元一节课，为本就艰辛的学琴道路更添一重苦涩。在陪伴女儿的过程中，我也开始对钢琴情有独钟。因而，每每在校园里听见琴声，我就会情不自禁地走过去，让学生为我弹奏一曲，我来给他们拍照或录像。我不仅喜欢当学生的听众，也时常鼓励他们继续坚持自己的爱好和特长。在我看来，一个人可以驾驭一门乐器是多么幸福的一件事，他会比别人拥有更为丰富的精神世界，更为自由的心中王国。

到上海戏剧学院附属高级中学工作后，我内心对艺术的爱与憧憬再次被唤醒、被激发了，认识专业的艺术工作者让我兴奋，欣赏优美的艺术作品让我欣喜。渐渐地，观剧、赏剧已经成为我生活中的一部分，我对戏剧作品的欣赏、点评亦随

## 自序：行，以知趣：做美丽而高贵的教育人

之而专业了不少。尤其是看红色题材的作品，如话剧《雨花台》、舞剧《永不消逝的电波》、音乐史诗《长征组歌》、舞蹈诗《黄河》等，我都会觉得耳目一新，精神振奋，由然而生对作品创意、现代舞美创作的无限钦佩。而自己学生的作品，如2018年高二学生演绎的《青春禁忌游戏》和2020年《奥菲利娅的影子剧院》，却让我想到了孔子所说的"后生可畏，焉知来者之不如今也"。同时，我也感悟到了艺术能使人们沉浸其中并感受其魅力与独特"趣味"，细细咂摸，不由得产生放松、愉悦、兴奋、感叹、回味等多种体会。

2020年2月的某一天，我站在哥斯达黎加首都圣何塞宾馆的阳台上，突然想到这样一句话："面对地球，人是多么地渺小啊，你能够踏上地球的某一个地方、某一片土地又是何其有幸、何其有缘的事。"人的生命是有限的，因此一定要抓紧时间去无限的世界走走看看。旅途需要有"闲"，而"闲"的含义包括被批准假期、父母康健的身体等多种因素，因为我曾有两次因担心父母身体而取消了旅行计划。所以，要抓紧有限的时间，多出去看看，这不仅可以开阔眼界，也能改变价值观，如环保理念、消费观念、设计理念、家庭关系、子女教育等诸多方面。

在外面走一走才会发现，人类只有真正敬畏自然，才能得到大自然的厚爱，我在工作中，也一直贯彻着这样的态度。

我曾说过，"要撑起美丽而高贵的教育"。我们就是在不容易中造就不一般，不一般的自己，不一般的学校。而无论行以知雅，还是行以知道，抑或行以知趣，其最终的目标都是造就高贵的教育和未来。我想，若这篇序言继续以"点将录"的形式讲述我在上戏附中的故事，大概也是大家都能够理解的事情，因为那毕竟是真实的存在。不过，我打算到此为止了，因为更精彩的内容还在书中，就让我们在书中相遇吧。

是为序。

上编 | 上以扬美致，
下以育菁莪

# 第一章
# 切近雅趣:"文化名人进校园"课程

一、归真返璞,永存初心
——濮存昕专场

2018年4月底,我在上海东方传媒集团有限公司人文艺术频道导演孙孟晋老师的微信上看到了他与濮存昕老师的合影。那时,我便在他的朋友圈下留言说:"好想请濮老师来我们学校啊!"没想到孙导演也是个有情有义有心思的人,看到我的留言后马上就私信了我一个重要信息:5月7日—12日,濮存昕老师会在上海戏剧学院上课。

得知这个消息的我如获至宝,非常兴奋。于是,我通过上海戏剧学院的领导,邀请濮存昕老师到附中开设半天的讲座。5月12日的中午,我吃好中饭匆匆赶去上戏接濮老师,只见他很疲惫地在那里休息。当我自我介绍的时候,他也表现出很淡然、很随和的样子,并没有让我觉得与他有距离感。当我主动提出想要与他合影的时候,他的热情立刻在脸上绽放出来,马上说"肖校长,站在这里合影,最漂亮"。那一刻,我感受到的是他细致入微的关心与体贴。

到了附中以后,他的那份人文情怀,无数次地让人感动。他先参观了上戏附中的校园。当他来到了骥德楼时,被这栋老洋房的历史感所吸引,想要在楼前留影。因为看他背着沉重的包,我劝他将包放在一边再留影时,他拒绝了,说:"背着包才是一个过客。"这个时候我才体会到,站在我们眼前的,已经不是一个德高望重的表演艺术家,而是彻彻底底的一个"老顽童"。当他来到五楼戏剧墙的时候,濮老师不顾年龄及艺术家的体面,竟一屁股直接坐在了巴金和曹禺像前,说道:"我要和戏剧大师合影。"那一刻,所有人看到的,是他对戏剧的痴迷、对老艺术家的尊敬和爱戴,这足以令旁观者肃然起敬。

到了人文艺作坊,我让濮老师休息一下,学校里的老师便络绎不绝地前来找他合影。当很多老师与他拍完照,心满意足地在一旁欣赏照片时,濮老师关注到了摄影师,主动说了一句:"小伙子,我要和你合个影。"濮老师突如其来的善意,也让摄影师不知所措。其实摄影师小邬老师也是他的粉丝,也很想和他合影,只是出于职责,一直端着相机在给其他人拍照。而我们的濮老师却关注到了他,主动提出了合影,让邬老师尤为感动。对大师的尊重,对"小人物"的关注,让我看到了艺术家濮老师温暖人心的一面。

在教室里,濮老师一改传统讲座的方式,直接给我们的学生上了一节表演课。课前,濮老师先和我们的专业老师做了交流。交流的时候,他的童心再次被激发,坐在台边,随意晃脚,脸上洋溢着温暖与随和。上课的时候,我们的专业老师安排同学们互相寻找拥抱的对象,有一位同学落单了,坐在台下的濮存昕老师,立刻冲上台,与这位同学拥抱。那一刻,其他的学生是多么羡慕那个被落单的同学。当进行第二轮拥抱的时候,有两个学生故意等着濮存昕老师来拥抱他们,在旁观摩的老师和学生都发出了笑声,可见我们的学生也是非常可爱。

课程中,濮老师绘声绘色地和大家分享了他对表演的理解。濮老师谈道,表演不是演员"演",观众"看",而是演员和观众的共同创作,演员要将艺术的美作为一种信仰,要始终保持虔诚的态度,但也不能在创作中丢失自己,正所谓"戏剧悟道,艺术修身"。

最精彩的环节莫过于,濮老师即兴带领学生练习毛主席"我失骄杨君失柳,杨柳轻扬直上重霄九"、"寂寞嫦娥舒广袖,万里长空且为忠魂舞"等台词片段,他时而扮演悲痛的毛主席,时而又是舒广袖的嫦娥,学生的情绪被他充分地调动,能量也被极大地激发,在场的听课老师也完全沉浸在他的教学中,不禁感叹,诗词可以这么美!中国话可以这么深情!濮老师也特别强调:"作为中国人,我们每个人都有义务说好这么美的中国话。"

课程结束后,我拿来了签名本,希望濮存昕老师将课堂上那句"戏剧悟道,艺术修身"的话留下墨宝,濮存昕老师毫不犹豫地这句话作为礼物赠送给上戏附中。我代表学校向他颁发了聘书,并且告诉他,他是上戏附中聘任的第13位文化名家。因为13这个数字比较敏感,濮存昕老师非常幽默地化解了尴尬,他说:"宝塔的最高层是13层,我很喜欢这个数字。"我跟他说:"拿了聘书,就被上戏附中的名家讲师活动套牢了。"没想到,濮存昕老师说:"被套牢好,说明我还被需要。"谁都没想到,非常巧合的是,2018年上海语文高考的题目,正是"被需要"。

在我送他回上戏的路上,濮老师告诉我,他明天要去赛马。我问他赛马的趣味在哪里?他说:"开车驾驭的不是生命体,而赛马是在驾驭一个生命体,这是一个非常有意思的事情。"

从12:30去接他,到16:30送他回上戏。这短短的4个小时,他让我们看到的是艺术大家的一种风范,一种对艺术痴迷、对人的细微关怀。活得很真,很帅!我想,像他一样的这批老艺术家带给我们学生、带给我们民族的,不仅仅是一部戏、一部作品,而更多的,是带来一种精神和一份信仰。

下面摘录参加活动后的部分师生感言:

## 行，以知趣
### 我的教育叙事

"戏剧悟道,艺术修身,归真返璞,永存初心。"濮老师让我看到了什么是人民的艺术家。5月11日下午我有幸参加了濮存昕老师给上戏附中孩子们上的工作坊课程并担任了助教,在我给孩子们做完表演练习的时候,濮老师清晰地洞察了孩子们各自的优点和特长,并用巧妙的方式让所有孩子都感受到机会面前人人平等,所有参加工作坊的孩子们都受到了他细心的指导。他丰富的学识和高超的艺术造诣感染了在场的所有人。对于孩子们的每一个提问,他都用心倾听,倾心回答,无论是成长中的困惑还是学习中的疑问,都能得到他启迪心灵的回应,在他和孩子们的对话中我真切感受到濮老师这位大艺术家悲天悯人的情怀。

——上戏附中表演课教师卢秋燕

非常幸运今天能上一堂濮存昕老师的课。濮老师非常亲切,眼睛很亮很有神,眸子里充满了爱和童趣。从濮老师的一言一行中,我可以看出他是一个对自己有高要求的人。濮老师说道:"每一个中文字都是老祖宗几千年传下来的,一定要非常认真地对待。"这正是我们应该学习的,想要成为一个好演员,好的台词是必不可少的。

濮老师告诉我什么是美,要把艺术的美当作信仰去崇拜。眼睛是心灵的窗户,一个真正自信的人眸子里透露出的光彩一定是不一样的,是迷人的。要学会欣赏,拥有一双善于发现美的眼睛,看哪儿都是美的。艺术的最高境界就是平等,最忌讳自以为是。尊重和公平比爱与善更重要。

——高二(6)班胥申怡

听完濮存昕老师的课,我觉得表演要贴近生活,不能太过释放,也不能太过收敛,要有控制。要大胆讲话,讲出来,不要收着,基本功要扎实,只有扎实的基本功才能让你有表达的能力。

其实,上了濮老师的课才意识到表演和戏文密不可分,有了表演的基础才会知道怎样的剧本在舞台上有可行性,而不是盲目地写作。

真的很开心能参加濮老师的课堂,发现学到了很多。希望自己也可以永远保持一份初心,努力前行。

——高一(4)班黄丁香

戏剧悟道,艺术修身。

这是濮老师前后都在强调的一句话,学艺术的人永远不要把自己当成圣人,这是他告诉我们的道理。无论谁都是平等的,我们想要被观众尊重首先得把自己当成普通人,用平等的姿态去交流。

濮老师告诉我们:他不愿意去拍电视剧,即使有高昂的报酬;他愿意生存在舞台上,拥有自己的舞台,因为他热爱艺术,将自己融入艺术而不是追求名利。

——高一(6)班陈思雨

今日参加了濮存昕老师的授课,我可以从他的一言一行中感受到他依旧有一颗纯真童趣的心。在这堂课中,濮存昕老师向我们传授了他对于艺术的看法:无论是在表演、戏文还是美术等中,我们都应该时刻热爱着艺术,将艺术作为作为一种信仰,让其融入我们的生活当中。

濮存昕老师耐心解答同学们的疑问,并且在校长的指引下成功地成为了上戏附中名家讲师团的第13位讲师,并为学校题了一笔好字。在此,我感到十分荣幸能有如此珍贵的机会来聆听体验这样一堂课程,望濮存昕老师下次能再来到上戏附中,再上这样一堂生动有趣的课程,我们的大门随时为他敞开!

——高一(3)班龚梓芸

"我在想,那个漂亮的女孩子台风是那样地好,我也能像这样,"濮存昕老师说,"眸子因为有知识、文明的积淀,而清澈透亮。这是最美的东西,因为眸子只有神而无形。"

这段话十分触动我。人是有缺陷的,没有缺陷的生物是令人窒息压抑的。在自己所缺的方面用内在一点点地积累攒集着,那一定会有令人感叹之处。而价值的体现不停留于实现自我,而是对社会的影响。

感谢濮老师,能毫无保留地与我们倾诉,能真诚待人,告诉我只有抗压才能使自我强大。让我有了努力只为梦想的坚定信念。

感谢濮老师,感谢上戏附中有这样的活动,让我们内外兼修,笑对人生!

——高二(1)班陈逸婕

## 二、不是因为坚持,而是因为喜欢
### ——骆新专场

2018年的8月31日,上海东方卫视首席记者、新闻评论员、著名主持人骆新老师作为开学典礼嘉宾与上戏附中学生展开了一场精彩的对话。

高二学生提问:您好,骆新老师,我是来自高二(3)班美术系的徐裴均同学。想问一下,作为一位新闻记者或是主持人,在面对重大社会事件的时候,经常有机会发表自己的想法,对于这次的"滴滴事件",您有什么看法?

骆新:非常好的一个问题,我是支持上戏附中的同学去关注时事的。关注时事的过程,是对你思维模型进行训练的一个过程。那么,滴滴(公司名称,以下不再注明)有没有错?

生:肯定有。

骆新：要不要把滴滴关掉？

生：不能。

骆新：为什么？

生：它作为一个非常便捷的平台，可以便利大家的生活，但并不能因为这一优点就忽略它的过错。

骆新：非常好。我认为你作为一个高二的学生，有这样的思考，已经很了不起了。在中国，我们做任何事都会有三个"一"。第一，一言堂。一拍脑袋，我就作出了这个决定。尤其是对很多领导者来说——我说了算，别人说的都不能算，结果，所有人的思维和智慧都集中于一个人身上。因此，我们历史上有很多动荡和不安。所以，我们要尽量避免在公共事务上的"一言堂"。第二，一阵风。《延禧攻略》热播的时候，大家看完都想出演《延禧攻略》中的主演"魏璎珞"。但是，你忘了潮流是不断在变的，而人应该有一个定位，不能随波逐流，否则潮流便会把你淹没。有定位的人或许不会很快出头，而是在潮水退下之时，他才会有所凸显，这也是一些艺术家反潮流的原因。我不否认顺潮流的人可能会获得好的收入，但这不是长久之策。此外，"共享单车"现象也是如此，"一阵风"般地来，也因为资本和权力背后的一些负面作用而很快消退。所以，我们要尽量避免在公共事务上的"一阵风"。第三，一刀切。在三者中，出了问题"一刀切"是影响最大的。春游出了事儿，××小学的学生被砍了之后，所有小学的春游全部取消，这是不可取的。例如，如果我走在延安东路或外滩，路面上方在装修，倘若一个泥石头掉下来砸中了我，第二天上海市做这么一个决定——"考虑到上海市民众的安全，我们作出规定，大家必须执行，即从此以后，每一位上海市民上街，必须戴钢盔"。不要小看这样的事，我们这样的公共政策还少吗？很多。我有个朋友写了篇关于滴滴这件事情的文章，写得非常好。滴滴有错，但罪不至死。我们应该鼓励尝试,因为所有的模式都是尝试出来的。倘若我们不断地说"把它给关掉,把它给停了",也就不会再有创新。当你发现它3 000万单中出现了两起恶性杀人事件,而且时间离得这么近,人们出于恐惧和焦虑,一下子会觉得这个平台是有问题的,产生想要关停这个平台的想法也属情有可原。滴滴当然有漏洞,可是如果把它都给停了,出租车公司就开始出来了,义正辞严地说,要恢复正规的出租车,网约制度要取消,网约制度不安全。我们拿数据说,这时候科学精神很重要。滴滴3 000万单当中,恶性案件只有这两例,而且是时间上长达五六年当中才有这两例。我给你查一下出租车,全国出租车每年差不多将近有几个亿的接单量,量也很大。那么出租车杀人案件有多少呢?每年在500例左右。是不是应该把出租车也停掉?这都是小概率事件。尽管概率小,但是不能不防。

　　这个同学提了一个好问题,也告诉我们评论一个事物要把握批判性思维的观点。这个可以分四个方面来看待。第一,你看到一个事物后,你把所有看到这个事物的第一反应,视作是尝试性的反应,不要轻易下结论。第二,要想一想,你为什么会有这样的反应?也许有其他的原因导致你有这样的反应。第三,要想一想除此之外,你还有没有其他可能的反应?我除了愤怒,是不是还会有高兴?还会有沮丧?还会有绝望?最后再想一想,你对这个事情最合适的反应是什么?如果你没有这样的反应的训练,你就会经常被社会中的媒体和舆论带着走。最后,我再给你举一个小例子,孙俪拍过一个思念饺子的广告,孙俪进入这个房间以后,一开灯,看到了广告中她的儿子和丈夫。儿子说:"你怎么才回来呀,我们都快饿死了。"孙俪说:"别着急,家里有思念饺子。"在她煮好饺子以后,儿子和老公就开始吃了。这个广告你们看着熟悉吗?有问题吗?

　　学生回答:有问题。爸爸回来了,为什么他不给孩子烧饭?

　　骆:非常好,如果在西方国家,女权主义者将联合去抵制"思念水饺"。凭什么男人在家里就不能够做饭啊。孩子和老公都快要被饿死了,还要等着女主人回来做饭。孙俪在广告中,她其实也是一个职业妇女,在外面也很累。凭什么这顿饭只有女性来做呢?这是不是对女性有歧视呢?但是我们基本上都接受了,是不是?如果我们都换一种想法,会发现这个社会有很多事看似合理,但是并不合理,只是我们觉得太可爱了我们就接受了。不要这样,我们还是得想一想,再想一想。

高一5班张泽昊提问:请问骆新老师,您在工作23年以来,当外界困难与内心挫折一起来的时候,您是如何应对并解决它们的?

骆新老师:谢谢你。人们常常喜欢问一个问题:为什么你还能坚持做到现在这样?你是凭什么可以坚持到今天的?我要告诉同学的不是因为坚持而是因为喜欢。

孔子有一个问题:"什么是最好的学习?"他说:"知之者不如乐之者,乐之者,不如好之者。"什么意思呢?你知道这个事情,却做得不如对它有兴趣的人了解得透彻。比如,我给你灌输一个知识,就不如给你提一个问题,让你有这个好奇心,自己去想办法寻找答案。但是好奇心也会过时,也不过如此。好奇心也不是成为一个好的导演或者是电影人的"必需品",更重要的是不断地看各种东西、相互比对、寻找门道。就算是失望,你也愿意写一篇文章,再去和那个你不失望时写的文章对比。所以,别人问我怎么当一个好的记者,一个好的主持人,没别的,如果把它当成一个喜好,你就会自己去努力。怎么样当一个好的影评人?没别的,多看电影。多看的目的是为了让你找到真正准确的坐标。就像你在大海上航行结果没有罗盘,你就得先到大海上去,转一圈找到自己的坐标。那么,这对我来说有没有痛苦呢?肯定是有痛苦的,但是这种痛苦本身,我愿意(承受)。你得把它当成克服困难,并享受痛苦带来的快乐。如果一个事儿你要坚持干,你能

行，以知趣
我的教育叙事

坚持，是因为你还没有遇到更大的压力或更多的诱惑。比如你说，我就是想当演员，这时候天分就很重要。有的人长得不好看，他想做演员就要付出，比别人付出更多的努力（包括你们的个人反应能力）。人和人是不能比的。但问题是你（即使）有这样的坚持，（若）没有一个机会，也是不行的。比如我想当一个好的主持人，当一个演员，今天突然给你 100 万，说今天你别干现在的事了，你给我到餐厅去当厨师。你干吗？不干，就给你 1 000 万，一个亿。有人干了。此时你就发现了，这不是坚持，而是诱惑。

再如果说你想当一个好的演员，我现在拿着枪，顶着你。如果你不放弃当演员，不去当厨师，你们家就被一把火烧掉了。你干了，你不得不干。所以用"坚持"这个词很可怕，坚持的本身是痛苦。我忍着不爆发，忍了这么长时间不爆发，你早晚有一天会爆发。但如果你是真爱他，你可能会爆发，但是不至于去伤害这份情感，你更会去包容他、接受他、忍耐他。所以有一句话："爱是忍耐。"不是坚持是忍耐。忍耐即爱。

生：骆老师，您好！我是高三表演班的学生。对于主持人来说，具备随机应变的能力非常重要，在各种场合都需要这种能力。能不能告诉我们一些方法和诀窍？怎样能培养我们随机应变的能力？

骆：其实我特别笨。我在这应变能力上，远远比不上我们电视界的很多主持人。举一个例子，有一部非常好的戏曲，叫做《白蛇传》，当年是梅兰芳演的这个戏。梅兰芳是个好演员，他演的这个是京剧。小青要把许仙给杀了，因为她心想你对我姐姐那么不忠诚。但梅兰芳说"别"，他毕竟是我的丈夫，我还怀着他的孩子。但是见了这个负心的男人，梅兰芳演的这个角色还是要骂他。有一个动作是白蛇恨透了许仙，用手指戳许仙的脑门，但是"许仙"貌似晚上酒喝多了，晕晕乎乎,眼看着就要被她戳倒了。那么多人那刻在看戏,你们猜猜大师是如何化解的?梅兰芳不愧是大师级的人物。他长期是一个愿意进行戏剧思考的人。他不断地把自己带入戏剧当中。出于演员本能,他当然不能看着"许仙"摔倒。就在台下观众即将喝倒彩的时候,出于情感本能,梅兰芳把"许仙"拽了回来。这一次舞台失误,被舞台下面的人视为天才之举,并在后来成为很多京剧演员在演《白蛇传》时被保留的一个动作。我们刚才讨论的这些处理方法可能都对,但是如果你本着我就是剧中人,并按剧中人的想法去思考,你就可以理解梅兰芳。你在意别人忘记自己,这是一切的本质。

在前面说了,我不是一个好演员,但我相信自己是个好记者。值得注意的是,采访的过程当中也是一样,要诚恳、真诚。别装,越装越出问题,你心里想得越多越出问题。斯坦尼斯拉夫斯基表演体系为什么很重要?它让你一定要真听、真看、真感受。合作非常重要,因为大家在舞台上是一个整体,我相信梅兰芳在一推、一拉当中,自然考虑到了这些东西。所以,有很多即时的反应,都是可遇而不可求的。你真情用心,真的诚恳,你一定能打动观众,谢谢!

骆:我还愿意给同学十分钟的时间。

生:我是高一(4)班的同学,这个问题我憋了蛮久了,就是您刚才说到的人文关怀,我们该怎么把握这个度?相信现实生活当中因为压力等原因,很多人的身世比较悲惨。我们如果去关心他的话,可能会惹上一身骚(例如遇到动机不纯、诈骗金钱等一类人)。那我们应该去如何把握呢?是做一个旁观者,还是做一个被骗的人呢?

骆:在今天这个社会当中,我们经常会遇到这样的选择,当你觉得你更关心别人看你是不是一个人文主义者的时候,你就已经开始装了。真正的人文主义者,是在于发自内心地认为我愿意去帮助他,但是我也要去估量我的能力。所以

行，以知趣 (手写)
## 我的教育叙事

现在很多人打着公益和慈善的牌子，但是无恶不作。这样的情况其实很多，但我仍旧觉得公益和慈善有一个基本的原则，就是尽力而为、量力而行。我尽力，但是我要去量力，你不能做自己力所不能及的事情。至于在地铁上遇到的讨饭的人，我向来不给讨饭的那些人钱，他们（既然）能跑到上海来就一定拥有能力。况且，地铁上是明令禁止乞讨行为的。我还可以告诉你，不管社会有再多的问题，中国政府是有救济和救助机构的。如果他真的是有残疾、有困难，他可以去那个地方。或许不能保障过上好的生活，但他应该去那里，这是社会救济的基本原则，他是可以去但他不去，跑到地铁上缠着你，你觉得这个方式是对的吗？

我给你举个例子。旧金山大桥是一个非常美的大桥，这座桥也被称为自杀大桥。很多人会在这儿选择跳海自杀，因为太美了。人有绝望的时候，总会选择去这个地方，有点像日本的北海道，（那里）有一个自杀悬崖。美国旧金山政府为了防止太多人在这座桥上自杀——旧金山花了几十年，也派了很多市民去义务轮值。有一个老先生，还是老太太，他正好是（20）16、（20）17 年，获得总统颁发勋章的那个人。他在那个地方大概劝说了有 200 多个人不要自杀，并因此受到表彰——颁发了一个勋章。后来，有一个电视台去采访他，想拍这个人的专题片。这个人说："其实有一件事我一直没有想明白，有一次我到桥上去看，有一个人爬在桥上面，准备要跳桥，我说你别跳啊，我来劝说劝说你。那个人就跟我急了，说你但凡往前走一步我就跳。这时候桥上起大风了，我在那里拼命喊，故意让对方听不见。因为我就看到那个人指着我的鼻子说了近一个小时的话，说什么也听不见。我担心自己往前走一步，那个人就要跳下去了。过了差不多将近一个小时。那个人突然从桥上下来了，走了，没死。"他接着就和记者说："我不太理解，我什么都没有说，他的话我也听不见，他怎么就不自杀了呢？"这点我觉得美国纪录片的导演，真是厉害。他竟然查阅了各种资料，就找到了当时的那个人,并把他们两个人放在了一个画面里采访。那个老头说:"我只想知道你当时为什么没有死?你没有跳,当时你说了什么,其实我也没有听见。"这时候,那个人说了一句话,他说:"你是我这辈子第一个可以完整把我说的话听完的人,所以我就不死了。"

我们这个社会上很多人陷入绝望的原因,不是因为你帮不了他,而是因为你连他的表达都没有听完过。这种倾听就是一种人文关怀,可能你什么都没有做,你只是站在那儿,把他说的话都听了。你的力量就到此为止,你也无愧于心了。那么什么是记者的本质呢?记者只有两项功能。第一是你努力地去看你想看的。第二,努力地把你看到的告诉别人。

听了骆老师两个多小时的讲座,我真切感受到一位记者出身的主持人的视角、判断、分析还是与一般主持人大不相同的,他犀利语言背后的温暖蕴藏着多维视角展现出的智慧。

之后,我又与骆老师一起合作完成静安区文旅局的项目——静安戏剧谷中市民戏剧展演的策划工作。这项工作因为新冠疫情而变得更为艰难。在多次的商量沟通中,我感受到骆老师作为一个公众人物为推动公共艺术事业而贡献出的时间、精力与智慧。通过"一家人一台戏——中外家庭戏剧大赛"活动,关注社会最小的单位——家庭,关注人性的本真。

在 2020 年上戏附中承办的"少年美、中国美——中小学戏剧艺术教育高峰论坛"上,其中一个项目是圆桌论坛,我请骆老师来做主持嘉宾,骆老师为了一个 4 个月前的承诺,赶飞机回来,又赶飞机回去,着实让人感动,让人敬佩。一件小事背后承载的是一个人伟大的人品。

## 三、你听说过"天生丽质"这个词吗？
## ——马伊琍专场

我与马伊琍的认识，在《行，以知道：我与上戏附中这五年》一书中写过。但是真正的熟悉，以及我对她的欣赏则是后来慢慢形成的。先来看一下当时"文化名人进校园"之马伊琍专场的实录。

2018年5月7日，上戏附中的校园迎来了一位客人。一辆普通的商务车上，下来了一位清纯可人、休闲打扮的邻家姐姐，她就是当红女明星——马伊琍。

不同于众人对女明星的刻板印象，马伊琍俨然一副"学姐"的模样，开始了与附中学子们的对话。更让人出乎意料的是，她在开讲前，先跟我们的学生"约法三章"。她说："我知道，今天我们的互动问答，老师们一定带着你们彩排了好几遍。但是，我想既然来了，就想和大家真实地聊聊，随便什么问题都可以问，不用担心老师事后找你们哟。"话音刚落，台下响起了同学们热烈的掌声。这个场面，让我们看到了马伊琍的自然直率与落落大方，也让我们感受到了学生们的可爱与真诚。

在与学生即兴互动期间，她那优雅得体的举止和温柔和善的话语令上戏附中的师生深深折服，她的真诚、她的睿智、她的幽默、她的优雅、她的从容，在她的一言一行中显露出来……

在互动过程中，也发生了一件趣事。前排的几个男生一直在窃窃私语，被细心的马伊琍发现了。

马伊琍：我特别好奇，我们前排的几位男生一直在热烈地讨论，能告诉我你们在聊些什么吗？

面对马伊琍突如其来的一问,那几个男生显得手足无措,支支吾吾地回答道:"我们想知道您当时为什么会选择上戏?"

听到学生的回答,谁都没想到,马伊琍并没有按照套路出牌,直接反问了一句:"你们刚刚肯定不是在讨论这个话题。"

一句玩笑式的结尾,让我们感受到她是一位知性典雅、亲和大方的女性。当结束互动的时候,学生依然是意犹未尽。大明星马伊琍,并没有像我们想象中的那样,让一大批助理前呼后拥地跟着她。事实上,她离开上戏附中的时候,并没有车辆来接她,而是自己默默戴上口罩,悄然离开。

马伊琍的此次附中之行,给我们展示出一位"小身材、大容量"的知性女性风采。她的沉着冷静、对答如流,也为我们展现出一位好演员厚积薄发的功力。从她的穿着打扮中,我们感受到的是她"低调为人"的深刻韵致;从她的言行举止中,我们读到的是"高尚雅致"中的动人力量,她真正诠释出了"大明星也是小人物"的真正内涵。

马伊琍与学生互动交流:

学生:马老师,您当时为什么报考了上海戏剧学院?您当时的梦想是什么?

马伊琍:我为什么考戏剧学院?我高中的时候数学不太好,所以那个时候一直想考可以不用数学太好的大学……高二的时候拍了一部戏,知道了上戏,可以学表演的学校……不过我在那个时候并没有什么梦想,但是信奉一点——无论什么时候都要追求自己当时所想要的。大一的时候,我并不是好学生,但大二的时候,我遇到了很好的老师,结交了热爱演戏的朋友,就特别想做一个好的演员。所以,梦想来得有点迟,但不算晚。

# 行，以知趣
## 我的教育叙事

学生：马老师，您作为考官，会有什么样的标准？

马伊琍：首先，重申一点，整容的我肯定不收。我们要明白一点，我们自然的长相，是老天赋予我们的特色，而且只有觉得自己美的人，才是自信的。只有自信的人，才会在艺术之路走得长远。我们想招收的是学生，而不是成熟的话剧演员。如果你是想吸收的海绵，哪怕你是一张白纸，只要你是努力的，我们还是愿意给机会的。最后，天赋非常重要，每个人要对自己的定位要非常清楚，而不是盲目跟风，走自己适合的路，才不会浪费时间。

学生：什么样的导演，您更愿意与其合作？

马伊琍：每个导演都有自己所擅长的一面，我并不能说哪一类导演我愿意合作，但是这个导演一定要有自己的特色。

学生：能否分享您演戏时候的趣事？

马伊琍：有趣的事太多了，一天都讲不完。2004年，《月牙儿与阳光》中，我演小月，要靠庙门口的粥来度日。当时剧组经费紧张，所以我们一周前就已经煮好了这锅粥。那天我拍戏的时候，要表演已经饥饿至极的状态，所以当时第一口虽然发现粥馊了，但我还得用手往嘴里送，表示吃得津津有味。吃完、演完，我就吐了。现在回想起来，这仍然是我记忆很深的一件事。所以演员是什么？并不是大家看到的穿着漂亮的礼服、画着完美的妆、光鲜地站在台上领奖发表获奖感言。演员其实更多的时候是背后的艰辛。我分享的东西听上去可能很好笑，或许还会很沉重，但需要明白的一点就是，演戏本就如此，背后的艰辛，没有人帮你承担，只能自己来承担。

学生：如何保持自己完美的容颜？

马伊琍：这个问题特别难回答，您知道"天生丽质"吗？关于容颜，自然的才是最美的，对于自然的需要自信心。人越是执着于一点，越是做不到，比如减肥。所以,回到自然状态,早睡早起,才是最好的保养。

学生:如何平衡共性和个性之间的关系?

马伊琍:我一直记得我爸爸讲的一句话"当你不能改变环境的时候,要学会适应环境"。平衡共性和个性的时候,会发现个性是多面的:在当下环境中,可以剔除个性中坏的一面。到另一个环境中,这个性中坏的一面,也许就是好的一面。

学生:你觉得女性最大的力量源自哪里?

马伊琍:我觉得最大的力量源自自己。我以前演过很多像"唐晶"这样的角色,是一个包裹自己很怕受伤的女人。但实际上女人是水做的,水是最有力量的。对于同学们来说,现在还很年轻,知识可以让年轻的你们变得强大。

学生:我记得您说过撒娇也是女人的武器?

马伊琍:在工作上撒娇是没用的,在家跟亲人撒娇很有用的。

学生:"著名"演员的身份带给您怎样的改变?

马伊琍:首先,让我的生活条件越来越好。当然,会觉得没有私人空间,感觉挺被打扰的。但是,更多是"利"的一面,会取得话语权,通过作品来表达自己想表达的东西。

学生:哪个瞬间(让您)意识到您出名了?

马伊琍:2004年,走到一个偏远小镇上,一些赤脚小屁孩儿看到我,很高兴地指着喊:"马伊琍、马伊琍……"

学生:马老师,您对我们高二马上要参加艺考的同学,有什么建议?

马伊琍:我会欣赏综合实力、领悟力强的学生,所以我会给一些不是很漂亮的女孩子高分。做考官,发现有的孩子是带着故事上台的,但是我们更

行，以知趣
我的教育叙事

欣赏空白的孩子,他们跟不同人搭戏的时候,会有不同的状态,会表演出不同的关系。所以,站在舞台上,展现空白的自己。

学生：回到高中时代,您最想做的一件事是什么？

马伊琍：好好学数学。我现在终于知道为什么没学好数学,是因为一节课没听懂,后面就听不懂了。就像篱笆上的小洞放在那儿没补——小洞不补,大洞会让你吃苦。

学生：马老师,您演绎了很多不同的角色,在角色演绎过程中,会不会遇到瓶颈？

马伊琍：肯定有,尤其是最后演的都是同类角色的时候,遇到一个角色,往那儿一站,人家就觉得你演的是对的。这样,演员就再也没有新鲜感,就不会思考了,我不希望自己这样。举个例子,演夏琳这个角色之前,我演的很多女性角色都是可爱、贤惠的,很少有夏琳这样穷还骄傲的。演夏琳之后,罗子君这个角色也很少见,因为她并不成功,甚至还很不堪。但是,我就觉得这是我想要演的,因为非常真实。每个人都有自己不堪的一面。而我们要学会面对真实的自己,我是不完美的,我可能失败,可能会力不从心,可能很弱,但是我们要接受不完美的自己。

学生：马老师,那您遇到难塑造的人物了吗？

马伊琍："难度",会给你压力。有了压力会怎么样？会不舒服。不舒服会怎样？会想要做好,就会去努力。所以压力会成为动力,我希望我接到的角色都有压力,让自己回归零的状态。零的状态,就如一个空杯子,可以倒茶、倒可乐。如果杯子里已经有茶,就有局限了。

学生：马老师,我身高一米九多,这会不会成为一个大问题？

马伊琍：一个剧组因为身高拒绝你,不代表其他剧组会这样。所以,这不是问题。相信老天爷给你这样的身高、这样的长相,一定自有道理。

学生感言

都说百闻不如一见,不论是前段时间火遍大江南北的"罗子君",还是上戏考官"马老师",还是著名演员"马伊琍"……

今天总算是见着真人了。

她的长风衣从我身边掠过,我脑子里只有四个字"走路带风";她在麦克风前冷静作答,我脑子里只有四个字"谨言慎行"。

当她说"颜值身高都不在考虑范围内,最重要的还是艺术的感觉"时,我对她肃然起敬。她说,自然的是最美的,自信的人是最美的;她说,如果再回高中,一定好好学数学;她说,你没办法改变环境,就去适应环境……其实是大家都明白的道理,但她奉为人生哲理,便是另外一种境界。

她的语气缓缓,是从容的;她的举手投足,是从容的;她舒展的五官,是从容的。也许回忆起刚出道时的摸爬滚打,会有心酸难忍。一切没击败你的,一定会成就你。这句话马老师没有说,但我猜想她也对这句名言深信不疑吧。

——高一(4)班纪越岑

马伊琍——一个原先只会在电视剧演员表、公益活动名单中出现的名人,今天出现在了我们附中的舞台,成了我们的马老师。之前以为明星身上会自带疏离感,但马老师却改变了我对"明星"这两个字的刻板印象,在每一个提问者站起来后都与我们问好而有礼有节,在每个问题问完后耐心解答而细致温柔。

行，以知趣

## 我的教育叙事

她是《还珠格格》中的紫薇

她是《奋斗》中的夏琳

她是《北上广不相信眼泪》中的潘芸

她是《我的前半生》中的罗子君

她是——马伊琍

现在，她更是我们名家讲师团中的马老师

马老师，感谢我的青春可以遇见你

——高一(6)班张婷婷

今天，上戏附中又举办了一次文化名人进校园活动。早在两周前，大家就沸腾了，因为底楼的公告栏就张贴着这次来我们学校的是马伊琍老师！作为表演专业的学生，我不得不佩服马伊琍老师的演技，我也知道马老师当了两年的上戏考官，心里就有了一个问题——上戏最看重学生的什么素质？到了互动环节，我积极举手，问了马老师这个问题。她表示，上戏看重的不在于一个学生的外貌、身高等外在因素，而是在于一个学生的可塑性，最好是一个空瓶，想放入什么就是什么。我也觉得十分有道理，我们现在所欠缺的就是真实，总是用外在的东西来改变自己，让自己变得完美，可是自然的我们才是最美的！马伊琍老师说话也十分亲切，虽是一个当红的明星，但和我们聊起天来平易近人，我非常喜欢马伊琍老师，也希望马老师可以多多来我们学校为我们指点迷津！也希望学校的文化名人进校园活动越办越好！

——高二(5)班高冰盛

今天呢，再一次令我感受到自己是上戏附中人是多么有幸，可以在高中时期就能接触到众多文化名人，而这一次更是与我们表演专业息息相关的马伊琍老师。通过互动问答环节,我了解到了许多表演道路上会发生的事情,更是点醒了我,让我在即将艺考前知道如何摆正心态,努力弥补不足,而不是以天生的父母给的优秀基因为能。我将在自己所喜欢的专业上下功夫,哪怕受苦受累至少也是自己为了热爱的事物而奋斗,这就比很多人要幸福多了。最后还很有幸能够在上戏附中的舞台上与马伊琍老师合影,更希望在以后的演艺之路上,我能有机会和马伊琍老师合作!

——高二(6)班赵麟奕

如果说,2017年5月12日在上戏观摩话剧《狂飙》是初识马伊琍的话,那么2018年5月7日,马伊琍走进上戏附中,便是一次与她更为深入的相识。而在2018年5月20日,我在江宁路美琪大戏院观摩田沁鑫导演《四世同堂》,话剧中场休息时,洗手间外排着长队,突然有人在身后拍了我一下。我回头一看,竟然是戴着口罩的马伊琍,那时,我们已然是旧相识,可以轻松愉悦地相互交流。畅聊到再进剧场时,她已经忘了自己是单号还是双号,跟着走到了我的座位前。

我们俩还常常在微信中互动。有她对我生日的祝福,有她对"肖邀午后"名称的赞许,有她请我去看她的新作首发式。当然,大多数时间是我欣赏她的育儿经和对人生、对人性的看法。她纯粹、率真,懂得用最真实、最质朴的方式生存。

## 四、云程发轫,干霄凌云
### ——谭元元专场

2018年11月23日下午,来自美国三大芭蕾舞团之一的旧金山芭蕾舞团中唯一的华人首席舞蹈演员谭元元,携团内来自7个不同国家、不同地区的10位

行,以知趣
我的教育叙事

芭蕾舞演员,走进上海市唯一的戏剧艺术特色高中——上海戏剧学院附属高级中学。这次活动的举办,使得上戏附中和静安区戏剧教育联盟学校的师生们得以走近"芭蕾皇后",领略芭蕾艺术的独特魅力。

投身芭蕾舞蹈界近30年的谭元元老师,在这一领域可谓是卓有建树了。活动当日,在欣赏了一段由上戏附中高二表演班学生带来的舞蹈《国旗颂》片段后,她也通过演讲视频"我的芭蕾人生"向我们分享了一路走来的艰辛与汗水,让我们懂得了芭蕾舞演员成长之路的不易。"台上一分钟,台下十年功",唯有热爱才使得她不忘初心,获得成功。接下来,上海市舞蹈学校副校长杨新华带领学生们献上了男子独舞——《天鹅湖》选段《四小天鹅》,其中舞蹈的变奏技巧让我们再次为芭蕾舞艺术的魅力所折服!

芭蕾是足尖的艺术,是生命的律动。作为出生于上海、享誉国际的芭蕾明星,谭元元老师从一位成功的舞者成长为首席专家,付出了多少辛苦可想而知。在分享环节,她简略地介绍了芭蕾的历史,谈及了自己切身的舞蹈经验和理念。随后,我也上台发言致辞,风趣幽默地用3个"缘"拉近了师生们和谭元元老师的距离。我认为,"以美育人,以文化人"足以概括谭元元工作室进入校园活动的意义。

随后,我代表附中向谭元元老师赠予礼物,谭元元老师也回赠以自传《我与芭蕾》和新书《足尖上的艺术》,并题"舞动人生"四个字以勉励附中学子。在学校形体房里,谭元元老师与旧金山芭蕾舞团的舞者们走进上戏附中课堂,与高一、高二表演专业的学生们亲切互动。在欢乐的气氛中,学生们全神贯注地向舞蹈艺术家们学习,在交流中体会着古典芭蕾舞的韵律,在工作坊式的教学中受益良多。

活动虽然结束了,学生们的热情却未随之消减。不同年级、不同专业的学生们感触很多。

作为足尖上的艺术,芭蕾有许多优美而又吸引人的剧幕——《吉赛尔》《堂吉诃德》《天鹅湖》……对于学舞蹈的人来说,这些剧幕并不陌生,谭元元这个名字也拥有致命的吸引力。当然,我也不能免俗。作为上戏附中的一员,我有幸近距离接触了"芭蕾皇后"谭元元,领会了大师的风采。虽然,我学习了近十年的芭蕾,但大师课依然让我学到了许多新的东西。从把杆开始,到每一个动作的讲解,都让我们体会到芭蕾舞演员"台上一分钟,台下十年功"的辛勤付出,每一个动作都让我明白了我们和专业舞者的差距。希望我能再接再厉,怀揣动力和勇气,继续在舞蹈的路上奋勇前行!

——高二(5)班张芷莹

人们对于遥远未知的领域,总是充满着好奇和敬畏,就如同戏文专业的我十分热爱、向往舞蹈专业一样,学习民族舞十余载的我也对芭蕾有着无限憧憬,只是遗憾未能进入芭蕾的课堂。但在她的话语中,我还是能感受到她对自己职业的热爱,以及对中国芭蕾事业的期许。

她的成功,虽然有命运和机遇的因素,但更多的是醒悟和拼搏,以及毫不保留的努力。谭元元老师说,她刚进舞校时并不是一个优秀的学生,只是后来顿悟、发奋努力,才能取得如此的成就。历尽千帆过后,她只字不提其中的苦楚,只要求我们明白"一分耕耘,一分收获"的真理。一切皆如老师所言:"一定要做到分毫不差,这样运气到来时,你就有所准备了。"我把这句话送给热爱艺术、学习艺术的我们。

——高二(4)班杨欣怡

不是每位天才,永远都能耀眼夺目;也不是每位普通人,都是永远平庸的。谭元元二十年的卓越职业生涯完美地演绎了优雅的人生,其独特的舞蹈风格也惊艳了全球的观众和粉丝。她说,她不是儿时学校中最优秀的那个，但我相信，她一定是当时最勤奋的那一个！

　　从一名上海芭蕾舞蹈学校的学生，直至成为美国历史最悠久的旧金山芭蕾舞团中最耀眼的明星，毫无疑问，"芭蕾皇后"谭元元能够收获国际上的荣誉和认可，背后也付出了很多我们无法想象的努力与艰辛。坐在前排的我，可以很清晰地看到她瘦小到用一只手就能围住的脚踝，甚至能看到每一根经络、每一块肌肉，很难想象瘦骨嶙峋的她是如何能够跳出那些优美、有力的舞蹈！或许这就是她所说的："这门优雅的艺术需要惊人的付出，每一天的竭尽全力，只为要向观众呈现出最佳的一面。"

　　芭蕾，足尖上的艺术。一面是舞台上的华丽，一面是舞者背后的辛酸。在长年累月的苦练下，每位舞者的双脚早已不是正常的模样。每天8小时的练习，破皮、流血、包上药、再练……无数次的跌倒，只为那一刻的绽放。那是以汗水串起的舞曲，也是以足尖立起的梦想。每一场华丽的绽放，都是晶莹的珍珠。梦想以汗水浸泡，你值得所有拥抱！

——高一（2）班 朱佳怡

　　台上一分钟，台下十年功。舞台上的舞者谭元元穿着舞鞋自由自在地划出美丽弧线，接受着观众发出的赞美惊叹。这样的成功并非一朝一夕能完成，它需要的是台下默默抛洒的汗水和艰辛的付出，是无数次跌倒后的重新站起和持续不断的努力。同时也需要克服许许多多心理上的困难，拥有强大的心理素质。她比别人都晚一年进学校，因此，一开始她感到自卑，但是她未曾放弃，到如今成为了万众瞩目的"芭蕾皇后"。她不仅是台上的脚尖艺术的展现者，更是舞蹈艺术的传承者。她将原本看似遥不可及的芭蕾艺术，带到了我们的身边。她以实际行动告诉了我们——芭蕾不仅是一门艺术，更是美的化身。艺术之路上总是艰辛而又孤独的，但愿在追梦路上的你我不忘初心,砥砺前行。

——高一(4)班刘慧婷

趁着来到上戏附中的机会,谭元元老师送了我一本《我和芭蕾》。后来的日子里,我认真地拜读了她与芭蕾的故事,才知道同为水瓶座的她,逐梦之路也并不是一帆风顺的。谭元元老师的父亲是一名工程师,个性较为保守,也不愿意让女儿去吃学舞的苦头,因此一度十分反对她的芭蕾梦想。小时候,只有母亲一直理解她、支持她。所幸,在坚持不懈的努力下,她成功地圆了儿时的梦想。书中,有一段话令我十分有共鸣,她说:"水瓶座的我热爱生活,崇尚自由,特立独行,乐于尝试新鲜事物。"这样的生活态度,不是我一直以来奉行的吗?

舞台是一面放大镜,再细微的瑕疵也无处遁形。世界级舞蹈大师乌兰诺娃曾经对谭元元老师说:"你跳舞的时候,一定要入戏,要用心来跳。努力练功,既在技巧体力上下苦功夫,也不能忽视精神领域的追求,这样才能成为真正的大明星。"看到这一段时,我深以为然,忍不住摘录了下来。我们常常教育学生,让他们在学习戏剧时不仅仅学习技巧,更重要的是增加自己对作品的理解,增强自己的人文素养,由内而外地提升对人物的理解力,使自己真正地从演员转变为艺术家。

"在纷繁的世界中,静下心来非常重要。当屏蔽了外界信息对精神的吸摄,才能真正发现和主宰自我,才能得到内心的丰富。每当新戏开排,我就用这种类似'冥想'的方式让自己展开想象的翅膀,这种习惯一直伴随着我直到现在。"共鸣往往是一种心灵的相通,我也常常用"冥想"方式让自己身心得以放松。

最后,我想用奥黛丽·赫本的话来结束这篇文章。她说:"若要优美的嘴唇,请讲亲切的话;若要可爱的眼睛,请看到别人的好处;若要苗条的身材,把你的食物分给饥饿的人;若要美丽的头发,让小孩子一天抚摸一次你的头发;若要优雅的姿态,走路时记住行人不止你一个。"

与众共勉。

### 五、不负古韵,妙演昆曲
——张军专场

张军,著名昆曲艺术家,联合国教科文组织和平艺术家。原上海昆剧团副团长,现任上海张军昆曲艺术中心艺术总监。MFA艺术硕士,国家一级演员。专攻昆剧小生,师承著名表演艺术家蔡正仁、岳美缇、周志刚,是俞振飞大师的再传弟子,素有中国"昆曲王子"之美誉。于我而言,能邀请到这样一位重量级的大家是我的荣耀。

昆曲是一项古老的戏剧。在这之前,我几乎没怎么涉猎过这一领域。机缘巧合的是,我多次在电视或一些综艺演出上看到过昆曲王子张军老师,也知道了他正在做一些融入现代元素、革新传统昆曲的工作,并取得了初步的成效——他的昆曲作品受到了越来越多人的喜爱。此外,我又多次听到上戏老师与我说起张军。直到2019年7月17日,我有幸受邀成为静安区文化馆理事会的理事,恰逢张军老师也同时加入理事会,也同样担任理事一职。借此良机,我当时就邀请张老师来上戏附中,作为"文化名人进校园"系列活动中的名家来开展讲座。

时光荏苒,岁月如歌。转眼间就到了2019年12月13日的下午,上戏附中的校园里迎来了一位重量级的文化名人——张军老师。活动虽在下午的2点20分,张军老师却提前一个小时就到了艺术厅进行准备,他说:"我对话筒和音效要求高,每次演出都一定要提前来试音,准备。"我想,这就是名家的专业精神,也是大家的风范。

讲座开始了,张军老师用一句昆曲声腔向我们问好:"小生有礼了。"随后,张军老师绘声绘色地和大家分享他三十多年戏曲表演中的轶事。正所谓"外行看热闹,内行看门道",通过张军老师的介绍,我们了解到昆曲发源于14世纪中国的苏州昆山,后经魏良辅等人的改良而走向全国,自明代中叶以来雄踞中国剧坛,独领风骚近三百年。昆曲对演员的要求极高,它糅合唱念做打、舞蹈及武术等多种艺术形式,以曲词典雅、行腔婉转、表演细腻著称,被誉为"百戏之祖"。张军老师更是介绍道,昆曲在2001年被联合国教科文组织列为"人类口述和非物质遗产代表作",2006年被列入第一批国家级非物质文化遗产名录。

最精彩的环节莫过于张军老师现场演唱的《懒画眉》一曲,甫一唱罢,台下早已是掌声雷动,没有一个人不为这样生动的表演喝彩叫好,让平时没机会接触昆曲的同学们有了新的认识。最后,整场活动在同学们与张军老师的互动问答中落下帷幕。在互动环节,张军老师也坦言,曾经遇到过许多挫折和"难为情之事",这样的坦诚更拉近了大师与学生间的心理距离。同学们也纷纷表示,有幸聆听到张军老师的讲座真是莫大的幸运,同时也感谢学校给予的机会,能邀请文化名人同我们面对面互动交流,让大家更真切地感受到艺术大家的人格魅力。讲座后学生们纷纷谈体会,写感想,且摘录几段附于下方。

张军老师真的不简单,了不起,昆曲需要张军老师,昆曲需要更多像张军老师一样的继承者、传播者和立意创新者,感谢张军老师的昆曲讲座,让我们进一步了解、熟悉了这个特别的昆曲!

——高一(1)班孙恒

通过聆听张军老师三十多年来与昆曲的爱恨情仇,我更加了解了这门陌生的艺术,并且感受到了昆曲作为"非遗之首"在现代社会中的窘迫现状。

# 行，以知趣
## 我的教育叙事

我们应当学会欣赏昆曲，发扬传播昆曲，守护传承昆曲。我希望有一天，昆曲也能登上家喻户晓的舞台！

——高一(3)班陈卓心婕

一曲重新编曲的《懒画眉》，结合了流行音乐，却又保留了当年的风韵雅致，实属难得。

尤其喜欢张军老师对于艺术的理解，艺术家们的一段段唱词，其实就是穿过时间狭小的甬道，和以前的人们来一场不期而遇。只有艺术、只有传承，才能穿越时空，超越生死。

——高一(4)班洪阳

戏曲、戏剧绝不仅仅意味着其本身，在张军老师的演绎和讲述中，我更看到了它们背后的东西。我能感受到的，是知晓、承认、接纳和尊重。而这是通过同学们提出的尖锐问题"张军老师在传播的过程中所受到的批评质疑是否会令自己失去信心，一路上行走又是否会失去本心？"而感受到的：张老师不回避、不后退，看着他朴朴素素的模样，我心里提起的那一点紧张，放下了。我突然明白，爱与尊重，是张老师和他的团队自始至终平等向外给予的东西。

因为爱，所以他固守自己的原则底线，传承祖宗所留下来的规矩；因为尊重，所以他接受新的艺术形式的融合，接受一路上听到的所有声音。"爱是令人满足的奢侈，尊重是'有此亦足'的底线。"正是因为这样，张老师的唱腔里除了春花秋月还有斗争和决绝。所以，他的灵魂能够历尽春秋，穿越时间狭小的甬道，立于世界的山顶，宣告平和地拥抱生死。

——高一(4)班万依芸

我们学校文化名人进校园的活动，让我再一次对戏曲大家、"昆曲王子"

张军老师有了更深刻的了解,也对"百戏之祖"——昆曲有了更深刻的了解。从儿时老师在耳边的唠叨,到现在自己非常欣赏这门高雅艺术,加之从小就接触中国传统艺术京剧的缘故,对徽班进京以及京剧的形成也略有耳闻,我知道如果没有昆曲、秦腔,就不可能有我们京剧现在这样伟大的发展,昆曲的定调比我们国粹更加严格、更加细致,也比京剧温文尔雅许多。

——高一(5)班张梁栋

试问如今,还有谁会记得400年前昆剧最鼎盛的模样?那一场座无虚席"牡丹亭",有谁晓得昆剧演员一出戏背后付出的艰辛与汗水,有谁确切知道他们付出的代价?都云戏剧痴,谁解其中味?生活也变得快了,很少有人再有耐心去静静地聆听一出昆剧,品尝其中韵味。那风雅逸趣,着实难得。

——高一(5)班李晨璐

张军老师轻松地掌控着舞台,幽默风趣的言语与时不时突然蹦出的英文单词都使其更加青春、更有活力,着实与传统昆曲厚重的历史感大相径庭。昆曲传承六百年,张军老师为我们展现出作为现代非遗传承人的创新与发展,这份在舞台34年的坚定守候,这份全心全意的热爱付出,这一切成就背后无人知晓的辛苦,这是我们要学习的,更是我们要接力奋斗的。

——高一(6)班徐菲娅

要唱好昆曲,天赐禀赋是必不可少的,但更大的成就则来源于张军老师背后日复一日对昆曲的投入和付出,年复一年不分严寒酷暑的坚持训练。由他出演的优秀曲目越来越多,也因此而吸引了更多普通的大众进入戏曲殿堂,让快节奏生活中的人们可以在昆曲柔美舒缓的唱腔中做一个短暂的停歇。

——高二(1)班林秦安

行,以知趣

## 我的教育叙事

张军老师用独特的"水磨新调"带我们进入了"月明云淡露华浓"的美妙意境,又用诙谐幽默的话语向我们阐述了昆曲作为世界级非物质文化遗产的分量以及其前景。张老师告诉我们,在昆曲这幅长长的画卷中,他会同我们一起感受万里春风,铿锵戏韵。

——高二(5)班翁亦文

昆曲的词不同于一般的唱词,它承自唐诗、宋词、元曲这一雅文学的传统,如《琴挑》之《懒画眉》中"伤秋宋玉赋西风"就运用到了诗词典故,文字优美。对于没文学底蕴的人而言,听懂演员的唱词都有点吃力了。同时,昆曲对演员的要求也极高。在舞台上,不管是生、旦、净、末、丑,还是神仙、老虎、狗都需演员个人呈现出来,可实际上,这背后都需要年复一年扎实的基本功支撑。

——高二(6)班王乐妍

虽然与张军老师的接触是短暂的,但让我印象尤为深刻的是,他与上海课植园合作编创的实景园林昆曲表演《园林牡丹亭》曾创下整整上演264场的记录。这个剧目中,无论是依水而行的小舟,还是倒影在池水中的纸灯笼,抑或是飘落在纱帐中的秋叶,都为这首昆曲的演绎营造了一番"轻风细雨为伴奏、鱼池假山为幕布、亭台楼榭为戏台"的古典意境,也让我感受到创新理念、完美呈现、挑战自我、传播昆曲的动人魅力。说实在的,在参加讲座之前,我没有想到张军老师会讲这些内容,也想不到说起热爱的昆曲时他眼中的光,也不知道他能将拥有久远历史的传统戏曲讲解得如此浅显易懂。学生、老师都被他圈粉,这可以说是"大道至简"了。

第一次来上戏附中后,张老师对学生们的评价是非常高的。他对我说:"我去过好多学校,这是我去过的学校中学生最有礼貌、最有活力、表达最自信的学校。"闻之,我甚是宽慰。在这之后,我又多次与张老师有接触并获益良多,也感受到我们共有的对中国基础教育阶段的艺术教育、戏剧教育事业的热切期待。

在出版这本书时,张军已调入上海戏剧学院附属戏曲学校,担任校长了。祝愿张校长的职业生涯与昆曲事业一样炫目。

## 六、致知力行,踵事增华
### ——"力量之声"余迪、宋罡专场

从了解"Vocal Force 力量之声"到实际见到他们乃至听到他们演唱,这是非常难得的机会。老实说,听他们聊音乐可谓一次精神享受。

他们仨都毕业于上海音乐学院,毕业后就职于不同的学校。一次偶然的机会,时任上海戏剧学院党委书记的楼巍便把他们三个"撮合"起来,成立了"力量之声"。"Vocal Force 力量之声"作为中国首个流行美声组合,由宋罡、余笛、王志达三位上海音乐学院毕业的声乐才子组成,组合成立5年来,不断尝试将古典音乐的气质与各种流行音乐风格相融合。"Vocal Force 力量之声"组合引入世界流行的 Popera 演唱理念,打造国内首个流行美声组合。用跨界结合的方式,让观众感受古典音乐与流行音乐碰撞的乐趣,给听众带来突破传统、自由浪漫、源自爱的力量之声。

2020年8月31日9:00,上戏附中下半年的开学典礼在艺术厅中举行,请来了国内首个流行美声跨界组合"力量之声",余笛老师、宋罡老师来到现场助阵(王志达老师因为工作原因没能参加此次活动),与上戏附中及附中的学子们共迎新学期的到来。

行，以知趣
**我的教育叙事**

在主题访谈中，两位老师和同学们分享了组合成立的小故事，也回顾了令自己印象最深的演出经历。余笛老师提到，国外演出的经历使他们坚定了在国内普及高雅艺术、在年轻人中推广古典音乐的信念。在谈到艺术创作的经历时，余笛老师强调，"真实"是最打动人的。对于主持人提出的"如何兼顾学校教书和外出演出"的问题，宋罡老师指出，一定要坚守课堂，一定要把基本功打扎实，才能为大家奉献更完美的作品，践行初心。针对同学的提问"美声是不是唱流行的基础"，宋罡老师指出，专业的音乐其实有更多细分的领域，每一种音乐都有自己独特的"武器"，不能混淆；余笛老师说，即便是歌剧和音乐剧，在唱法上也是有很大的区别的。两位老师还为同学们现场演绎"脱麦"唱法，他们用专业实力征服了在场的所有师生。在"力量之声"小课堂中，宋罡老师贴心地提醒男生们注意"变声期"问题，不要破坏性地使用声带，保护好嗓子。他还引导同学们正确地看待真假声问题，灵活运用假声为作品增加表现力。之后，两位老师与上戏附中的学生共同演绎了原创作品——《我们的上海》，这部堪称上海音乐名片的作品闪亮于学校艺术厅。作为"中国长江旅游推广联盟"推广大使以及上海城市旅游形象推广歌曲《我们的上海》的主唱，"Vocal Force力量之声"组合演唱了大量的音乐作品，他们已然成为这座城市的声音名片。

讲座结束，当我走上舞台为两位青年艺术家颁发聘书时，不禁感慨万千。细想来，这种感受可以用"高"、"大"、"上"三个字来总结：高，身材高，三个人身高居然一样，都是1.87米，学历高、专业水准高，既有实践水平又有非常强的理论水平。大，大格局，他们善于跨界，将古典与流行融合，创造富有时代气息的艺术作品。无论是演唱《我们的上海》，还是《光芒》《欢乐颂》都宏大而优美。上，作品上乘、做人上乘。我每次看到他们三位的感觉就是如此帅、如此有才华，但是却如此低调、如此谦和。我曾经看过一本书，是温可峥老师的爱人王述老师写的，其中就写道:余迪老师为了表达对恩师的感谢和怀念,写了一首歌——《琴歌》。我请余笛老师现场唱几句,现场演唱时,余笛老师饱含深情的演唱催人泪下,感动在场的师生们,此事最近还常常被提及。

艺无止境,中国音乐的创新也并非止步于古典美声与流行音乐的单纯叠加,而是融合、创新,如同几位老师一般,拥有类似用古典美声演绎流行摇滚、爵士、音乐剧,用8种语言进行转换演唱的能力;情铸未来,只有饱含深情的音乐才能够打动人心,才能够持续地为人们带来滋养。"高""大""上"的组合因而是有力量的!

听听主持这项活动的高二学生池瑾的感受,看看她是怎么想的:

>这是我第一次担任大型活动的主持人,也是我第一次当访谈主持人。从一开始的流程对接、到撰稿、到最后站上舞台呈现成果,这个过程中,我的能力、心态都得到了一定锻炼。我在上台前非常紧张,前一晚失眠到凌晨两三点钟,反复回想舞台流程,想象自己失误的可能性。余笛老师和宋罡老师非常专业,他们聊起音乐随口便是一篇文章。当他们唱歌时,全场都陶醉在音乐的浪漫中了。当所有人情不自禁地一起随音乐摆动双手时,那是一种难以言表的,由艺术所带来的感动。短短半小时的访谈,我们谈到创造、谈到变化、谈到真实,并且始终互相尊重着。
>
>感谢我在这次主持经历中所遇见的可爱的人,感谢成长中的自己。

这次活动以后我真正成为了"力量之声"的粉丝,也成为了他们三位的好朋友。和他们交流音乐是一件赏心悦目的事。我期待他们创作出更多优美的作品,走进更多的学校,让孩子们能够与音乐、与美相伴。

# 第二章
# 步履趋趣：上戏附中学生的表演实践课程

## 一、心之所向，素履以往——2018年话剧《青春禁忌游戏》

话剧《青春禁忌游戏》主要讲什么？先来看看《文汇报》记者在观看演出后对我们学校所作的较为全面的报道——

在这所学校，课程是剧本，老师是导演，学生是演员，一部大戏悄悄开场……2018年12月14日至16日，改编自俄罗斯女作家柳德米拉·拉苏莫夫斯卡雅作品的话剧《青春禁忌游戏》（原名《亲爱的叶莲娜·谢尔盖耶夫娜》）在上海戏剧学院端钧剧场连续上演了6场。

坐在台下的观众中不少是教育界和戏剧表演界的大咖，有的激动叫好，有的连呼震撼，有的甚至当场落泪。

什么样的演出会令他们如此激动？原来，这部剧由上海戏剧学院附属高级中学出品，剧中所有演员都只有16岁。令人惊讶的是，这部经典剧目也是第一次由高中生担纲主演。

近日，第三批上海市特色普通高中名单公布，上海戏剧学院附属高级中学（简称"上戏附中"）成为新增的五所学校之一。学校现有普通高中班和艺术专业班两类班级（其中,艺术专业班设表演与主持、戏剧影视编导、舞台美术设计三大艺术类别）,面向全市招生。

戏剧艺术是上戏附中的办学特色,"全息剧场"则是表现形式。在这个立体的场域中,课程、师资、环境、资源共同唱响一台"戏",戏剧的元素渗透到校园生活中的每一个环节。

(一)"戏"入课程

看一所学校的特色,最直接的就是从课程入手。上戏附中校长肖英介绍,在"全息剧场"的办学框架中,个性化"3D课程"成为核心的实践途径,其中的3个D,分别代表定制课程(Directinal)、菜单课程(Diverse)和资源课程(Dynamic),无论哪一种类型的课程,都融入戏剧特色和艺术素养。"定制课程"为全体学生量身定制,提供适切的学科和艺术课程。目前,学校已实现全员全课时分层走班教学,提供四张定制化的课表,即学生课表、教师课表、教室课表和班级课表,保证教学管理高效有序。

与此同时,戏剧艺术元素渗透从文科向全科,除了专门的艺术类课程,语文、数学等基础型课程的设计中,也从戏剧中汲取营养,通过科学与艺术的有机结合,使课堂教学擦出新火花。比如,生物老师运用戏剧小品,演示病毒之间的相互作用关系,将抽象概念具象化,使之更有趣味性,从而引发学生思考。类似这样的教学设计,仅2017学年,开课教师人数就达到22人,涉及12门学科。其间,我们还邀请市级专家听课指导。

菜单课程是鼓励学生自主选择,充分体现学生个性发展需求的课程,其特色主要为多样性和自主性。

除了学科类拓展型和研究型课程,学校结合戏剧艺术特色,开发出一系列具有普适性,又极富戏剧艺术特色的拓展型课程和研究型课程。其中,戏剧体验课作为一门拓展型课程,以"演"为核心形式,在实践中,任课教师自主研制了近六千字的《课程标准》。值得骄傲的是,章首提到的《青春禁忌游戏》,就是这门课的最新成果。

作为20世纪最具影响力的青春主题剧目,《青春禁忌游戏》曾轰动苏联,风靡全欧美,国家话剧院刚刚在美琪大剧院演出过,上海戏剧学院的教师学生也都演绎过。而这一次,整部剧是由中学生全程组织、演绎。一部历时100分钟的话剧,在专业教师的指导下,10位演员、4位导助、2位舞美助手既没有耽误学业进度,又展现出专业的艺术水平,真是一部大制作!这个过程能够磨砺学生的进取心和合作力,为学生未来长远的发展提供良好助力。

值得一提的是,演出成功并不是这门课的终点,课程的最终指向是希望在"戏剧育人"方面有进一步的探索。演出结束后,全校范围内的大讨论便开始了,如何看待作品中对人性、制度的思辨和控诉?这种探讨在当前的语境下有什么意义?同样,这种授课方式也具有极强的借鉴意义。教师、导演和演员被打散分入各个班级,一起通过观、演、赏、评等途径参与课堂讨论,无疑是促进师生、生生之间共同成长的良方。

结果表明,学生的文化课成绩非但没有受到排戏、演戏的影响,反而有了整体性的提高。担任导助的学生在期末考试中获得全年级第一名的好成绩;小演员们所在的班级也在这部戏的排练中,增强了凝聚力,呈现出积极向上、蓬勃奋发的精神风貌。

第三类的资源课程,主要是打开校门,把学校作为平台,盘活一切有利于师生提升和发展的资源。学校的精粹品牌课程——"文化名人进校园"和"高雅艺术进课堂",先后邀请袁岳、濮存昕等15位文化名家来校开展讲座、进行授课,学生与名家面对面进行互动,汲取智慧的养料,感受高贵的品质,领悟热爱的精神。"请进来"的同时,学校还创造机会,带领学生"走出去"。2017年,由学校自掏腰包,请学生观看的艺术演出达到18场。通过"人文之旅""采风之旅""红色之旅""环球之旅""公益之旅""国防之旅"等活动,学生则被推向社会大课堂,从热爱戏剧的"小我",变成反哺社会、担当责任的"大我"。

(二) 幕后团队

校长肖英这样解读"全息剧场"——课程是剧本,校长是艺术总监,师生是导演和演员,共同演绎一部幸福大戏。都说人是最大的资本,为了打造一支强有力的师资队伍,这些年上戏附中借助各种手段,调动教师的积极性,盘活人力资源,着力为想做事的年轻教师搭建平台。

在师资培训方面,学校至今共举办三届"管理培训班",从第一期的27人到第二期的36人,增至第三期的63人,涵盖所有的管理和科研人员、班主任和年轻教师,大家一起读书交流、听取专家讲座、外出参观学习,借助这个平台学习和成长。每学期末,教研组、年级组要面向全体教职工汇报本学期的工作,接受全校教职工的考评。通过这些机制的带动,教师之间形成了浓厚的学研文化氛围,以及"你追我赶"的竞争气氛。在人才聘用方面,学校实施"聘任制"和"项目制"的管理模式。"聘任制"规定,全体中层领导两年一聘,年级组长、教研组长一年一聘,一段时间下来,动真格"下课"好几个人,其余人员全部通过竞聘、答辩程序重新上岗,开创了管理干部"能上能下"的先例。常规工作以外,学校把重点工作分解为几个项目,通过公开招聘和专家答辩的方式产生项目工作室的负责人和成员,具有双向选择性。用人制度上的大胆改革,激励校园内充溢着"让想做事的人有机会,能做事的人有平台,做成事的人有地位"的氛围,也使得年轻教师得到更多崭露头角的机会。在业务评价方面,每年一度"我心目中的好老师"评选、两年一度"优秀党/团员"评选,挖掘出一批学科带头人、教学能手和青年新秀。全体教师作为幕后团队,倾力打造出上戏附中这部"戏"。

(三) 舞台布置

坐落于上海市中心静安区,上戏附中的校园面积并不大,但是行走在精致幽雅的校园中,一步一景,处处都弥漫着浓郁的戏剧气息。这些年,校长肖英带头参与设计,充分利用有限的校园空间,把每一间专用教室,每一处校园景观,每一幢大楼的命名,每一篇校史钩沉,都融入上戏附中独有的往事中,凸显悠久的办学历程和蓬勃向上的学校精神。

1. 上戏附中的校园是文艺的

"明人沚"的寓意与戏剧"以演员和观众为核心"的理念相一致;戏剧墙、文化墙,以及校园中随处可见的戏剧格言插片等,都在潜移默化地传递着戏剧的基础知识,熏陶学生的人文涵养,影响他们的价值选择;"梦想墙"自成一格,当学生专注于在"梦想墙"上涂鸦的时候,他们不仅在表达个体的艺术追求,也在历练吃苦耐劳、合作互助的精神品质。

2. 上戏附中的校园是历史的

"培成楼"是为了追忆1925年首创的培成女中,"培进楼"是为了纪念学校办学历史上最长的"培进中学"阶段;图书馆被命名为"行知楼",勉励师生共同学习和实践陶行知的思想精神;艺术教室汇集的小楼被称为"紫藤阁",用来铭记校园内紫藤架边的百年老树。

当漫步于"行知道"或静立于"陶行知像"前时,"知行统一""爱满天下"的思想会引领教师去追求教育的本质,启示学生去感恩教育的温暖。

### 3. 上戏附中的校园还是现代的

目前学校共有艺术专业教室18间,包括形体教室、美术教室、音乐教室、播音主持教室、戏剧文学讨论教室、多媒体舞台仿真实验室、演播室、音乐排练厅、多功能排练厅、社会实验室、艺术厅等,同时改建了现代化的生物实验室,新设了史地专用教室等设施。这些设施不仅仅是专业课的授课场所,还是各学科教师突破传统课堂组织形式的实验阵地,成为全校师生浸浴艺术,心驰神往的乐园。

### (四)"戏"外资源

追溯上戏附中的历史,最早可以到近一个世纪前的1925年,旅沪英侨亚娜女士为表达对友人培成博士的崇敬之情,创办培成女校。1980年,由培成、协进、锡珍、南屏、交通五所历史悠久的沪上名校合并成立上海市培进中学。绵长的办学历史上,涌现出著名学者余秋雨、著名作家程乃珊、新闻专家盛重庆、著名演员肖雄、特级教师顾鸿达等一批活跃在文化艺术领域的人才。2004年,静安区人民政府与上海戏剧学院签约,依托上海戏剧学院雄厚的艺术教育师资力量,原培进中学正式更名为上海戏剧学院附属高级中学。

在上戏附中的办学过程中,上海戏剧学院始终是坚强的后盾。学校的艺术专业课程,均由上戏教师任教,起点高、戏路正。与此同时,上戏的资源基本上都对上戏附中的学生开放,为他们提供大量接触艺术前沿的机会。

除了背靠上海戏剧学院,上戏附中自身也在努力拓展社会资源。学校从2014年起推进"文化名人进校园"品牌课程,继余秋雨、曹可凡、袁岳、陈蓉、吕其明、宗晓军、陈海燕、何健、林海、佟瑞欣、傅益瑶11位大师访校后,2018年又迎来骆新、马伊琍、濮存昕、谭元元、张军等15位文化名人走进校园,普通班和艺术班的学生都可以参加,与大咖面对面地畅谈艺术。与此同时,静安戏剧谷,江宁街道社区等周边资源也向上戏附中学生敞开大门,邀请他们发挥艺术特长,参加活动或者提供服务。

积累了一定的名气之后,上戏附中开始尝试对外输出经验。其中,汪洁、朱星月两位艺术教师开设的《经典动画赏析与实践》《电影音乐赏析》两门课程,跻身"上海市高中名校慕课",成为学校戏剧艺术特色教育辐射输出的重要媒介。这些年,邀请上戏附中领导做公益讲座,传播特色学校经验的机构越来越多。2018年7月,校长肖英受"爱飞翔"公益组织的邀请,为全国16个省市的乡村教师作题为"打造'全息剧场',培育核心素养"的专题讲座,深受好评;2018年9月受《首席ELITE》摄制组邀请,辅助其免费拍摄上戏附中,在国庆期间的东方航空、上海航空等国际、国内航线的电视上播出;2018年10月15日的《解放日报》"见识"专栏,对校长肖英做了专访,共话教育未来。2019年6月28日澎湃对校长肖英进行专访:上戏附中之"特",让学生感受到戏剧教育的魅力。

### (五)"戏"入佳境

1935年,蔡元培先生在上戏附中的前身——培成女中的毕业纪念刊上欣然亲笔题写"斐然成章"四个大字,对学校在当时跨时代的办学精神和斐然业绩给予高度褒扬。

83年后的今天,全体师生共同肩负起学校发展的责任与使命,一同见证学校飞跃性的变化与创新。更名为上戏附中以来,学校砥砺前行,获得教育界的好声誉和家长圈的好口碑,经过15年的探索与发展,荣膺上海市特色普通高中,既是实至名归,又与"斐然成章"的传统一脉相承。95年的办学历程,15年的辛勤耕耘,对上戏附中来说,仿佛冥冥之中自有天意。好戏已经开场,正在渐入佳境……

《文汇报》报道之后,附两个演出学生的感想:

你好,瓦洛佳!

你是我一生当中所遇到的第一个角色。因此,《青春禁忌游戏》开始以来,我与你打了无数个照面。不过今天的舞台上也许是我最后一次和你在一起了。晚场的表演,比想象当中充斥着更多情绪色彩。整个剧场是那样安静,俨然一座神圣的殿堂,每一位工作人员都站在自己的岗位上恪尽职守,每一个人或多或少都在为这场演出的完美呈现而奋斗。这一瞬间,我感受到了团队带来的力量。

最后一遍场铃打响,a组的表演者在幕后相拥,互相汲取力量。那一刻,我的心里是温暖的。脑海里不断闪过训练的点点滴滴——叶露老师深夜为我们纠正字音,范益松老师呕心沥血为我们指导,卢老师和光光与我们日夜相伴,还有演出前那一夜整个剧组的抱头痛哭,发泄着一路走来心中积蓄的压力。从夏天到冬天,我们吃在一起、喝在一起;大家不懈努力,相互分享心得、相互激励。在一个半小时之后,我们将要交上最完美的答卷。

聚光灯是变幻莫测的。最后一场演出,我们多了一份默契,多了一份沉稳。我们的背影映射在舞台上。这段时间,舞台也见证了我们的成长。偶然一次在路边吃面,我曾经问过卢老师,今天的成绩和你们一开始选角的时候的期望有什么不一样嘛?我得到的答案是"我们创造了奇迹"。有些人甚至不再拿我们和高中生相比较,而是直接与国话版《青春禁忌游戏》相提并论。那一刻,我打心底为整个剧组感到骄傲,为自己有这样一个十六岁感到骄傲,为自己在上戏附中感到骄傲!

念完最后一段独白,我从衣架上拿下衣服,大步走下台去,除了浑身的

行，以知趣
我的教育叙事

酸痛和疲倦之外，我感受到一种从未有过的空洞感，就好像自己送走了自己亲生的孩子一样。因为我知道"你好，瓦洛佳"这句话是最后一次在我心中回响，而"再见，瓦洛佳"变成了我心里面最后的独白。

谢谢你，瓦洛佳；谢谢你《青春禁忌游戏》，谢谢你上戏附中！

再见，瓦洛佳……

——濮可扬（饰演：瓦洛佳）

原来我已经在端钧完成了为时三天的演出任务。

谢幕时大家都在舞台上哭成泪人，当抱着一大束一大束的鲜花含泪合影的时候，一切都好像被画上了阶段性的句号。那一刻才发现，排练的日子是会在脑海中回荡并使人动情的，因为那些日子是艰苦的，是快乐的，是新奇的，是宝贵又温暖的。

17岁遇见你——叶莲娜·谢尔盖耶夫娜，你孤独又倔强，你在生日上自杀，你牢牢坚守着信仰，你同情一切人，你那崇高的理想主义……

你想不到自己用尽全力去爱的事业和学生，有一天会反过头来变本加厉地对抗你。

"这一幕只有在恐怖片里才有，上帝保佑别让我真的遇到……"

我站在端钧的舞台上与你同在的三天结束了。晚场的最后，当我听着自己念的画外音，看着漫天的大雪纷飞时，那时的心境真可谓是"独善其身"了。

人生第一次独立演一部完整的话剧，第一次享受满场的掌声，底下叫好的声音让我觉得所有的付出都值得，毕竟我们都是那么纯粹与认真地演出这部戏。站在端钧的舞台上，我只想尽全力做到两个字——无憾。

第一场结束，范老师告诉我，我在说"叶莲娜·谢尔盖耶夫娜已经死了"

这句台词的时候,他落泪了。这种力量是无声而又强大的,所以在演出完后我明白,如果我收到的回馈是"玮怡你真是好看"或者"你演得真好",这都不算是成功。听到类似"我觉得老师真的好可怜……"这样的评价才算是对得起自己三个月的付出。

曾经有个人对我说过,如果早年可以登上好舞台的话,是可以与戏剧结缘的,毕竟它是神圣并且通灵性的东西。当然,未来我还得努力演戏,努力保持心诚和纯粹。

感谢舞台,感谢所有老师给予指导、付出心血,感谢所有幕后人员,感谢搭档,感谢角色。

这是一个奇迹,也是对我巨大的戏剧启蒙。

一切只是刚刚开始。

——叶玮怡(饰演:叶莲娜·谢尔盖耶夫娜)

## 二、业精于勤,行成于思——2019年合唱比赛(深圳之行)

想到深圳之行,应该是非常久远的事情了。这座城市过去给我的印象一点也不好,觉得不安全,因为我的先生在这里出差时曾被划过包。十多年以后,一个偶然的项目让我再度来到深圳,却有了不一样的体会。这次行程中所见的朋友和学生,所见的活动组织,所见的城市面貌,都让我对这座城市油然生起敬佩之感。

由教育部主办,以"歌唱伟大的祖国"为主题的2019年全国中小学班级合唱展示活动如期开展。2019年11月24日晚,活动在深圳市第二高级中学体育馆闭幕。在为期三天的展演活动中,来自全国28个省(区、市)和新疆生产建设兵

# 行，以知趣
## 我的教育叙事

团的32所学校的班级合唱代表队、近2000名师生在深圳共同唱响了爱党、爱国、爱社会主义的时代主旋律，把对祖国母亲的祝福、对党的热爱、对美好生活的向往融入美妙的歌声中。我参与了整场活动，此后一遍一遍地看老师、学生和家长写的感想，真心被感动了。现摘录如下：

1支队伍——全上海市只选一支代表队，就选择了我们上戏附中代表队！

25人——其他省市的队伍都是40人以上，我们是所有32支参赛队伍里人数最少的一支队伍！

46天——从2019年10月11日项目启动开始到11月24日为止，孩子们放弃了休息，连续46天的高强度训练！

1440公里——从上海戏剧学院附属高级中学到深圳市中小学艺术教育基地，1440公里的行程，走出了上戏附中的新历史、新高度、新平台！

现在想来，一切都像做梦一样，有点不可思议。

时间回到9月26日，陈伟杰老师传给我一份《关于举办2019年上海市高中班级合唱展示活动的通知》，刚刚接手艺术相关工作的我还是懵懵懂懂的，回复一个"收到"，想着这件事大概也就到此为止了——学校参加的各级各类艺术活动已经很多了，"合唱"和"戏剧"也有差别，多一事不如少一事吧……

就在我几乎要把这件事抛到脑后去时，陈伟杰发来消息直击重点：是班级合唱、视频参赛……然后又抓住我当面说，"不麻烦的""班级为单位的话我们还是有优势的"……后来我多次提起，陈老师那时的主动与坚持，颠覆了我对他一直以来儒雅淡定的印象，他的眼中闪烁着一种我从来没见到过的光芒。也正是因为这一点光,照亮了我们登上全国舞台的征途,也正是因为这一点光,才点燃了一群人心中的火!

9月30日,国庆节前一天录制好视频。

国庆期间,邬吉亮老师剪辑视频、制作并上传。

小长假回来就收到消息,我们将作为上海市的代表参加全国的集中展示——我们要去深圳啦!

于是,10月11日召开了启动会,然后就是紧锣密鼓地排练安排——每天放学留下来饿着肚子唱到七点钟,中午幸福积分、体育课自由活动、周末艺术课结束后,在不耽误孩子们正常上课的前提下,我们挖空心思利用一切可以利用的时间组织排练。合唱排练是枯燥的,也很容易疲劳,组织排练是既焦虑又心疼,焦虑的是总觉得时间不够用,心疼的是连轴转的孩子们身体。我经常想,要是多几次排练是不是我们就能拿一等奖了?

全国二等奖,差强人意。无法弥补的人数的劣势,让人心有不甘,但是《南方周末》的报道"孩子们的精气神让人看到了大无畏的精神和拼搏的勇气"又让我觉得问心无愧亦无悔。虽然,没有问鼎冠军是一种遗憾,但是这样一场不期而遇的体验,对我们每一个人来说都是一种圆满——圆满了青春、圆满了追求、圆满了责任、圆满了格局……甚至对于遗憾没能参加的(6)班同学来说,也圆满了一份放下的豁然。

所以,为什么是合唱?因为它不是一个人的。在整个过程中,每一个人都是紧密联系在一起的——25位古灵精怪、性格迥异的同学,纯粹而执着的陈伟杰老师、朱星月老师,像妈妈一样全程陪伴着他们的班主任仲丽颖老师,严格专业的上戏专家陈冉老师和她的团队(形体的黄伟老师、台词的杨文婷老师),上音的老艺术家郑会武老师,市教委鼎力支持我们的蒋萍芳老

行,以知趣
**我的教育叙事**

师、凌红梅老师、王维老师……还有默默喂饱我们的孙君霞老师、卫嘉翔老师,最重要的当然是集魄力和能量于一身的我。如果这段经历能在孩子们心中沉淀成一首歌,那一定是参与这段经历的所有人的合唱。当闭幕式上变成一片歌声的海洋时,我似乎也听到了我们这支《团结就是力量》!

——领队王婷婷老师

王婷婷老师写得多好啊!这是全程参与后的感动与感悟,这是付出所有后的真情与大爱。

　　短暂的四天一眨眼就过去了,和所有人不同的是,最令我感到印象深刻的竟是第一天去到深圳,所有人都很兴奋,期待着比赛的到来;而我,却一直都在观察,观察我们队伍里的每一位成员,也观察着我们即将面对的强大的3个对手,和其他省份不同的是,我们的人数最少,实力却和别人不相上下。非常明显,我们要获胜真的是一件非常有挑战的事。但没想到上场前的红牛这么给力,二等奖稳稳地收入囊中。

　　25个人,一条心。其实也不是红牛给了我们力量,或许更应该是看到了自身的不足而做出了改变。尽管大家没在口头上说,但每一个人都在为团队献上自己的力量,校长说的最多的话就是:"我们只有七个男生啊,其他省份都十几个,我们一个男生要顶俩啊!"大家听了都在大笑,但能从笑声中听出来一件事:每个人都希望做出改变,希望变得更强。仲妈总说态度决定一切,这一次我们做到了,很大一部分原因就在于我们的态度在上场前摆正了。人都是好胜的,我们不服输,所以努力让作品更加突出,这是我们每一个人的努力和汗水所换来的。当中经历了喜怒哀乐和困难痛苦,这些台阶使我们进步,使我们在声乐上成长,从自身挖掘潜力,心生自豪:"原来我们可以做得到!"

比赛结束公布成绩的那一天晚上,所有人都激动了,看到深圳的小朋友们激情而不失天真可爱的表演,我本能地转过头拍着仲妈的腿大叫了一声:"我将来也要培养这样优秀的小孩!"整场演出我的嗓子没有休息过,也许是看到了我们与他们的差距,心里既惭愧又羡慕,"人外有人、山外有山"的道理真是一点没错。

通过这次比赛,我们同学间的友谊更深厚了,说起来大家都是一起经历过饿着肚子、生着病排练的好兄弟好姐妹,希望这份友谊长存。

最后感谢所有指导过这25只"猪"的老师们,我们知道自己笨笨的,教了就忘,但还是不负众望,无论是舞蹈动作还是歌曲色彩和声音位置,如果没有老师们的指导,或许我们还是井底之蛙。我们的演唱还有很多不足,这也印证了艺术永远是遗憾的艺术,通过这次演出,我们能看见一片大大的天空了,仍旧有未知的新大陆等待着我们去发现,艺术的学习永无止境。深圳之旅给了我们一次舞台经验,这一次的历练将永久地印刻在我们的心中,让我们去发现更好的自己……

——高二(5)班学生陈檀雅

这次去往深圳参加"2019中小学班级全国合唱展示活动"让我有了深刻的体验。历时46天的排练,让我们有了明显的变化。

作为代表上海的合唱团,我们只有25人,却要去和其他有着四五十人的队伍去争夺奖项,无疑是一个巨大的挑战。从10月14号到去深圳的前一天,我们都在争分夺秒地进行着排练。"抠字音,找音准,抓动作"成为了我们的标准,还有着来自上戏的专业教师对我们进行指导,让我们不断地进

行，以知趣
### 我的教育叙事

步着。

尽管这样，我们还是经历了许多的困难。因为高强度的排练，让许多同学身心俱疲；对歌词的不熟练使得我们会在一个点上重复训练好多次，更是让同学们感到厌倦与疲惫。在学校训练到7:30左右后坐一个小时的车回家写作业成为了我当时的常态。往往写完作业已是深夜，第二天还得早去上课，在精神上也十分地劳累。但我们还是坚持了下来，并且付出更多的努力。我们将每一个字都牢牢记住，把《在灿烂阳光下》《在银色月光下》的每段歌词都刻在了心里。气不足，我们就扎马步练气；动作不齐，就一遍遍反复练；音不准就去找老师和同学请教询问。经过一个月的训练，我们的实力也逐渐提高了。同学与同学之间也建立起了深厚的友谊与默契，我们学会了互帮互助。

到深圳后，我们也没有松懈。抓住比赛前的任何时间，在酒店的会议室、老师房间，甚至是室外练着歌。没有钢琴，就用录了的伴奏来代替。到比赛那天，我们都展现出了自己最好的状态，以25人的阵容唱出了55人的气魄！我们，没有遗憾！

另外在深圳，我们也见识到了当地十分浓厚的艺术氛围，真可谓是"天外有天"，我们也不能认为自己是艺术生就得意忘形，比我们厉害的人有很多，我们只有不断地进步，才能让自己更自信，更棒！

——高二(5)班学生卢政翰

高二(5)班同学徐嘉怡妈妈在全国比赛结束后给女儿的一封信——

## 以梦为马,莫负韶华

### ——《给女儿的一封信》

亲爱的女儿,嘉怡:

你好!

2019年11月24日晚上20:45分深圳前方发来喜讯,你们精心准备的合唱节目获得了"全国二等奖"。看到结果的那一刹那,着实为你们感到骄傲和自豪,也感叹优异成绩背后所有人付出的辛劳……

自从得知你们要去深圳参与2019年全国中小学班级合唱比赛,每天的训练是必不可少的,而你作为高二的学生即将要面对等级考、合格考、区统考等重要的考试,学业自然不能懈怠。如何合理分配学习和合唱训练的时间则是至关重要的,好在学校能每周安排好学生们的学习和训练的时间,及时公布到"晓黑板"中让家长们知晓,这样也能让我们跟着安排表调整家庭作息。有了学校的支持、孩子们的努力,作为家长的我们自然也要成为你们强大的后盾,每天看着你训练结束回到家还依然抓紧完成学校作业,几乎每天都要过12点才能睡觉,很心疼,很担心你会熬坏身体。所以,我就从"改善饮食、保持健康、保持良好心态"的角度去帮助你,每天准备好你喜欢的食物和点心,为你挑灯夜战做好充分的准备,关心每日的天气及时帮你添加衣物、避免感冒,但求不要影响到你的学习和训练。还有,当你想跟我们分享话题时,我就做一个认真的倾听者,让你保持良好的心态。相信其他家长们也和我一样,尽自己所能,做你们最坚实的后盾。

嘉怡,祝贺你们高二(5)班的全体师生荣获了全国二等奖的殊荣,在这次竞赛中,你们班级人数虽然只有其他省代表队的一半,但是经过一个多月的艰苦训练(不影响日常正常上课),可以说11月24日在舞台上展现的是你们真正的实力和水平,真是赞得不得了。同样地,这也体现了老师们的指导水平和指导能力是一级棒的。

亲爱的女儿,妈妈想对你说:"经历了从备战——艰苦训练——强化训练——实战的过程,你们不仅提升了演唱水平、开拓了眼界、收获了友情、增强了集体荣誉感,还提高了合理分配时间的能力,你们的收获远比获得的名次更丰富,这些才是真正的财富。"最后,妈妈还想跟你分享一句话——"以梦为马,莫负韶华,趁着青春,向着理想,展翅翱翔吧!"

妈妈:陈娟<br>2019年11月27日

高二(5)班王岳奇同学父亲在全国比赛后写给儿子的信:

### 奔跑吧,少年!

首先,热烈祝贺我们学校荣获"2019年全国中小学班级合唱展示活动"的二等奖。我们高二(5)班能取得如此骄人成绩,也要由衷地感谢学校和带领孩子们排练的各位老师,尤其感谢点赞每时每刻都在陪伴孩子们左右的班主任仲老师,为了让家长们放心,仲老师随时随地地发送孩子们在学校排练和去比赛的所有动态节点,尽量做到让家长们能及时了解孩子们的一切情况。正是由于大家伙的齐心协力、团结一致,才能使得孩子们在短短的四十几天里,利用业余时间,通过紧锣密鼓的辛苦排练,得到了他们今天的硕果。最重要一点的是,这次活动能让孩子们深刻体会到做任何事情都是一样,只有付出了才会有回报。

其实作为学校也好,家长孩子也好,这次都应该感到非常荣幸,是因为我们学校能当选为唯一一支代表上海队参演这次全国合唱比赛的学校。当孩子知道要去参加的是全国性比赛的时候,也领悟到了成长到目前为止的第一次自豪感,兴奋的同时也让大家深知接下来的任务一定是"任重道远"的。

排练的过程也不是一帆风顺的,在我们只有25人的班级里,尽管排练中有的孩子身体不舒服,出现了喉咙发炎等状况,但是大家都能坚持排练按时出勤,保证自己不能掉队,不拖班级后腿。单单是人数本身,一个也不能少,因为缺少一人就会失去高音、低音的协调度。因此,孩子们都会尽己所能努力配合,以求达到更好的表演效果。虽然有时排练到很晚,很辛苦,但他们心里也毫无怨言,我为孩子们在成长中所负的这份责任感到欣慰。通过此次活动,我们班级整个团队的凝聚力也得到了很高的提升。比赛完,我看到孩子发了一条朋友圈——"永远的高二(5)和最爱的大家!"当下即感受到了孩子当时的激动心情,也明白他多多少少有意识到"集体荣誉感"的重要性了。

每份成功的背后都是苦难的磨砺,《南方都市报》对我们学校也有高度的关注,直赞上戏附中孩子们令人瞩目的那种大无畏的精神和拼搏的勇气,这种肯定和赞扬更加让孩子们内心产生满满的自豪感,也更加鼓舞人心。个人觉得,其实最重要一点是让孩子们通过参加这次全国大型的歌唱祖国的活动,在歌声中唱出对祖国强大的高度自豪感,能激发他们对祖国的热爱,少年强,则祖国强。孩子们是祖国的未来,只有让孩子感受到我们中国的大国风范,才能让他们内心丰盈,安心学习。

奔跑吧,少年!努力吧,孩子!你们的明天需要用你们的拼搏精神和努力奋斗的信心去争取。作为家长,我们会与学校一起携手、一起加油,期待他们能拥有更加美好的未来!

希望孩子们在今后的人生中活得精彩而不失自我。

王岳奇家长

2019 年 11 月 28 日

每每读到这些文字,我还是会心潮澎湃。排练时学生扎马步的情景,上场前学生的紧张但互相之间加油打气,演出时每一个人的拼尽全力,一个班级从未有过的团结向上,这就是活动的意义吧。当然二等奖与我们的预期有距离,也因为有些省市没有严格遵守一个行政班的规则,老师和学生心中有一点点失落。

在深圳的这三天,我见到了在市三女中时教过的优秀学生——谢逸轩。她在读完哈佛大学和美国西北大学的双硕士后来到深圳的腾讯公司总部工作,她与我交谈中问我对"赛马机制"的看法,与我谈了深圳快速发展的内驱力所在;我还见到了深圳艺术高中(筹建中)的包强平校长和杨旭副校长,包校长年龄和我差不多,但是他工作的拼劲令我惊讶;此外,我还见到了从广州特意坐高铁来深圳,只为见我一面的教育部第61期全国高中校长培训班同学广州中学郭飞红校长。海量的信息让我深深地感受了一个平均年龄只有32岁的城市的欣欣向荣的活力、拼搏与高效,感受这座城市对中小学艺术教育的大手笔、大担当。

## 三、万里躞蹀,以艺为归——2020 年话剧《奥菲利娅的影子剧院》

2018 年 12 月,话剧《青春禁忌游戏》是上戏附中更名后第一次面向社会公演一部完整剧目,演出后得到了不错的社会反响。2020 年 10 月,我们又让高二学生演绎了一部独幕话剧《奥菲利娅的影子剧院》,并开始尝试走出剧场,开展巡演活动。

【剧情简介】

《奥菲利娅的影子剧院》源自德国著名的儿童文学绘本。它讲述了主人公渺小又浪漫的一生——奥菲利娅虽然先天声音小、登不了舞台,但她始终热爱着戏剧,于是阴差阳错地成了一名提词员。她每天都卑微且喜悦地在木箱子里努力工作。虽然她很少得到别人的关怀,却知道应该去关怀别人。

在剧院倒闭前的最后一天,奥菲利娅遇到了一个无处藏身、没人要的影子"流浪汉"。她收留了这个影子,并把它装进了手提箱里,之后的每一天都带着他。在那之后,越来越多的影子找到了奥菲利娅,善良的奥菲利娅将他们一一收留。但有时候,影子们之间也会吵架,哪怕奥菲利娅小声劝说也没有用。于是她想出了一个办法,就是教这些影子们诗歌和戏剧。

影子们会听从奥菲利娅吗?他们会如何排练?在穷困潦倒时,他们又该何去何从?

在这个故事里,提词员奥菲利娅小姐会带着我们一起去探寻戏剧的魅力,感受人间悲喜百态。而天堂中是否也有一个很美妙的剧院?也许戏剧就在每个人的心里,它从未落幕。

【导演的话】

《奥菲利娅的影子剧院》是一部非现实主义的写意作品。主人公奥菲利娅的一生都在当一名提词员,她背下了所有莎士比亚的戏剧台词。哪怕是在暗处,也非常乐意去欣赏他人并为此鼓掌。这样一个热爱生活却又在死亡面前豁达从容的人物,以一场关于生命意义的探讨激发出了学生们身上所蕴藏的思考潜能和无限创造力。衷心感谢参与、协助演出的各位!希望

行，以知趣
## 我的教育叙事

斯坦尼的箴言在我们最好的年纪能够指引并伴随着我们终身成长——"热爱心中的艺术，而不是艺术中的自己"。

——吴佳颖

下面是三位在幕后的学生的发言稿：

大家好！我是《奥菲利娅的影子剧院》的舞台监督张进齐，接下来，我将为各位介绍工作组的25位能工巧匠们。

工作组的本职工作是将一个安全的、完美的舞台提供给演员，让他们尽情发挥。如果说演员是这个剧的灵魂，那么工作组就是这个剧的血液，我们流淌在排练室的每一个角落里，各司其职，尽我们所能地完成每一项任务。导助、舞监担起团队的"领头羊"一职，辛苦制作道具的道具组随时跟进舞台调度。此外，还有互相配合的音效组和灯光组，将排练过程用文字和图像传递给大家的宣发组、摄影组、视频组，以及赋予演员第二副面孔的服化组和最后打开这部剧窗口的海报设计组。在此次剧组工作中，并不是每一天、每一步都尽如人意，除了完成本职任务外，各组还需要与彼此以及演员对接。许多次劳累得靠着墙边，许多次黑着眼圈熬着夜，但就是这些"许多次"成了《奥菲利娅的影子剧院》中最珍贵的时光。可以看出，我们工作的宗旨就是将每一项任务做到极致，而非仅仅够到标准。这就是工作组的魅力！

大家好！我是《奥菲利娅的影子剧院》演员组的徐菲娅。

对于莎士比亚，大家一开始都只是听说过他的名字和他的作品。但在暑假的排练中，我们的佳颖导演带着我们通过工作坊的形式了解了莎翁的四大悲剧和一些喜剧。工作坊,就是将参与式活动、角色扮演、人物剖析等多种途径融合在一起,让我们沉浸在戏剧之中。从一开始,导演给我们设计工作坊,带着我们感受戏剧的魅力,到后来由同学们自己组织工作坊,从书本到演绎,全方位、多角度地感受莎剧。每次大家在排练厅围成一个圆圈的时候,一个个故事便在我们的眼前展开,一幕幕人生好戏令我们拍手叫绝。大家用闪闪发光的金点子,点亮着排练厅,使这里变成了戏剧梦工厂。暑期的这段生活让我们感受着莎士比亚笔下世界的缩影,在这里,我们有悲伤、有害怕、有仇恨、有孤独、有奋不顾身、有啼笑皆非、有痛苦难忍、有心潮澎湃……我们学习着,体会着,同时品尝着人生百味。其实每个人都可以去亲近莎士比亚,即使他听上去有些遥不可及。

"莎士比亚不只属于一个时代,而是属于整个世纪。"

大家好!我是来自《奥菲利娅的影子剧院》演员组的毕兆廷。

自7月21日首次排练开始,我就深深地被剧组中每一位同学的工作热情所打动。每天早晨,在我推开排练室的门之前,便能听到同学们做晨功时发出的响亮整齐的声音。推开门后,一幅井井有条的画面映入眼帘。同学们有的压腿,有的练习台词,有的复习剧本。在一次又一次的排练中,不仅仅使这台剧更加精进、更加完善,我们的个人能力、舞台经验也得到了大幅的提升。在排练之余,几乎每天都会有老师来访,为我们的表演提出建议,为我们未来专业方向的问题进行答疑解惑。在排练期间,范益松教授也时常来到排练厅,一点点激发着大家心中的潜能,使大家更加深入地体会语言的艺术和戏剧的魅力。这正是我在剧组中学到的,也正是我所追求的。

《奥菲利娅的影子剧院》让我第一次看到了一部完整的剧和一个完整的

行,以知趣
我的教育叙事

剧组到底是怎么运作的,各组和各组之间又是怎么联系起来的,我在这次的体验中有很多遗憾和不足,但也有更多的美好和收获,有专业上的、有习惯上的、有行为方式上的等,不只是参加了一次活动这么简单,而是对我的性格、对我的理想都产生了影响,足以在人生纪念册上留下浓墨重彩的一笔。我会一直记得这一个个飘飘荡荡的影子,一直待在这个空荡荡却又满溢溢的华丽剧院。期待我们下半年两场演出的精彩呈现,让这个炽热的夏天没有遗憾!

在2020年10月22日"少年美、中国美——中小学戏剧教育高峰论坛"上,《奥菲利娅的影子剧院》得到了大家普遍的认可,各大媒体都予以报道。下面摘录两段:

戏剧教育的魅力所在,不以学习戏剧知识和表演技能为目的,而是运用戏剧的元素设计各种体验渗透到教育中,让身边的每一个地方都成为一个小小"舞台"。

今天(10月22日),德国著名儿童文学绘本《奥菲利娅的影子剧院》被搬上了舞台,除导演外,40分钟的戏剧表演过程中,所有台前幕后45名演职人员全部都由上海戏剧学院附属高级中学的学生担任。在"剧组化运营模式"中,让戏剧艺术教育的育人功能落到实处。

——来自"上观新闻"报道

表演、服化道、灯光场记……都自己动手,45名高中生竟然运营了一个剧团。

上海戏剧学院附属高级中学的学生们以"纯剧团运作"的方式,把德国著名儿童绘本《奥菲利娅的影子剧院》搬上舞台,展现一个小人物渺小却浪漫的一生。演出获得了如潮的掌声,当观众为他们精彩的构思和演艺喝彩的同时,戏剧也点亮了他们的生活与学习,让他们在创作的过程中学会了团结合作。

45 名学生们分为演员组和工作组,在老师的带领下各司其职,导演助理协助导演改编剧本,舞台监督协调部门信息传达,摄影摄像组每日拍摄排练录像。在学习音效剪辑、道具制作、海报设计、灯光操控、服化设计的过程中,学生们不仅提升了艺术审美和专业素养,在团队氛围中也培养起了责任感。

——来自"文汇"的报道

## 四、不啻微芒,造炬成阳——2020 年原创音乐剧《守候》

《守候》是我校师生于 2020 年创作的一部原创音乐剧,以疫情中一对上海普通医生家庭母女的情感与心路历程的变化为主线,展现出医护人员在疫情之下的选择与大爱,表达师生们对奋战在抗疫第一线工作者们的深深敬意。

作为一所戏剧艺术特色高中,"以戏育人"是学校的重要办学理念,今年是学校开设音乐剧方向的第二年,打造这样一部以抗疫为主题的原创音乐剧作品,是以艺术的方式向抗疫一线的工作者们致敬,亦是对学校戏剧育人办学理念的一次践行。

回顾半年的创编历程,《守候》在学校各级领导们的"保驾护航"下最终成型,它是不易的,也是特别的。作为学校的首部原创音乐剧作品,其创作历程漫长而艰辛。学生们日夜努力、剧组数次打磨,才有了作品的最终成型。回首望去,正是这段打磨历程赋予了这部音乐剧更大的容量与价值。

(一)"艰难"的创作历程

《守候》的创作,历时半年有余。整部剧中,最初的音乐素材源自疫情期间学

行，以知趣

*我的教育叙事*

生创作的音乐作品,而最初的剧本素材则来自学生疫情期间的音乐课小组剧本作业。粗看,这基本已是一个音乐剧了,但由于音乐剧是具有统一主题的综合性艺术作品,各种艺术表现形式都需要服从于整体主题的需求,因此在创作之初需要解决的第一个问题就是对各类素材进行有效的整合加工,使之形成一个统一的整体。

(二) 剧本的锻造

打磨剧本是音乐剧创作的第一步。《守候》剧本前后历经了11轮修改。这既是全体演职人员集体创作的过程,也是一个对剧本情感不断提炼、深化的过程。

最初,剧本雏形是高二普通班音乐课八个小组集体作业之一,由8位普通班同学共同完成。在综合考虑了高中生的年龄特点与情节的普适性后,我们决定选择这一主题。原始的剧本是较为简单的,在不断的讨论中,我们强化了剧情冲突,丰富了剧本的故事性。其后,由于普通班学生缺少创作格式方面的规范化训练,在正式完善阶段,我们又让高二戏文班的同学加盟,再次对剧本的格式和结构进行优化。

8月份正式排练前,尽管我们已经创作出了剧本,排练中仍因经验不足而遇到了很多问题,诸如台词如何写得更加贴近人物性格;剧情如何全面、贴切地交代人物的背景信息;如何更合理地缓和消解矛盾冲突……当一个又一个问题接踵而至时,排练厅就变成了思维碰撞的舞台。在我们一次次地全体讨论中,剧本也随之不断调整、优化,直到正式演出前一周,剧本才最终成型。

(三) 音乐的重塑

《守候》的音乐由高二、高三的4位校乐队同学共同担纲创作。在疫情期间,他们曾有过抗疫音乐作品的创作经历,但在分析了他们的作品后,却发现由于创作风格的差异,作品无法满足音乐剧统一性的要求,因此所有作品都需要重新修订。剧本定稿后,我们确定了4首命题原创歌曲与1首原创舞蹈配乐。在音乐老师的指导下,4位同学根据各自擅长的风格,选择了不同的命题进行创作。与自由创作相比,这样的命题创作要求更为严苛,也对每一首乐曲从风格、旋律到和声编配、填词等方面提出了更高的要求,这还不包括录制为演员演唱提供指导的demo带。尽管在暑假结束后,主创团队中的三位成员即将升入高三,但他们却始终保持着对创作的极高热情,我们的音乐创作群内也总是热火朝天。赶制剧本期间,我们经常为了一处修改而讨论至半夜;音乐剧的曲作者沈育奇、词作者陈怡宁同学也持续创作到了集训前的最后一个晚上;曲作者陆宇迪同学抓紧晚间培训的间隙反复修改,光草稿就写满了一个笔记本;编曲宋定杰同学全程参与排练过程,随时根据舞蹈和剧情的需求调整音乐风格与拍点……有时,因为一个节奏的变化,全曲的编配就要推倒重来,但同学们都乐在其中。在大家的共同努力下,短短一个月的时间,我们便交出了满意的作品。

(四)"临在"的全程体验

1. 分工合作、打破壁垒

作为一部全程由学生原创的音乐剧作品,《守候》的原创性不仅体现在其创作过程中,也同样贯穿在排练过程的每一个环节。灯光组、音响组、道具组、场务组、服化组的工作均由学生承担并完成。这样的排练模式,不仅极大地锻炼了学生的实践能力,也促使学校各专业同学打破彼此间的壁垒,通过共同的排练经历实现专业的互通互融和知识的灵活应用。美术专业不再是传统的素描、色彩,还可以从事控制灯光、设计服装的工作;戏文专业不仅仅是伏案的文字工作,还要学会说戏、导戏,用沟通的力量激发演员的想象与创造力;表演专业也不再只是呈现剧本,更是身体力行地参与到了创作的过程中……这些宝贵的学习经验是在专业课上很难获得的,也将最终反哺于学生,促使其全面提升专业技能。演出结束后,主演周文哲同学表示:"在这一段时间,我们经历了跟编剧一起改剧本,改编其中的某一首音乐作品,一起反复思考、商议剧情调整、走位、场景安排的创作过程。这是一种新奇的体验。排练中,我反复琢磨剧本中的角色定位,不断练习贴切角色的表达方式,努力提高唱跳的结合度,将歌曲演唱与剧情配合起来,这段经历让我得到了充分的锻炼。"编剧张婉琳同学表示:"这是我写的故事第一次被搬上舞台,所有的前期准备与排练体验都非常新鲜。作为编剧,在和演员一遍遍磨台词的过程中,我也比排练前更加了解笔下角色的心路历程,了解她的心结和弱点,了解她看似无理取闹背后的无助和脆弱。"音效设计归一同学也说:"剧中需要的音频资源常常需要我去翻遍百度,逐个找播音班的同学录制,再一条条审核过关。大量繁琐的剪辑和音效工作以及紧锣密鼓式的排练,常常使我不得不搞到深夜。不过,在这一慢慢摸索的过程中,我逐渐进入状态,和演员同学的配合也变得越来越默契。"

2. 集体创作、浸润体验

《守候》是一次集体创作。这种特殊的创作体验能够使学生参与到剧目诞生的每一个环节中,对于音乐剧的完整创作流程形成直观而清晰的了解。

以剧本为例,在每天排练的休息时段,学生们都会在导演老师的带领下展开集体讨论,以头脑风暴的形式复盘讨论排练过程中出现的各种剧本问题,之后再由剧本组当天整合定稿,以便次日予以执行。一直到正式演出的前一刻,我们还在执行着这种复盘模式,学生们对于剧本的理解也随之不断加深。

在舞蹈排练过程中,我惊喜地在一些机动性较强的舞蹈段落中看到了学生的创意表达。舞蹈中的很多场景源自生活中的真实经验,这样的创作模式让真听、真看、真感受成为落到实处的艺术语言,也极大地提升了同学们的参与热情。正如担任舞蹈演员的黄昕怡同学所说:"从一开始确定下来的大致框架到现在音乐剧的基本成型,这部剧倾注了每一位同学的心血。回顾过去,无论是剧本的删删减减,还是音效的完美契合;无论是群舞的每一个变化,还是音乐的每一次修改……大家为完善整部音乐剧创作提出了很多建议,也共同经历过连夜的修改,这些场景如今又浮现在眼前,恍如昨日。"

### (五)"外援"助力、保驾护航

俗话说,功夫在诗外。《守候》的排练并不仅仅局限在排练厅中,更需要走入故事深处对其背景与情感产生共鸣,才能更好地呈现与演绎作品。

对于生长在上海的这群十七八岁的孩子来说,要获得这种共鸣并不是很容易的。为了保证最终剧目的高水准,学校为剧组创设了各类学习渠道,以"外援"的形式助力剧作的完善。

#### 1. 纪录片学习入情入境

作为疫情风暴的中心,在那段日子里,无论是普通的武汉市民还是武汉的医务工作者,都面对着前所未有的压力与挑战。尽管不能亲临现场,但剧组导演戚霞老师通过带领学生们观看武汉疫情纪录片《武汉日记》,也令学生感受到了那片土地上人民的焦灼与顽强。在观后感中,医护工作者的扮演者许歆妍同学写道:"先是士气低落消沉,而后又重新燃起希望,这是中国疫情的真实写照。从古至今,中国经历磨难摔倒过,但是都重新爬了起来。这次也一样,我们依靠着强大的国家渡过了这个难关。片中一群可爱而又坚强的人们经历过怅然若失后,又乐观前行,积极地面对生活,我认为这就是武汉精神的体现。"

2. 外出观摩汲取灵感

除了观摩纪录片外,在排练的关键时期,为了进一步提升学生的感受力,学校特意组织学生们集体去了上海话剧艺术中心,观看了抗疫题材音乐剧《那年,那时,那座城》。剧中人物的塑造方法、疫情的表现方式、音乐的处理与运用给所有同学都带来了极大的触动。除了专业舞台带来的震撼以外,剧情的创作手法也给了剧组很大的启发。编剧张婉琳同学回忆创作经历时写道:"在音乐剧结束之后,我们和朱老师按捺不住激动的心情,在话剧中心的门厅里便开始讨论起如何对剧本做进一步修改。在观摩剧目前,我们的剧本仅仅围着母女二人的故事展开,但却总是不够味道,仿佛哪里缺了点什么一样。在观摩后,我们提升了对医护工作者们刻画的精细度,通过增加援鄂医护工作者们的群像独白,让整部剧的结构更加立体。"剧目的观摩打开了剧组的创作思路,启发我们一下子厘清了剧目的修改方向,剧情也在打磨中更为成熟。

3. 专家指导提升品质

如果说外出观摩是远景的审视,那么专家的指导则是近景的雕琢。暑假的排练期间,学校屡次邀请上海戏剧学院、上海歌剧院、上海译制片厂的专业老师为已成型剧目进行进一步指导,使全剧更加精细专业;上戏音乐剧系的李之浩老师对剧中女儿角色的塑造和剧情的节奏给予了专业化的建议,通过增加主演的性格锐度,原本较为平淡的开头部分一下子变得引人入胜;上海歌剧院谢楠老师主要把控了演唱的风格,提升了整体剧目的歌唱水准;上海译制片厂叶露老师对演员台词进行分角色指导,经过一次次的微信线上点评,为每个群演小角色赋予了极大的生命力。音乐剧是综合的艺术,更是集体智慧的结晶。如果说《守候》原本是一块璞玉,那么正是这样的一次次指导打磨,这部剧最终呈现出了灿烂的光彩。

### （六）收获的不仅仅是演技

历经半年的打磨后，《守候》最终在高峰论坛上圆满呈现。它是一部音乐剧，但又拥有着超出音乐剧本身的分量。这半年来的创作排练经历是对剧组全体成员的一场全方位式的艺术洗礼，更是一种润物无声的育人体验。医护人员扮演者沈可文同学写道："从前的训练中，我总是孤军奋战。每一次遇到卡顿，我都憋在原地，不敢向身边的人询问，只是在心里打上一遍又一遍的草稿，才敢吞吞吐吐地开口，生怕自己表达不清楚，一不小心成了'烦人精'。而排练中，正当我一个人纠结徘徊时，一起排练的同学们却主动向我伸出了援手。原来，团体是这样的存在，这是我从来没有过的经历。如果现在的我对从前的我说，你以后会遇见这样一群人，我肯定不相信。但现在，我也可以告诉别人团队是很幸福很美好的集体。足够幸运，感谢相遇。"而导演助理朱钦楠同学则表示："回顾过去这段创作经历，我的心情可谓是百感交集。第一次参与音乐剧的创作也让我收获了很多，能用艺术表达方式歌颂这次疫情的医务工作者，内心感到特别自豪。这份工作让我学会了如何全方位做好协调工作，如何培养起自己的责任心和细心。都说上戏附中是梦开始的地方，尽管我们都还稚嫩，我们的首次尝试也一定有许多的不足，但我们坚信插上音乐和戏剧梦想的翅膀后，我们会飞得更高、更远。"

以梦为马，不负韶华。在上戏附中，一群追梦的少年怀揣着对艺术的向往，用青春的汗水浇灌出了《守候》的花朵。如果说戏剧是钥匙，那么它开启的不仅仅是艺术的大门，而是让上戏附中的每一个学子浸润在戏剧中，同时能触动到内心最柔软的地方。

以戏育人，以文化人。《守候》只是我们的一次探索，未来的路还很长，我们将且行且思考。

# 第三章
# 相聚谈趣：肖邀午后

"肖邀午后"是一个旨为加强校长与学生间沟通而专设的活动名称。肖校长邀请学生一起共度一段美好的中午时光，即每月月末周三中午校长与5—6名学生共进午餐。活动的意义从仪式感开始。

校长手写的邀请函，定制的饭盒，精心布置的餐厅，一切的一切只为营造轻松和谐温暖的交流氛围。

每次我们都有确定的话题展开交流：如何看待C位问题？校服漂亮吗？专业课能够满足你的个性需求吗？你是如何了解到上戏附中的？你对未来升学有何想法？等等。可以说无话不谈。

在午餐交流结束后，我们进入赠送纪念品和合影留念环节。在选择纪念品时，我们可以说是动足脑筋，努力选择纪念价值大于物品价格的礼物，让学生珍藏。在合影环节，我们有正式的集体合影，也有让每一个学生充分发挥想象力和创造力的与校长的单独合影。我和学生们说："你希望我怎么样做，我就怎么做，充分展开你们的想象力，观察力。"这是每次活动学生最兴奋、最紧张的时刻。两个人的合影要有互动，不同于平常的翘大拇指、比心等动作，还是有挑战性的。学生们会在短时间内脑电波快速搜索。14期活动下来发现，首先，艺术班的学生会比普通班学生更加落落大方有创意一些。其次,我发现第一个人的动作会限制后面四个人的想象力。例如,有一个学生说:"让校长姐姐坐下来。"接下来,四位同学的拍照姿势都是基于"让校长姐姐坐着"这个想法而展开。再次,我发现即使简单的拍照动作,也能反映出学生的情商和观察力。比如,有些男生个子较高,他会考虑到这一点,故意蹲下来和我合影。一位女生看见我穿着百褶裙就让我和她一起做舞蹈动作。虽然这些只是小细节,但也令人感动。

渐渐地,"肖邀午后"开始拥有了一种榜样效应。每个月,我们会依据报名同学当月的成长指数、闪光点等条件进行甄选。申请之前,学生自行填写成长经历,我们会关注他们成长中取得的点滴成就,本着艺术班、普通班兼顾的原则,筛选近期表现突出的学生入围。确定名单后,学校教学楼大厅的宣传屏幕上会进行滚动播放,学生们的自信心和荣誉感也随之增强。当然,这些学生也成为当月班级同学眼中的"优秀生"。后来,有的学生遇到我或负责活动的老师都会着急询问:"本月'肖邀午后'的活动,我入围了吗?"甚至,还有学生对我说过这样的话:"校长,我已经申请了五次了,怎么还没有轮到我呢?"遇到这样的情况,我会马上记下名字,争取下次活动能够达成那位孩子的心愿。

这个活动我也是累并快乐着。常常有外校同行来学校进行参观、交流,他们惊讶于我知道这么多学生的名字,更能与学生如此亲热。我的微信通讯录上有好多是学生。我想,正是"肖邀午后"拉近了我们间的距离,使我们变得可以理解对方和了解多方。

尽管每个月有一次"肖邀午后"的活动,每次能给至多五名学生参与的机会,但是由于假期、考试等不可控因素,目前为止我也只和65名学生有过近距离的交流,这对于500多位学生来说只是很小一部分,但是坚持做一件事,并且把它做足意义感,我相信这是学生高中阶段的重要青春记忆,是重要的师生情与学校

行，以知趣
我的教育叙事

情的培育过程。

我一直觉得今天的孩子有太多的不容易，我们教育者能做的就是遇见他们，看见他们，听见他们！

让我们一起来听听学生的感受吧：

从接到肖校长亲笔题写的邀请卡起，我内心的欣喜便没来由地涌上心头。从没有想过，我竟然能通过甄选，成为了上学期首次"肖邀午后"的幸运儿！虽然如今一学期已经过去了，但再提起我和肖校长共进午餐的那份经历，仍觉得很多细节历历在目。在这特殊的疫情期间，每每想起那份珍贵的回忆，心头便涌上无数感动的浪花。

从小到大，校长给我的感觉总是严肃的，总是和我们有距离的。如果在校园里偶遇校长，也许我们会热情地问一声"校长好"，又或许我们会羞涩地低下头，与校长擦肩而过。记忆中的校长总是行色匆匆，纵使我们有满肚子的话想向她说，也没有机会一吐为快。但在上戏附中，"肖邀午后"的出现完全打破了这一常规，我也因有这样一位愿意倾听学生心声的校长而感到幸福。

在吃饭前，我其实一度有些顾虑，怕没有话题可聊，怕场面会变得尴尬。当我真的和校长坐在一起时，一切的顾虑都消失了。进入小餐厅，摆在桌上的是五份精心定制的午餐，肖校长风趣地说道："这都是精心准备的哦！你们看，午餐盒都不同于你们平时用的。"是呀，我一看电视机上的欢迎文案，里面还有我们五位同学的名字，顿时觉得倍感荣幸。这次活动的大、小环节都是由肖校长亲自准备的，从细节中能看出她的细心体贴。老实说，这样事无巨细的行事风格令我十分敬佩。肖校长是一个敏锐而细致的人，小到安排好教学楼中每一层的咖啡机,大到创办"肖邀午后"这样的大型活动,以及坚持开办的学生微讲座等。参与"肖邀午后"活动的经历,使我进入学校后第一次真正领略到上戏附中一直传递着的"幸福教育"理念。

在吃饭过程中,肖校长先是询问了我们初高中衔接的状况,而后我们又逐一聊起了在上戏附中学习一个月来的感受。我们聊得热火朝天,甚至一度忘记了对面坐着的是校长。我不仅记得她脸上那灿烂的笑容,还叹服于肖校长的平易近人,以及对学生那无微不至的关爱。就餐后,肖校长还赠予我们一枚学校专属U盘,又依着我们的想法摆pose,一起留下了珍贵的合影。总之,这一餐着实令我受益匪浅。

我十分庆幸自己能在上戏附中度过高中三年,我确信上戏附中会给我带来最好的成长,助力于我未来的发展。我将记住校长的勉励,做一个更好的附中人,也期待着未来两年在附中实现自己的蜕变。

——高一(2)班朱钦楠

很荣幸,我能够成为2019级高一学生中第一批参加"肖邀午后"的一员。还记得当初收到肖英校长的请柬时,我的心里那叫一个激动啊(我现在把还请柬当成奖状放在写字台前面)。记得9月24日的中午,我和同年级其他班的几位同学一同前往小餐厅。一进入小餐厅,我就看到一个精致的"肖邀午后"的小牌子。房间中央是方方正正的餐桌,围着一圈座椅,布局十分温馨。我很幸运地坐在了肖校长的身边。一开始我有些紧张,也有些不好意思,我想:这是我从小到大第一次和学校的校长在一起吃饭喔!我悄悄地抬头看了一下肖校长,她微笑地招呼大家,我一下子就被校长姐姐身上的亲和力所打动,我也不再像一开始那样紧张了。餐桌上的氛围变得融洽,我们就像一家人一样其乐融融地共进午餐。校长询问了我们每位同学刚进

行,以知趣
#### 我的教育叙事

学校时的感想和对上戏附中的初印象,也让我们每个人介绍自己是如何了解到上戏附中的,我当时心里暗想:缘分真是一种奇妙又美好的东西,可以让我有机会坐在这里,与我们的校长姐姐共进午餐。校长也对刚入学的我们给予了鼓励和祝福,这也让当时在座的我们,对未来三年的高中生活,有了新的动力。午餐结束后,校长主动招呼我们每一位同学合影留念,可把我高兴坏了!记得校长当时说,希望三年以后,我们可以考入上戏或者中戏一类的好大学,届时再来找她合影!现在的我细细回味校长的话,一遍遍告诉自己一定要努力努力再努力!感谢校长姐姐的"肖邀午后"活动,也庆幸我能拥有这个机会!未来的上戏附中生活中,我一定会全力以赴!

——高一(6)班邱申博

说起来,我与"肖邀午后"的初见,应当在那一扇似乎蕴藏着无限神秘的小白门前。

这可能是我第一次与校长坐在同一张餐桌上吃饭,当时心里紧张极了,生怕自己表现得有那么一丝不得体。正当我和自己暗自较劲的时候,校长突然叫了我的名字。她让我说一说进入上戏附中以后的艺术学习情况以及对班级氛围的看法。

午饭进行的时候,校长给我们讲了许多事情,包括她这段时间接触到的一些趣事。当然,这些事情不仅仅是有趣而已。校长举出了在职场中不同人的不同做法,告诉了我们礼仪的重要性;同时,她也举出了不同老师的不同授课方式,让我们明白说话技巧的重要性。的确,好的说话技巧是能勾起听众兴趣的。事实证明,肖校长也是一位极具语言才华的老师。在与她的谈话中,午餐的40分钟很快便悄悄溜走,我依依不舍地离开了。直到现在,我一直认为与肖校长的谈话,实在是一件令人受益匪浅的事情。她并不像古板的老学究,而是一个自带威严又善解人意的家长。我想,这也是为什么肖校长会受到如此多同学爱戴的原因。这也让我更加相信,"肖邀午后"这个活动,一定会让更多的同学感受到学校和老师给予我们的关爱,也可以让我们看到他们用心的付出。长远来看,这些点滴一定会使整个校园一步一步变成星河璀璨的世界。

——高一(6)班孟于岚

我期待"肖邀午后"已经很久了。得知入围消息以后,别提我有多兴奋了——不仅是因为能与肖校长共享午餐时光,而且还能与肖校长交流我在学校的情况、感受以及问题。在2019年12月4日的中午,我带着肖校长亲笔写的精美的邀请卡,一路小跑来到小餐厅。到达之时,肖校长在和别的同学聊天,我走到位子上听着他们的对话,不禁觉得,这时候的肖校长不像在舞台上那样"霸气",倒像是朋友。聊天的过程中,我们时不时被她逗笑,氛围轻快极了!也许正是因为这种愉悦轻松的气氛,我也渐渐放松了下来。在校长的询问下,我提出了在艺术课程上的困惑。校长非常重视,并且让同桌的老师记录下来。这让我感受到了校长对教育教学的重视,也让我感受到校长的细心、实干精神和行动力!另外,除了能够与肖校长交流外,"肖邀午后"活动最吸引我的就是饭菜啦!定制的饭盒、特别准备的饭菜、热腾腾的汤,这一切都太妙啦!我能想象到这些安排和设计背后倾注了校长和老师们多少的心血!可以说,这是我在高中时期,甚至是整个学生时代最难忘的一次午餐。回忆这次的"肖邀午后",我印象最深刻的就是肖校长的说话艺术与敏捷的思维了。那是一种与智者对话的体验!真心希望以后还能有机会与校长交流。

——高二(6)班王乐妍

行，以知趣
**我的教育叙事**

2018年9月26日，我通过报名，参加了"肖邀午后"的活动，与校长、老师、同学们一同用餐、畅谈。非常幸运，我是"肖邀午后"活动最早一期的参与者，这让我着实感受到了肖校长的亲切，同时也对自己今后的学习有了更明确的目标。

回想起来，在一个周三的大课间，我收到了肖邀午后邀请函。中午，我非常迅速地拿着筷子来到会议室二门口。稍作等待后，我和一众同学被王婷婷老师带入"阳光小屋"，肖校长已在那儿等候多时了。

餐后，我们聊到了"生活中的C位"这一话题，校长的话让我深有感触。C位只有一个，不是每个人都能在这个位置上，但我们要有一颗努力向它靠拢的心。即使站在C位旁，也很光荣。我一开始并没完全理解肖校长的话，因为我是一个好强的人，很喜欢C位，我也希望能通过自己的努力站上我所在领域的C位。学习了一段时间艺术后，我才明白C位并非容易得，而没得到C位同样可能有很大的收获。在排练历史剧《家书》时，我一直想演戏份最多的二哥一角，但同学们都说我适合大哥一角。在分角色前，我反复练习了二哥的词，在坐排时还多次尝试，但最终还是饰演了大哥。这段经历告诉我，有些条件是天生的，我们无法改变；我们只能把那些能改变的东西变得更好。虽然没能演成C角，但能在C角旁演D角同样让我得到提升。一场戏下来，我都能背出所有演员的台词，都能牢记所有的调度，这同样是一种自我提升！通过这件事，我更深刻地理解了肖校长的话。

在这次畅谈中，我收获了许多，也懂得了许多，很期待能再次参加这个活动，与肖校长畅谈！

——高二(6)班沈育奇

回想起那段与肖校长共进午餐、畅所欲言的时光，我还是觉得记忆犹新。我们那次的谈话主题,是关于自己进上戏附中一年以来的收获。说实话,这个问题,我从来都没有问过自己。校长的谈话给了我一个机会去重新认识自己当下的生活,也让我回想起当时报考上戏附中的目标与信念。说起报考上戏附中的目的,我们五个人的回答各有不同,有的说,自己想要报考上戏附中已久,好不容易等来这个机会,开心得不得了。有的说,自己一直都有关于艺术的梦想,在初三的时候有幸听闻上戏附中的名号,想着来试一试。而我,便是第二种。在报考上戏附中之前,鲜少会有愿意相信我的人,在他们眼中,艺术这个梦想总会显得像是痴人说梦。但进入这里之后,我碰到了很多愿意相信我、帮助我的人。正是他们的这份鼓励,让我有信心成为更好的自己。我仍然记得,当时肖校长对我们说的一句话,她说:"在我们报考上戏附中的时候,不仅仅是我们选择了上戏附中,更多的是上戏附中选择了我们,这是一个双向选择的过程。"这句话在我心里留下了很深的印象。我知道,如今的我能够有脱胎换骨的改变,与在上戏附中的学习分不开。我很感谢当时的我报考了上戏附中,更加感谢上戏附中能够选择我。肖校长告诉我说:"艺术从来就不是痴人说梦,这里有很多伙伴愿意与你一起努力,即使饱受非议也要勇往直前。"我想,这便是我来上戏附中最大的收获。我很感谢能够拥有与肖校长共进午餐的时光,让我有机会重新审视我自己。那个时刻,那份鼓励,那些安慰的话语,从那时起便一直印刻在我的心里。我想,正是学校的这份温暖和亲切,才使上戏附中成为了戏附学子梦开始的地方。

——高二(6)班楼屹

"张莹兰你出来一下。"听声音,是徐琼老师,我不会做了什么坏事吧……各种可怕的想法瞬间涌入我的脑子,于是我尽可能慢地走到教室门

## 行，以知趣
### 我的教育叙事

口。不承想，等待我的居然是一张蓝色的卡片！"天呐，我到底做什么坏事了！"我心想。"校长邀请你'肖邀午后'噢！""啊！"那一瞬间，震惊、欣喜、疑惑等复杂的情绪一下子涌入了我的脑海中。

经过2年多的相处，我早就知道校长并不是个古板严肃的人。所以，接到校长"肖邀午后"的邀请时，我心里非常期待，但这未知的话题也令我惴惴不安。

次日午时，我如约而至，没想到校长到得比我们都要早。臻臻老师和校长像是两位大家长在照顾一群孩子，早早就为我们把饭和餐具都准备好了。除我以外，在场的都是高一、高二的学弟学妹。看上去，肖校长让他们难免有些胆怯。本以为会有很隆重、官方的开场白来作为这次"午餐会议"的开始，但校长却很亲切地与大家寒暄着开始了这次集体午餐。

"来吧，说说你们这次回母校的感受，边吃边说，一个一个来。"就这么简单的一句话，打开了大家的心扉。一圈熬完了，终于轮到我了。我的发言并没有描述太多的过程，而是着重叙述了我的感受。每一个人说话时，肖校长没有打断或是评价，而是等到所有人的发言结束，她才提出自己对于这个活动的见解、分析与预想。

是的，这次活动让我看到了一个大写的女人和她的教育理念。我才知道，对于一个学校来说，宣传是很重要的，而宣传学校意味着要尽可能宣传到每一位学生，这样才能有更大的影响力。同样，学生对学生的宣传，还能更真实地传达真实的内容，有官方宣传无法触及的优点，还可以打破学校与学生间的距离感。学生可以带去的是优质的"买家秀"。这些便是这次谈话中，我学习到的"优质宣传法"。除此之外，我在听校长讲话时，也在回顾曾经参与过的大大小小的活动，例如"文化名人进校园"活动、"幸福积分"讲座、参演话剧、演出等。这些活动也让我懂得了,只有在理性思考的基础上再进行实践,人才能发展得更好。

如果非要把这次活动比作一个什么的话,我想可以用"学习法则"中的"与巴菲特共进午餐"来比喻。肖校长带给我的校园生活也使我更明白,学校不仅是学习的地方,更是走向社会的扳机。只有随时做好准备,才能在日后机会来临时完成一次完美的射程。

——高三(5)班张莹兰

我曾有幸受邀赴宴,后来常常忆及,也是引以为傲的。整顿午饭就像在与亲朋一同闲谈一般,校长姐姐笑语晏晏,平易近人;却又字字珠玑,言之凿凿,问题深刻,三句不离上戏附中,两句不离同学们。"进学校前你是怎么了解到上戏附中的呀?"其实我的初中离高中仅有两条马路之隔,但我却是在初中的最后一段时间才知道上戏附中的存在。"看来,宣传还得加强。"得知情况后,校长姐姐如是说。总之,我们的校长姐姐并不是高高在上、遥不可及的,而是威严中透露活泼、亲切又不失严厉的。

——高一(1)班寿正阳

第一次被邀参加"肖邀午后"这个活动是在2020年的9月22号。还记得那天,手握着肖英校长的亲笔邀请函,激动得半天说不出话来。说实话,这是我从小到大第一次接到校长的邀请,也是我第一次能够有机会面对面地和校长一起共进午餐,展开心与心的交谈。真的是太让人期待了。

其实,早在我要考上戏附中的表播与主持专业时,就有一些问题困惑着我。肖英校长究竟用了什么理念和魔法,让上戏附中这所原本在静安区普普通通的高中变成了现在这样优秀的特色高中呢?这一路走来一定是非常非常地艰辛,究竟是一种什么信念支撑着我们的校长克服了重重困难、坚定

行，以知趣
我的教育叙事

地走下去呢？

都说校长是一所学校的灵魂。和校长的促膝长谈中，我真正意义上感受到了一个好的校长对一所学校的决定性作用。优雅、端庄、睿智、豁达、有气质，这就是校长给我的第一感觉，就像上戏附中精美、灵动的艺术灵魂一般。

当我看完肖英校长亲笔书写、亲笔签名的《行，以知道》这本书后，所有的答案都在书中迎刃而解了。就让我引用肖英校长的一句话来表达自己的感想吧——"今天的上戏附中凝聚着多少人的心血。学校的凝聚力不是说说而已，是我们全校师生共同努力做出来的。艺术的熏陶也不是自然而然形成的，而是一次又一次的艺术节展演和越来越大的学生舞台，让他们的水平自然也越来越高，社会影响力和美誉度也就越来越大。相信上戏附中会得到更多人的了解、支持、肯定与赞美！"

——高一(7)班沈诗赢

十分有幸，我可以和校长共进午餐。我还记得第一次见到校长还是在政训的那天，校长发言时思路敏捷，直击重点，给我们留下了一个雷厉风行的印象，不由得产生了敬畏之感。但正是这次午餐，我完全改变了对她的印象。

那天，我是第一个到的。一进门，我就收到了校长亲切的问候。吃饭时，令我印象最深刻的就是有同学在小餐厅提出了对校服样式不满意的问题。校长当即拿起手机，马上把这事情反馈了出去。我想，校长每日事务繁多。只有这样雷厉风行的做事习惯，才能把每件事情都处理得如此井井有条吧。

不但如此，校长还从各个角度出发，了解我们对学校的感受。诚然，校长对我们日常的校园生活十分关心,而且还给我们分享了她多年来一步步建设校园的点点滴滴。我们现在所见到的上戏附中有很多的小故事,正是它们促成了我们日常生活中看似繁琐的一些规定的产生。原来,它们是经过多重考虑之后才形成的呀!一想到校长的努力造就了我们现在的学习环境,为我们提供了良好的平台,我便觉得实在要感谢她的辛苦付出。我也暗想,以后一定要在校园里努力学习,不辜负校长的辛苦付出呀!

——高一(3)班郭肖尧

非常高兴拥有可以与肖英校长面对面的机会,时间是周三中午的午休时刻,以便我们边吃饭边谈话。在刚刚接到通知时,我是很激动的,心情也很急切,想着可以和校长交流,也许可以有更多对学习和未来有益的收获。但是,开始进小餐厅前,我又感到一阵阵的紧张,害怕自己的表现不能和平时那样自如。但一坐在椅子上,虽然与校长有了近距离接触,我反倒觉得亲切、放松了。校长让我们各自介绍一下,自己原本来自什么学校,是如何了解到上戏附中(上海戏剧学院附属高级中学)的,以及来到这个学校的原因是什么,也就是我们来到这里是为了追求什么。当校长知道我在学校对面租了个房子时,也很关照我,问我家长是否会经常来看望和陪伴我,又提醒我小心租房的各种安全隐患。那时,校长的话让我倍感温暖。

再谈到开学这么久,我们觉得学校的环境、氛围是否符合自己的期望,又说到我们可以提出有需要反馈的,或是自己校园生活的感想,以便督促学校及时改进。我觉得确实如招生家长会真实叙述的一般,若有人向我们询问学校的情况,我们会如何进行介绍,又是否能说清楚学校有哪些优势。现在细想来,学校的优点主要有三。一是艺术氛围好,身边都是与我志同道合

行，以知趣

我的教育叙事

的伙伴，更能使我们相互促进、互相学习，共同奔赴成就艺术梦的大舞台。二是学校师资，不管是文化课还是专业课，都是一些实力强劲的教师来为我们辅导功课，尤其专业课，教师们都是来自上戏或各大院校的专业老师，给我们教授的课程也同样和大学的课程有所关联，方便我们更好地为以后的发展奠定基础。三是培养了学生的综合素质。在这里，我们不仅充实了文化底蕴，更是提升了我们的艺术素养，也更锻炼了支配、管理时间的能力，以及高效率完成课程任务的良好素养。我们在"肖邀午后"，真正做到了畅所欲言，也及时地向校长反映了学校的校服问题。此时，高效率的肖校长也立即拿起手机，当场处理了这件事情。我想，这也许就是肖校长开展"肖邀午后"活动的意义所在吧。

——高一（5）班施程

我有幸参加了"肖邀午后"活动，与肖校长一起在小餐厅吃午饭。得知消息后，我的心情既紧张又兴奋。起初，我认为肖校长会像演讲时那样威严，但事实上我发现，生活中的肖校长十分地和蔼可亲，她亲切地询问我们是从哪个中学毕业，觉得上戏附中的学习环境如何，学校有什么需要改进的地方。她也鼓励我们发散自己的思维，从不同的角度去思考问题。最让我震惊的便是"肖校长速度"！我带着关于长袖校服和蓝色校服的问题向校长请教，校长听罢便拿起手机向老师发送语音，花了不到五分钟，便把我们提出的所有问题全解决了，若用六个字形容便是——非常干净利落！和校长共处的这一个中午，我收获良多，甚至结束后校长都和我们每个人拍了照片，还送了我们每人一个95周年校庆专属的编织袋。能和肖校长一起吃午饭、聊天真的是太轻松、太愉快啦！

——高一（7）班俞辰杰

非常幸运地和校长一起共进午餐!

在"肖邀午后"的过程中,校长姐姐亲切地询问了我们有没有不适应的地方,或是最喜爱的老师,以及以后的目标与理想,还聊起自己的初中与高中的不同点和自己的感受。

我感受到了肖校长对我们学生的关心,也感受到了学校丰富多彩的校园生活。

感谢这次的"肖邀午后"给了我与校长近距离交谈的机会。

——高一(1)班林悦

很荣幸能被选入这一期的"肖邀午后",在短短的午后时光,与肖校长谈论到进入高中后的生活。作为普通班的一员,原先在我的印象中上海市特色高中和普通高中并没有特别大的区别,但是在平时的学习生活中,我深刻体会到了学校浓厚的艺术氛围,并在和肖校长的对话中了解到上海市特色高中这块招牌是对于学校艺术类教学的高度认可。尽管我是普通班的学生,但从参与此次活动的艺术班同学口中了解到,学校的艺术专业课的授课老师不仅在上课时有着独特的风格,而且很多都是拥有特别丰富的艺术教学经验的老师!校长还向我们询问了对于学校的意见,每一位提出建议的同学,肖校长都会用手机仔细地记录下来,并且能够给出一些自己的看法。今年我还有幸参加了学校95周年的校庆以及艺术节活动,尽管作为普通班的学生,但是我们依旧展现出了自己的特色。我认为"肖邀午后"这个活动拉近了学生与校长间的距离,一改平时对于肖校长那种"高不可攀"的感受!

——高一(2)班沈恺岳

25日中午,我参加了学校"肖邀午后"活动,有幸与肖校长共进午餐。

行，以知趣
我的教育叙事

　　午餐还未开始，肖老师与我聊起天来，我把目前关于学校"导师制"的看法告诉给她了。一开始有些腼腆，在她的鼓励下我说出了自己的看法，校长又详细问了问我的建议。能发表自己的看法与建议，我很高兴。

　　同学就座，午餐开始。肖校长一边询问我们的学习情况，一边把我们刚才提出的东西记录下来。她了解了我们的情况后，对我们提出了一些要求，并发表了对我们的寄语。

　　同学们一开始说话都很腼腆，但肖校长热情地与我们攀谈，气氛逐渐活跃。同学们互相聊天，真是其乐融融啊。

　　这次活动使我收获满满。不仅能与肖校长共享午餐，且还能对学校的建设提出自己的建议。这让我那一天过得很充实，给中学生活增添了温暖色彩与美好回忆。

——高一(3)班高艾诚

　　第一次有幸与校长共进午餐，校长比我想象中的更加和蔼可亲，是一个很温暖可爱的人哇。

　　午餐很丰盛，在整个过程中，校长向我提出了几个问题。首先我与校长交流了我之前所处的初中，同是艺术类学校，我认为上戏附中做得最好的地方就是学生与老师可以一对一交流，可以找出自身问题并加以改正。这让我感受到了我们学校的专业性！

　　其次，我们又探讨了专业课课程。提到了我现在的形体老师——敖其老师。校长问："你觉得敖老师严厉吗？你觉得是严厉好还是无所谓好？"仔细思索了一下，我认为老师对我们的严厉，是想让我们进步更多，想通过这种方法促进我们，如果什么事都是很随和的状态的话，对于学生也未必是一件好事。

对于学校的建议的话,其实我个人觉得操场在人多的时候确实不太利于学生活动,较容易受伤。对于各科老师,我都十分满意,当我有不会的题目向他们询问时,他们都会耐心地一一为我解答,而且他们上课也都有自己的独特风格。对于同学们,虽然还是会有些磕磕绊绊,但是和同学们一起成长,才是更有价值的!从开学到现在的这些日子,我在上戏附中的温暖与艺术的氛围中度过,慢慢学习,慢慢找到自身的缺点,一点一点改正,让自己更充盈,变得更好!最后,对于这一次的"肖邀午后",我感到十分荣幸,这将是我记忆中非常有意义的一次经历!

——高一(5)班戎依诺

在入校前就有听说过"肖邀午后"这个活动,那时候就想着高中三年肯定至少要去一次。这次在看到一楼大屏幕上写着能报名"肖邀午后"时,填写了报名表,在周二拿到了校长姐姐亲笔邀请函,心情无比激动。与另外四位同学们一起跟校长姐姐共进午餐,享用午餐的氛围也不一样,我们畅聊了很多事情,有学校的活动、专业课、老师还有入学的感受等,最后也合影留念了。这是一次特别的经历,一次特别的体验,感谢"肖邀午后"让我和校长姐姐有了近距离的接触,让我了解到了其他同学的入学感受,既能倾听别人的想法也能表达自己想法,也感谢学校精心准备的礼物。短暂的午餐时光很美好,与校长姐姐交流得很愉快,也让我更加期待下一次的"肖邀午后"。

——高一(6)班张茜蕾

行，以知趣
**我的教育叙事**

附表　肖邀午后活动情况一览表

| 日期 | 参与学生 | 活动主题 |
|---|---|---|
| 第一期<br>2018.09.23 | 高一(4)林漪茗、高一(5)张泽昊、高一(5)开思源、高一(6)沈育奇、高二(5)蔡程 | 你眼中的C位 |
| 第二期<br>2018.10.29 | 高一(1)耿婉颖、高一(4)徐梓晏、高一(6)余耀阳、高二(4)纪越岑、高二(5)王浩然 | 高中生活和初中生活有什么不同？ |
| 第三期<br>2018.12.10 | 高一(5)程孟琬怡、高一(6)陆宇迪、高二(3)吴海伦、高二(5)高艺轩 | 在你的成长道路中，对你影响最大的导师是谁？为什么？ |
| 第四期<br>2018.12.26 | 高一(1)沃奕君、高一(1)韩沛君、高一(2)范陶金、高一(6)楼屹、高二(5)陈芸瑶 | 如果让你回初中母校宣传上戏附中，你会怎么做？ |
| 第五期<br>2019.02.28 | 高一(1)俞文杰、高一(5)黄诗祺、高二(2)汪羽哲、高二(5)张莹兰、高二(3)施卓妍 | 社会实践活动——回初中母校活动畅谈 |
| 第六期<br>2019.03.27 | 高一(2)何赋阳、高一(2)钱弘轩、高一(4)王诗瑶、高一(5)王司祺、高一(5)杨艺涵 | 校长讲座"2019，过有准备的人生"感想交流 |
| 说明：2019年4月5月由于我脱产去华东师范大学参加教育部中学校长第61期校长培训班而停止。 | | |
| 第七期<br>2019.09.24 | 高一(1)寿正阳、高一(2)朱钦楠、高一(4)姚政、高一(5)杨紫艺、高一(6)邱申博 | 对学生领导训练营课程的期待是什么？ |
| 第八期<br>2019.10.22 | 高一(2)张婉琳、高一(3)姚雨彤、高一(4)张进齐、高一(5)张梁栋、高一(6)韦子悦 | 校长讲座"成就优秀的我和我们"感想交流 |
| 第九期<br>2019.12.04 | 高一(2)沈琳婕、高一(6)韩奕梵、高二(1)陆金婧、高二(4)万虞骁、高二(6)王乐妍 | 学军、学工实践活动体会交流 |

| 日期 | 参与学生 | 活动主题 |
| --- | --- | --- |
| 第十期<br>2019.12.30 | 高一(1)张思涵、高一(5)陈翊安、高一(6)孟于岚、高二(3)闫奕凝、高二(6)徐佳妍 | 上戏附中课程学习与你的期待 |
| 说明：2020年1月—6月一场突如其来的新冠疫情让活动停止了一学期。 | | |
| 第十一期<br>2020.9.23 | 高一(1)刘施佳、高一(5)盛耀然、高一(6)刘辰义、高一(7)吴悦、高一(7)沈诗赢 | 对高中生活的期待,对学校课程的看法 |
| 第十二期<br>2020.10.23 | 高一(1)王雯迪、高一(3)郭肖尧、高一(5)施程、高一(6)刘婷秀、高一(7)俞辰杰 | 你在95周年校庆系列活动中的收获 |
| 第十三期<br>2020.11.25 | 高一(1)林悦、高一(2)沈恺岳、高一(3)高艾诚、高一(5)戎依诺、高一(6)张茜蕾 | 梦想与现实的距离如何突破? |
| 第十四期<br>2020.12.30 | 高一(4)孙悦欣、高一(4)谈天、高一(4)任致煊、高一(6)黄丽安、高一(7)杜易成　高一(7)徐华篪 | 生涯规划专题 |

下编 | 踽踽行十载，兴感当如何

# 第四章
# 涉笔成趣：我的科研实践

## 一、创享全息剧场　奠基幸福人生

我们常说"戏如人生、人生如戏"。莎士比亚曾经把世界比作舞台，强调戏剧是人生的缩影。舞台上的演练，能让演员获得更多人生的体悟，是走上社会的准备。而作为人生预备期的重要空间和场域，学校是学生成长过程中不可或缺的舞台，如果能够让学生在这个舞台上有更多的机会体验、演练不同的人生角色，感受不同的人生体悟，势必会对学生的健全发展乃至人生幸福带来诸多裨益。

因此，在追寻幸福教育的路上，我们与戏剧就这样不期而遇了……

### （一）戏·缘：于历史发展中确立特色定位

孙中山曾言："学校者，文明进化之泉源也。"学校源于文明亦归于文明，一所学校的发展就是文明的沿袭，就是彰显学校文化内涵的过程。我们基于以下三方面的思考，将学校发展的办学特色定位于"戏剧艺术"教育。

1. 戏从历史传承来

一所特色学校的发展显然不能脱离自身的办学历史和传统。上海戏剧学院

行,以知趣
我的教育叙事

附属高级中学(以下简称"上戏附中")的历史,最早可以追溯到 1925 年 5 月英国人安娜·培成女士创办的培成女中。建校之初,学校即是上海滩知名的、有着贵族教育传统的私立女校,人文艺术始终是学校的优势办学领域之一。在《培成女校一九三六年年刊》中,有 27 篇学生的精美作品刊登在"文艺专栏"中(p27),其中包括《课外活动之一幕》的剧作。1954 年,培成女中与协进女中合并。而协进女中早在 1937 年就已经开设了故事课程,内容涉及讲述故事、创作故事和表演故事(《协进中学立校十周纪念刊》p34)。这可以说是我校戏剧艺术教育的开端。

在抗日战争和解放战争的年代里,在校师生积极投入革命洪流,1936 年,培成中学学生演出话剧《黎明之前》和《芳子》,通过戏剧文艺形式捍卫上海的自由和解放,引起当时上海市民的热烈反响。1949 年新中国成立后至今,学校培养了一批成就卓越的文艺精英,如毕业于上海戏剧学院戏剧文学系的著名艺术理论家、文化史学者、散文家余秋雨,当代著名作家程乃珊,新闻学专家盛重庆,著名影视演员肖雄,著名歌唱演员杨玉蓉,著名画家肖纯园,等等。九秩春秋,百年积淀,人文艺术的血液在学校的办学历程中始终流淌不息,学校的艺术教育一直为民族文化的百花齐放、民族的文明进步添砖加瓦。正是源于学校在艺术教育领域深耕多年的积淀,2004 年 8 月,经上海市教委批准,由静安区人民政府和上海戏剧学院联合办学,我校正式更名为上海戏剧学院附属高级中学,这在进一步坚定并巩固学校"戏剧艺术"特色定位的同时,也将学校"戏剧艺术"特色推上了跨越式发展的快车道。

2. 戏往发展使命去

一所特色学校的发展显然不能忘记自身的办学使命和职责。《国家中长期教育改革和发展规划纲要(2010—2020 年)》中明确提出,"高中阶段教育是学生个性形成、自主发展的关键时期,要推进培养模式、办学体制多样化,扩大优质资源,满足不同潜质学生的发展需要,普通高中应沿着特色化、多样化的方向发展"。此外,伴随着《上海市深化高等学校招生综合改革实施方案》的出台以及具体实施,多元评价和综合素质评价越来越被关注和重视,高考选拔已从学业上的深度和难度走向了知识上的宽度和广度,从选分走向选人,这些都为高中学校的发展指明了方向。

图1　上海戏剧学院附属高级中学育人目标顶层设计思路

在新的发展时期,依托上海戏剧学院雄厚的戏剧艺术教育资源,在13年的合作办学历程中,我们不断丰富"戏剧艺术"特色内涵,开设了包括戏剧影视表演、戏剧影视文学、播音与主持、舞台美术设计四个专业,四个专业相辅相成,共同组成了我校戏剧艺术特色专业群。如今,我们正朝着"新青年的福地、艺术家的摇篮"迈进,新青年们孵化于这片"戏剧艺术"的福地,依偎着这个戏剧梦想的摇篮,收获成长、感知幸福、体验幸福、创造幸福。

3. 戏为学生成长立

一所特色学校的发展显然不能忽视学生的个性特点和成长需求。我校的生源由两部分组成——艺术生和非艺术生。艺术生面向上海市招生，占学生总人数的三分之二，非艺术生面向静安本区招生。作为一所特色普通高中，我们必须要兼顾学校教育的普适性，从学校特色走向特色学校。非艺术生更多的是学戏、观戏、评戏，艺术生则在此基础上做到能够演戏。通过戏剧艺术的熏陶，提升学生的审美品位，培养学生美的创造力。为了满足不同潜质学生的发展需要，我们在丰富戏剧艺术门类和体验方式的同时，针对艺术班学生和非艺术班学生，分别设置了不同的目标要求。

基于对历史发展的传承、办学使命的追求以及学生成长需求的思考，我校"戏剧艺术"特色教育在历史中寻得方向、在发展中明确定位。怀揣着办成一所有"戏剧艺术"特色优质学校的梦想，我们逐步确立了学校的办学理念和育人目标。

(二) 戏·魂：于幸福教育中奠基幸福人生

1. 扎根"幸福教育"，办一所有幸福力的品质学校

"幸福教育为幸福人生奠基"是上戏附中一以贯之的办学理念。陶行知曾说："一切的学问，都要努力向着人民的幸福瞄准。"虽然幸福是一种颇具主观性的个人体验，每个个体对幸福的感受和定义也可能各不相同，但我们认为获得幸福的能力与品质应该有其内在的相通性。上戏附中的幸福教育以生为本、立足校情，同时借鉴积极心理学创始人塞利格曼的幸福学理念，倡导在认知幸福、体验幸福、创造幸福的教育过程中，培养学生"仁爱与责任""审美与智慧""灵性与信仰""节制与好奇"的幸福品质。学校依托戏剧艺术教育，打造全息剧场，构建"戏剧艺术"特色幸福课程群，其最终目的就是要让学校教育真正幸福起来，让身处其中的教师和学生真正拥有获得幸福的能力和品质。

2. 立足"戏剧艺术",建一所有影响力的特色高中

学校一直秉承学生综合型与个性化的和谐发展理念,凝聚特色,发挥优势、错位竞争。学校根据自身办学基础和师生实际情况,以"戏剧艺术"为抓手,以"角色、体验、合作、生成"四个戏剧核心概念为出发点,构建富有特色的学校课程体系,努力实践课程教学改革,促成学生全面而有个性地发展,从而为建设有影响力的特色高中开辟新路径。通过"戏剧艺术"特色教育,学校带动学生认知、体验并创造幸福,学校为学生搭建舞台,鼓励学生自编自导自演,在戏剧这特有的虚拟时空里感知喜怒哀乐,洞察善恶美丑。希望借助剧目创作、角色体验、人生演绎的过程来激发学生对自己的认识能力,培养学生与他人、与社会、与环境之间的沟通能力,以便将来能更好地融入社会、服务社会。

3. 把握"全面与个性",育一批有使命感的时代青年

每一位学生都是一个个性鲜明的个体,每一位学生都渴望获得全面而又个性化的发展。我校虽然分为艺术专业和非艺术专业两类学生,但"戏剧艺术"教育带给学生的绝对不仅仅是艺术专业技能的提升,更应该是对学生道德品行、人格精神、社会使命感方面的同步发展。为此,基于幸福教育的办学理念和戏剧艺术的育人特色,我们提出了"德艺兼修、知行并举、人格完善、乐观进取"的育人目标。我们希望,每一个个体都能获得个性化的发展,更能得到自由全面健康的发展,用自身的发展推动社会的发展,做一个有着社会责任感、使命感的时代新青年。

(三) 戏·韵:于全息剧场中锤炼幸福品质

1. 全息剧场的产生:让"戏剧艺术"思维融入于幸福理念中

"创享全息剧场"中的创享就是指创造并分享,全息剧场是指整个学校的空

行，以知趣
我的教育叙事

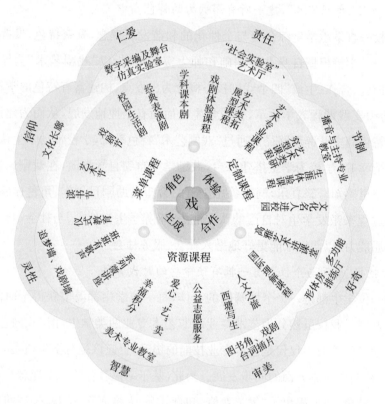

图 2　上海戏剧学院附属高级中学全息剧场

间都弥漫着戏剧场、艺术韵。在"全息剧场"里，校长是坚守办学理念的艺术总监，校园内外的教育资源空间是大剧场，师生既是自主创享的导演，又是倾情投入的演员，而课程则是推演实施的剧本，大家共同演绎一部追求幸福、生成幸福的大戏。

我们有"戏剧艺术"特色的专业课程——艺术专业课和戏剧体验课；有用戏剧思维创建的特色课程——"文化名人进校园，高雅艺术进课堂""幸福积分课程"和"生涯体验课程";有基于戏剧场构建的活动课程——戏剧节、读书节、爱心"艺"卖、人文之旅、西塘写生、仪式教育、社会实践、"班班有戏"等活动。一系列的以"戏剧艺术"为核心元素的课程,旨在明确学生的角色规范意识,加深学生对自我角色的潜在认知和对他人角色的理性认知;旨在搭建平台让学生既有"身临其境"的自我体验,又有"设身处地"的换位体验;旨在强化学生的合作意识,让学生学习基于戏剧元素的合作,指导学生进行校园领域的合作,开展具有社会视野的合作;旨在推进由可能到实现的具有即发性、创造性的生成,展现个人睿智与团队互助的生成。于角色中体验,于体验中合作,于合作中生成创造,四个元素相依相偎,共同促成了我们的全息剧场理念的生成。

大戏剧的思维就是不再把戏剧仅仅看成是某一种艺术表现形式,而是将其变成一种组织形式与认知方式,剧场的概念更是扩展到整个校园。全息剧场把戏剧思维融入到学校的幸福教育理念中,以戏剧认知的培育内化学生的核心素养,涵养学生的审美品质。

2. 全息剧场的核心:让"戏剧艺术"元素渗透于幸福课程中

我校的"戏剧艺术"特色是以课程为载体,以学科渗透和课程开发为方式,以幸福文化为导向来构建体系。我校作为"上海市提升中小学课程领导力行动研究(第三轮)"项目学校,为了提升学校课程建设品质与内涵,彰显戏剧教育特色,关注学生的选择性、差异性、多样性,我们统整了基础型、研究型、拓展型三类课程,倾力打造了独具学校特色的个性化幸福课程。

我校幸福课程包含定制课程、菜单课程和资源课程三个维度。三个维度的课程相辅相成,形成一个扇面结构,共同达成整体课程目标,促进学生个性化发展,为学生的幸福人生奠基。其中,每一类课程都彰显了我校"戏剧艺术"特色。

定制课程是指为全体学生量身定制,侧重于学校为学生提供适切的课程。

行，以知趣
我的教育叙事

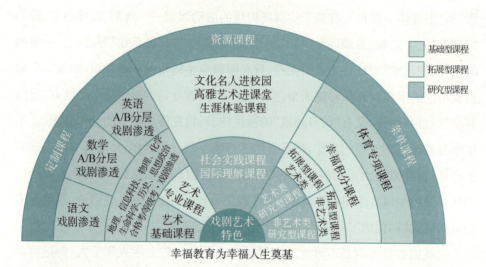

图3 上海戏剧学院附属高级中学课程框架图

它涵盖了语文、数学、英语、物理、化学、生物、政治、历史、地理、艺术等在内的国家基础型课程。这类课程一方面注重在课堂教学中渗透戏剧元素，强调戏剧的四大核心概念，将"角色""体验""合作"贯穿在日常的课程中，让课堂在预设中有更多的"生成"，有更多的思维火花，培养出学生的创造力；另一方面又通过模块化、分层次的教学思想，为学生量身定制适切课程。如语文课程中，通过课本剧的形式进行文言文授课；数学、英语课程进行分层教学，流动管理，学生在不同课程的学习过程中获得角色体验。在艺术基础定制课程方面，非艺术班的艺术基础课程基于八大模块整合教学内容，尤其关注学生的体验，让普通学生可以入格；而戏剧影视表演、戏剧影视文学、播音与主持、舞台美术设计四个专业，老师均由上戏、上音等一批专业艺术教师担任，他们亲自为学生授课，为学生量身打造适合其身心特点的艺术专业课程，让专业学生可以上品。

菜单课程是指鼓励个体学生自主选择,充分体现学生的个性发展的需求。如我校的幸福积分课程就能充分体现学生的自主意识,也是"演员们"在全息剧场中进行角色探索、体验、合作,并发现更好的自己的极好载体。在这个时空里,学生们可以自由选择参与微讲座、社团活动、戏剧体验课、心理咨询、图书馆阅读、学科个别化答疑等活动。就以学生最喜欢的微讲座来说,学生在演讲前寻找角色定位,同伴合作宣传,在演讲中深刻体验,最终收获多样化的生成。

资源课程,是指学校开门办学,将优质资源引进来,走出去,将课程的外延扩大。资源课程在整个扇面框架图中位居定制课程和菜单课程之间,主要着眼于充分利用各方资源,在人文、艺术、创新素养培育等方面为定制课程和菜单课程提供源源不断的动力。如,精粹品牌课程"文化名人进校园,高雅艺术进课堂"着力通过请进文化名家和高雅艺术来开阔学生视野,提升学生人文、艺术底蕴,在嘉宾与学生的实时互动中,生成了新的教育资源;生涯体验课程借助校园内外的资源,着眼于"请进来、走出去",帮助学生精准认知角色、体验各专业和职业,帮助学生开拓视野、体悟人生。

3. 全息剧场的支持:让"戏剧艺术"特色彰显于幸福校园中

在全息剧场的建设中,情境的创设至关重要,而要达成这一点既离不开有形物质条件的支持,也离不开无形戏剧艺术文化环境的支撑。两者合力,才能共同为全息剧场的开幕提供保障。

(1) 剧场设备丰富、齐全。我校近年来硬件设施不断完善,校园精致典雅,一步一景,教学与学习环境怡人,处处都散发着浓郁的艺术气息。目前已建成的艺术专业教室14间(形体教室4间、美术专业教室3间、音乐教室2间、播音主持专业教室1间、戏剧讨论室3间、数字采编仿真实验室1间);图书馆内馆藏图书达4万多册,已新建成电子阅览室1间。我们在培进楼一至四楼建立了学生画廊,二至五楼的图书角让书香与咖啡香相伴。学校打造了融学生艺术创作、排演、作品展示于一体的社会实验室和多功能排练厅,建造了多媒体舞台仿真实验室,改造了艺术厅,为学生实现戏剧实践创造了物质条件。

(2) 全息空间明智、悦心。行走在精致幽雅的校园中,你会看到"明人沚"的寓意与戏剧"以演员和观众为核心"的理念相一致,突出了人为核心的理念。戏剧墙、文化墙以及校园中随处可见的戏剧格言插片等,都在潜移默化地影响学生的价值选择。社会实验室配备了先进的多媒体设备与全覆盖的高速网络设施,可以让学生的想象力不受限;古色古香的秋雨轩、培进楼的走廊墙壁、追梦墙、窨井盖——只要有创意,哪里都是舞台。通过一系列的校园软硬件环境的建设,充分发挥戏剧的凝聚功能、导向功能和激励功能,使学校的每一个空间、每一个转角都成为教育的现场、文化的道场,使整个校园成为学生追求人生幸福精彩的剧场。

4. 全息剧场的运作:让"戏剧艺术"特色呈现于幸福舞台上

有了剧本,有了舞台和设备,这场戏还不能够运作起来,因为我们还需要一些非常关键的外在条件扶持:制度的支持、师资的支持和社会环境的支持。

(1) 完善的剧场运作机制。一直以来,上海市教委、静安区人民政府、静安区教育局非常注重艺术教育,对上戏附中的发展给予行政、资金、政策等多方面的大力支持,并多次莅临学校指导工作。上海戏剧学院还每年委派专职干部来兼任附中的艺术副校长一职,指导和协助我校开展艺术教学和艺术活动,搭建上戏与上戏附中之间的沟通桥梁。还派出了中青年骨干教师担任附中的艺术专业教师,保障了附中的艺术专业教学。

静安区政府、区教育局,上海戏剧学院和我校建立了四方联席会议制度,定期召开会议,共谋发展,探索戏剧艺术教育之路。凭借四方的群策群力,努力将上戏附中办得更好,成为全市有特色的高中的典范。

(2) 精良的剧场运作人员。每学期有近 30 位高校艺术教师来到附中,担纲专业课程。与此同时,我校也积极培育本校教师资源。我们有艺术教师直接参与专业课的教学;有学科老师成为艺术助教;学校更是熟悉教师的独特风格,关注教师的戏剧素养提升,人尽其才,不少非专业教师经过培训后已经在艺术拓展课、戏剧体验课中独当一面。我校有一批非艺术教师参加上戏的研究生课程班学习,拿到学位证书,参与学校的戏剧艺术特色创建,还有一批参加短期艺术培训的教师也充分在日常教学中实践所学。

(3) 丰厚的剧场运作资源。上戏附中的"全息剧场"在空间上的延伸得益于丰厚的艺术资源的支持。上海戏剧学院的毕业生大戏、青年创想周、校友返校活动等,都会有附中师生的身影;静安戏剧谷的演出观摩,SMG《海归中国》《陈蓉朋友圈》等栏目也会有附中师生的参与;上海国际艺术节的各项艺术活动更是附中师生关注的焦点,如 2017 年 10 月 29 日,我校就邀请了第十九届中国上海国际艺术节艺术教育板块丹麦黑匣子舞团的现代舞剧《七宗罪》剧组成员来校为师生演出,上戏附中的"全息剧场"在方寸之间也能展现世界戏剧艺术的魅力。

5. 全息剧场的评价:让"戏剧艺术"熏陶涵养于幸福评价中

根据加德纳的多元智能理论,学生的智能包括语言、逻辑、空间、肢体动作、音乐、人际、内省、自然探索、生存智慧等多个方面,每个学生有他较为擅长的一面。结合我校多年来的戏剧教育实践和探索,在评价过程中,我们尤其关注戏剧艺术教育的独特性,从评价标准、评价内容及评价过程等不同角度,精细设计和实施评价活动。

(1) 评价标准分层化。在艺术素养方面,基于"让非艺术班的学生能入格,让专业的学生走向上品"的培养目标,采取不同的评价标准。在文化课的学习方面,我校的教学组织形态实行大走班的方式。数学、英语学科实行全员全课时分层走班,设置A、B两个层级,对个别学有余力的学生还有A+课程,不仅注重艺术班与非艺术班教学方面的同课异构进而分层评价,而且分别在艺术班和非艺术班内部再次进行分层辅导,布置分层作业、进行分层评价,使不同层次的学生都能感受到进步的喜悦。

(2) 评价内容多元化。在进行评价时,既注重他们学习成绩的等第,也关注他们在戏剧艺术领域的表现。每学年学校均会在校园文化节日中评选艺术节的"艺术之星"与读书节的"博览之星"等,我校的综合素质评价中的"特色指标"一栏中设置了"艺术特色"指标,以作为学生艺术活动参与情况的记录。我们还坚持定量评价与定性评价相结合的原则。我校为每位同学配置校本《幸福护照》,为每个学生建立"积分银行",将社团活动、微型讲座、导师面谈、学科答疑、生涯辅导、图书阅览等活动按学时赋予积分。量化的积分不仅记录了学生的成长足迹,也反映出了学生的兴趣和特长,为学生的综合素质评价提供了充分的数据支持。在此基础上培养了一批有领袖素养的学生干部。

(3) 评价过程动态化。基于学生的个性化发展,我校建立了动态评价机制,即教师悉心追踪每一位学生的学习历程,及时发现学生学习兴趣,并给予相应的考核和评价,为其进一步发展提供参照。评价过程的动态化既关注学生学习的结果,也关注他们学习的过程;既关注学生学习的水平,也关注他们在学习活动中所表现出来的情感与态度,帮助学生认识自我,开发潜能,建立信心。评价的主要目的是为了全面了解学生的学习历程,激励学生的学习和改进学校的教学。在教育改革和实践的过程中,我校形成了以下经验:①一个课程建构理念:普艺相长师生共生;②两个顶层设计图谱:育人目标特色课程;③三个维度课程架构:定制菜单资源;④四个戏剧核心概念:角色体验合作生成。我们以幸福教育的名义写好上戏附中的故事。

### (四)戏·成:于"戏剧艺术"特色中收获成效

工匠的技艺是否精良体现在产品的质量和口碑,一所学校的发展是特色的、优质的、可持续的,主要体现在学生的生长力不断蓬勃、教师的获得感不断增强、办学的认可度不断提升和社会的辐射力不断扩大上。我校的戏剧艺术特色教育在经历了实践的考验之后,取得了较为可喜的成效。

#### 1. 学生的生长力不断蓬勃

近几年来,我校学生在戏剧艺术特色教育影响下,参加市区级比赛收获颇丰,学生获奖层次不断提升。

从 2014 年到 2016 年的学生参加市区级获奖情况的统计数据来看,人文艺术类的获奖比例在不断扩大,这也证明了我校在校学生的艺术成就感不断提升,戏剧艺术特色教育发挥了很好的成效。

从 2007 届首届艺术班学生毕业至今共有 702 名学生。近 110 位学生考入上海戏剧学院,近 20 位学生考入北京电影学院,近 100 位同学考入中国传媒大学、中国美院、中央戏剧学院、中央美院、上海音乐学院等顶尖艺术院校,近 200 位优秀学生考入同济大学、上海交通大学、华东师范大学、上海师范大学、东华大学、上海大学等院校艺术专业。同时,在戏剧艺术特色教育的熏陶下,我校非艺术班的学生本科达线率也在逐年提升,创历史新高。非艺术班学生有的考入同济大学、华东师范大学、上海大学、东华大学、华东政法大学等一些知名重点大学,还有一部分非艺术班学生也考入上戏等艺术类学校。

我们的毕业生在追寻自己的幸福人生时也不忘对母校的教育反哺,他们懂得自己的梦想是从上戏附中开始的。于是附中的校园里便定期出现了学长学姐的身影,"学长归来"的系列讲座与分享真是异常精彩。毕业生们还积极返校参加学校的每一届艺术节活动。不管是投身演出、创作剧本,还是前期策划、后期制作,我们都欣喜地看到他们在专业上的进步和成熟。当然,母校也一直关注着毕业生的发展,一旦有机会,也会想到校友,为校友寻求更大舞台提供资源与机会。

2. 教师的获得感不断增强

教师不再是年复一年、日复一日的教书匠,而是月月充电、日日思考的创新者;教师不再是只专注本专业的单维人,而是有艺术气息、有戏剧思维的有趣人;教师不再是仅用线性思维来寻求路径与方法,而是懂得用跨界概念来整合与创造。教师眼中的学校不是一成不变的,而是常常有惊喜,惊喜于学校环境的变化,惊喜于文化名人的到来,惊喜于校园生活的精彩,惊喜于教工活动的丰富……

教师期待的是自己所在学校有朝气的,教师在意的是学校生态环境是公平的,教师渴望的是自己的职业生涯有发展。如2014年毕业来我校工作的美术老师汪洁,在实践中积极探索、勇于创新,她的艺术基础课《经典动画永流动》在静安区首届教育学术季展示活动中获得高度评价,被推荐为市级展示课并代表艺术学科参加"中小学课程与教学彰显中华优秀传统文化研究与实践"项目成果发布会。同样是2014年毕业来我校工作的政治老师金鸽,一直坚持深研教学,撰写的多篇论文在市、区级刊物上发表。她的研究课题在2016年上海市中青年教师教学评比活动中获得中学思想品德与思想政治学科二等奖、教育教学研究课题三等奖。两位入职3年的教师能够取得这样的成绩是她们努力的结果,更与学校为她们创造的机会与提供的平台密不可分。她们是附中教师成长的缩影,她们代表的是成长中的附中。

学校的一位老教师说道:"那么多文化名人能来我们学校,也是因为学校团队的努力,让名家觉得这所学校值得来,值得他们付出。这里隐藏着的就是共振现象,一种真正的正能量。有时候我会想,我若再年轻几岁多好,我还能在教师这个岗位上做好多事。这几年,是我们附中的盛世。"教师的获得感与自豪感的提升体现在学校的氛围中,体现在教师的笑容中、话语中……

3. 办学的认可度不断提升

2012年7月我校被教育部中国教师发展基金会评为"全国特色学校",2016年3月18日,我校成为市教委命名的"上海市首批戏剧特色学校"之一。

学校的办学认可度,还可以从学校的生源变化中看出。近年来,随着学校特色教育的不断深入,不少达到市重点中学分数线的优秀学生纷纷进入上戏附中艺术班,他们对文化学习充满自信,对专业学习充满渴望。随着学校"戏剧艺术"特色的影响不断提升,我校非艺术班的生源质量也在节节拔高。学校艺术生的报考人数从2013年的400人次增加到了2017年的1500多人次,录取比例高达10∶1。艺术生的录取分数与普高线录取分数分差在四年里也提高了55.5分。非艺术班的录取分数线也有了跨越式提升。

一系列办学成果的涌现使家长对学校的认可度也大大提高。近几年,我校每年均进行学生、家长与教职工的满意度调查,其中针对"学校特色""艺术育人氛围""学校文化"三个维度调查的各项指标均连年攀升,各方面满意度均超过93%。有家长也在自主反馈区留下"学校人文艺术氛围浓厚,孩子在艺术的海洋里遨游,身心非常愉悦""对学校的文化艺术氛围很满意"等语言性描述。教师也普遍认为"学校的办学特色更加鲜明""学校的校园环境越来越好,希望继续保持""学校的办学理念和团队精神值得称道",而在学校申报上海市特色学校意向调查中,更是99.9%的教师认为我校有信心、有实力申报,并愿意为此贡献自己一份坚实的力量。一系列的数据充分体现出师生、家长对我校戏剧艺术特色的认同和众志成城的决心。

4. 社会的辐射力不断扩大

(1) 社会媒体给予广泛关注和认可。学校办学成果在社会上也引起了广泛关注,《上海教育》《上海教育科研》《上海课程教学研究》《现代教学》,和上海教研、上海教育、文汇教育等各大微信平台,上海电视台东方卫视、上海教育电视台、湖南卫视("课间好时光"栏目)、浙江卫视("我去上学啦"栏目)等,都对我校的戏剧教育进行过多角度专题报道,并给予充分肯定。学校近十年来连续五次获得"上海市文明单位"荣誉称号。于2009年12月高票通过了区实验性、示范性高中评审。2011年成为上海市特色普通高中项目组成员单位,2012年被教育部中国教师发展基金会评为"全国特色学校",2015年成为上海市推进特色普通高中建设项目组成员学校、"上海市提升中小学课程领导力行动研究"项目学校、上海市中小学法制教育特色校、上海市依法治校示范校,2016年我校先后成为上海市17所首批"戏剧特色学校"之一、上海国际艺术节艺术教育合作学校、上海市课程领导力项目市级展示学校以及上海市特色学校市级展示学校,并多次作为上海市学校代表参加国家教育部关于特色办校等教学改革的座谈会。

学校的第十三届艺术节(10月19—20日),四大专业的艺术生各展所长——戏剧、歌舞的表演细致入微,舞台光电的设计绚丽绝伦,诗歌、剧本的创作真情流露,朗诵字正腔圆、主持大气谦和。此次艺术节,既有艺术生的精彩演绎,又有非艺术生的全情参与;既有舞台上的倾情投入,又有后台的一丝不苟;既有在校生的风采展示,又有校友鼎力加盟。"同谱青春曲共筑艺术梦",此次艺术节,既是一场90分钟的艺术盛宴,又是上戏附中13年来戏剧艺术特色办学的成果展现。此次艺术节的规模空前,节目精彩纷呈,莅临的外请专家、领导、媒体共达1000人以上,引起了极大的社会反响。此次艺术节既是上戏附中戏剧艺术教育专业水准的体现,也是几代附中人精神面貌的集中展现;既是上戏附中戏剧艺术文化浸润的风采展示,也是附中戏剧艺术教育的精神传承。上戏附中正在用实力展示着风采,用成果证明着优势。

(2) 特色成果辐射同行和社会各界。我校的戏剧艺术特色也吸引了国内教育同行的关注。台北市立复兴戏剧中学、江苏苏州六中、山东威海艺术学校、西安育才中学、上海浦东香山中学、四川双流教育局等接踵而来,进行参观、交流与学习。另外,我校通过区共享课程(仿真舞台演绎课程)、慕课平台线上课程(高中艺术模块化教学)、区级师资培训课程(教育戏剧教学原理与实践)来进行区域辐射,尽管这些课程才刚刚起步,还在不断完善之中。课程极具特色又有前瞻性,因而是具有吸引力的。这些课程无不展现了我校的戏剧艺术特色的实践成果,也引领着其他学校的戏剧艺术课程的开发和实践。

上戏附中的学生在课余时间,走上街头、走进社区、走向全市,参加了广泛的社会戏剧活动,不少学生们还利用自己的艺术特长,参加各类志愿者活动等。

(3) 国际艺术文化交流与合作机会增多。我们的"戏剧艺术"特色教育也在走向国际化。美国康涅狄格州纽黑文市 ECA 艺术学校校长以及学区教育领导多次来我校访问,并与我校形成常态化合作机制,国际剧协主席托比亚斯·比昂科内、以色列海法市政府首席执行官塞穆尔·甘茨先生与以色列教育部长沙伊·皮龙拉比分别来我校进行参观交流,澳大利亚拉科林伍德学校与我校签订姊妹学校合作协议等,越来越多来自世界各地的艺术特色学校纷纷与我校进行国际艺术教育方面的交流。特别是随着与 ECA 艺术学校合作的深入,交流的形式不仅有两校之间师生互相体验短期课程,还有游学夏令营和艺术生出国留学项目,一系列国际合作项目为我校学生迈向国际舞台拓展艺术视野提供了广阔资源与平台。

行,以知趣
我的教育叙事

（五）戏·愿：于特色教育中憧憬未来蓝图

1. 用承诺与期盼激励"演员",推进师生发展,成就幸福人生

当代著名教育家朱永新的《新教育之梦》认为,教育的本质就是以"让师生过一种幸福完整的教育生活"为核心价值追求。学校将一如既往地引导和教育在校学生热爱戏剧,欣赏戏剧。注重在戏剧艺术教育中培养学生的表现力和合作力、想象力和创造力,尤其是激发学生创造的冲动与欲望,享受创造的幸福。让学生认识到自己的价值所在,对自己的各种能力、行动、态度充满自信。让学生在"戏剧艺术"特色教育中生成清晰的生涯规划。

同时,运用大数据手段跟踪在校生、毕业生的成长轨迹,通过典型案例分析与大样本数据分析相结合,寻找艺术生成长、成才、成功的规律,形成针对艺术生的科学培养方案,能够为其提供个性化的学涯、生涯、艺涯指导,以便为同类学校提供一个培养艺术生的可借鉴的蓝本。在戏剧艺术特色推进的过程中,专注研究戏剧教育规律。以学校文化打造激情团队,让戏剧点亮教学,让艺术幸福人生,让教师在"戏剧艺术"特色创建中生成多元的发展路径。

2. 用专注和专业扶植"剧本",提升教学品质,完善幸福课程

在我校的新一轮规划中,我校将推进精致化教学,依托戏剧涵盖和艺术浸润,以戏剧的核心特征推动学校课程教学改革,优化教学生态,提升教学品质。在完善戏剧艺术特色幸福课程中,丰富学校课程体系建设,寻找课程资源,提升课程质量,深化戏剧元素的渗透,凸显我校教育理念和办学特色。

同时,尝试戏剧在基础教育中多样的渗透方式与有效的结合模式,注重与美育、德育的融合。努力让每个学生都能找到适合自己的学习内容,让课程设计能满足每个学生的成长需要,培养出既有扎实文化基础,又有一定艺术素养和艺术

特长的合格人才,促成学生能在戏剧艺术的氛围中畅游幸福人生,促使学校成为"新青年的福地,艺术家的摇篮"。

3. 用使命和热情推广"剧场",提供借鉴经验,共创优质教育

德国教育家福禄培尔曾说:"教育无他,爱与榜样而已。"上戏附中不仅致力于以全息剧场的理念锤炼学校特色,也愿意将我们的爱和示范作用传播到更多的学校。

(1)大中衔接、普艺相长的模式可以推广。在推进普通高中多样化发展的背景下,大学附中已成为一种颇具特色的办学形式。大学附中的独特优势在于拥有大学多样化资源综合利用的有效平台。在我校办学深化的过程中,我们与上海戏剧学院的合作是水到渠成,相当成功的。我们可以说是真正意义上的附中,丰富了高中阶段的办学模式,实现了基础教育与大学文化的对接,不仅在教学上借鉴了"大学化"路径实施学分制、选课制、走班制,更是接轨大学特色,办出附中的特色。我们的"戏剧艺术"教育,正努力打造"中学里的大学,真教育的殿堂",我们希望成为上海乃至全国的"素质教育领头雁"。双向流动制度、大戏剧思维与课程设置都为普艺相长提供保障。

(2)全息剧场、以美育人的理念可以共享。上戏附中的全息剧场,将戏剧艺术思维与学校教育理念相交融,以全息剧场的创享为学生的幸福人生奠基。在全息剧场中,学生在观戏、学戏、评戏、演戏的过程中体验多种角色,能在体验中定位角色,在合作中丰富角色,在生成中激活角色。普通高中的戏剧教育实践,应该是以阅读经典戏剧文学作品为基础,鉴赏戏剧的文学性、艺术性、社会性,辅之欣赏戏剧、编演戏剧,创作戏剧等教学手段,提高学生的戏剧艺术素养,完善学生的审美人格。戏剧教育的过程有利于培养学生的语言思维能力、想象创造能力、感受表达能力、交流交际能力及角色意识。在中学开展戏剧教育,可以丰富、

活跃校园文化,提升学校教育的内涵;可以培养健全的人格,提高学生及教师的艺术素养和审美眼光,对人的全面发展起着重要的促进作用。

(3) 文心雕龙、道技合一的目标可以达成。我校以戏剧特色课程体系的构建,使全体师生在国家通识教育中,不仅可以掌握"形而下"的技,又能通过戏剧艺术特色文化场域的打造,获得"形而上"的道,道技合一,全面发展。上戏附中于历史的浩瀚中与戏结缘,从此附中的戏有了魂;上戏附中于时代的改革中与戏相融,从此附中的戏有了韵,一个有魂有韵的学校最终成就了人,成就了一个幸福的人!

"作始也简,将毕也钜。"换一个校名是简单的,探索特色办学的道路是长远而艰巨的。我们将努力打造全息剧场,探索育人规律,奠基幸福人生,为培养有中华魂、民族韵的新青年而不懈努力!

——此文为2017年上戏附中争创上海市特色高中初评汇报稿

## 二、畅享全息剧场　成就特色学校

根据特色学校初评报告的意见建议,全校师生反复学习领会,研究实践,现将我们的理解、实践和经验进行汇报。

(一) 诠释全息剧场挖掘教育价值

上海戏剧学院附属高级中学(以下简称"上戏附中")是一所以戏剧艺术见长的特色普通高中。学校一直秉承"幸福教育为幸福人生奠基"的办学理念。在新时代,学校对办学理念做了进一步的传承与发展,提出了"全息剧场"概念。"全息"是一个现代化的概念,它是一种在舞台上可呈现立体影像的技术。我们借"全息"一词是想说明在这个校园熏陶、浸润、弥漫着的是戏剧的气息与场域。我们解读"全息剧场"以"立德树人、以美育人、以文化人"为方针,从角色、体验、合作、生成等戏剧元素出发,以上戏附中的个性化"3D课程"为依托,以戏剧环境打造为支撑,旨在培养"德艺兼修、知行并举、人格完善、责任担当"的上戏附中学子。

幸福教育为幸福人生奠基,"全息剧场"为师生幸福搭台。上戏附中14年的戏剧艺术特色办学的实践探索过程,就是"立德树人、以美育人、以文化人"的过程。

1. "全息剧场"提出的背景与意义

(1) "全息剧场"的提出是办学理念的传承与发展。上戏附中的办学理念是"幸福教育为幸福人生奠基"。幸福是一种主观感受与体验,也是一种实践与认知的能力,更是一种传递与创造的素养。在新形势下,我们通过"全息剧场"的打造和畅享,让师生的幸福力增强,真正为他们的人生奠基。打造"全息剧场"是通过"角色""体验""合作""生成"等戏剧的核心元素在学校教育中的有机应用,以一系列富有戏剧艺术特色的课程为载体,使学生的学习经历在时间、空间尺度上进行延展,在有限的学习经历中,经历无限的人生可能,激发学生的感悟与思考,进而形成判断与选择。"全息剧场"将"戏剧"的思维植入每一位学生的观念之中,让身处其中的人时刻感受到戏剧艺术独特魅力,以戏剧思维内化学生的核心素养,涵养学生的审美品质,培养学生的创新精神,达成上戏附中"知行并举、德艺兼修、人格完善、责任担当"的育人目标。

(2) "全息剧场"的确立是戏剧艺术特色的顺应与创新。从《国家中长期教育改革和发展规划纲要(2010—2020年)》提出的"普通高中应沿着特色化、多样化的方向发展"的目标;到2018年全国教育工作会议强调美育教育的重要性和必要性都对上戏附中发展指明了方向。2017年静安区人民政府与上海戏剧学院再次签约新一轮的合作框架协议,无论从合作深度还是广度都比第一轮有更大发展与提高,这为上戏附中的特色发展提供了政策支持与平台保障。"全息剧场"的提出是戏剧艺术特色的顺应与创新。它顺应了时代的发展,并在实践中不断创新。"全息剧场"是以戏剧艺术为载体践行上戏附中办学理念的有效尝试——由于戏剧天然具有重过程的属性,在过程中学习者进行交互、体验与创造。上戏附中通过戏剧艺术教育培养学生的审美情趣与批判性思维,让课堂教学从以讲授为主的学习走向以问题学习为主的教学模式,让课堂在师生的角色中体验,在体验中合作,在合作中生成,培养富有创造性和想象力的学生。

2. "全息剧场"实践的核心途径:个性化"3D课程"

上海市教委贾炜主任来我校进行分层走班制教学调研时说:"学校必须专注于把自身的特色发展好,而不是与其他学校比较。高中学校的价值将更多体现在其为学生量身定制了适合学生发展的课程上,这才能真正使高中教育回归教育本质。"我校的个性化"3D课程"凸显学生个性发展需求,彰显戏剧艺术教育特色。从国家的三类课程(基础型、拓展型、研究型)走向附中的个性化"3D课程",目的是为了聚焦办学特色,整合课程资源,凸显育人价值。

(1)定制课程:戏剧渗透分层分类。定制课程是指为全体学生量身定制,侧重于学校为学生提供适切(学科和艺术)的课程,其特征为定向、适切。语文、数学等高中十门基础型课程都属于定制课程。我校定制课程的实施充分满足了学生个性化发展需求。

一方面我们通过在基础型课程中渗透戏剧元素,强调戏剧的四大核心元素,将"角色、体验、合作"贯穿在日常教学中,实现在课堂预设中生成,激发更多思维火花,培养学生的创造力。如我校在2017学年内进行了6次主题为"共研深思,智慧共享,建构学习共同体——戏剧渗透主题公开课及研讨"的教学研讨专项活动,通过研讨,研究基础学科中渗透戏剧元素的方法与路径,此次研讨共有275

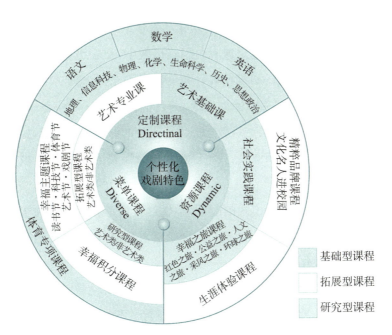

图 4　上海戏剧学院附属高级中学个性 3D 课程图谱

人次的听课记录,5 名市级专家出席,开课教师人数达 22 人,涉及 12 门学科,课后共收到教学反思 426 份,达 21 万字,获奖人数达 36 人。例如:一位数学老师在听完一节生物课后反思道:"理科学科可以这样上!毛老师设置的戏剧小品,演示病毒之间的相互作用关系,将抽象概念具象化,趣味性引发学生思考。科学与艺术是不可分割的,两者有机结合,会擦出课堂教学的新火花!"

通过为期一年的专项研究,老师们从一开始不知道如何结合,到学会将研讨反思后的新思路运用于自己教学实践之中,越来越感受到戏剧元素在基础学科教学中运用的价值。真正做到了让戏剧艺术元素渗透从文科到全科,从个别到全体,从表象到内核,从被动到主动,从主动到自觉。

> 行,以知趣
> 我的教育叙事

另一方面我们又通过分层分类、模块化的教学策略,为学生量身定制适切的课程。我校目前已实现了全员全课时分层走班教学,在层级划分上充分考虑到了学生的学习能力和需求。如我校数学和英语课程充分依据学生发展能力,分别设置了"A+""A"和"B"三个能力层级,并且根据学生学习状态的变化,进行定期调整。同时,我校为分层走班教学提供了充分的课程实施保障,如四张定制化的课表,即学生课表、教师课表、教室课表和班级课表,让分层走班教学管理更加高效有序。

随着新高考"3+3"选科模式的改革,学生对合格考和等级考的学习需求不同,为了实现分类教学,20种高考选科组合全覆盖开设,最大限度地满足了学生的个性化学习需求。

我校的艺术基础课程和艺术专业课程主要采用模块化教学实施。艺术基础课程为普通班学生量身打造,旨在探索课程统整背景下学生体验式的课堂教学策略,让普通学生可以"入格";而戏剧影视表演、播音与主持、戏剧影视文学、舞台美术四个艺术专业的教学则着力于对"大中衔接"进行教学研究,由专业师资为学生提供适合高中学生身心特点的艺术专业课程,旨在让专业学生走上"上品"。

我校的定制课程通过戏剧元素渗透和个性化分层分类实施的策略,关注学生的发展差异性,充分考虑到学生个性特点,为学生的成长提供了定制的"舞台"和贴切的"剧本",彰显了我校课程的个性化定制和戏剧艺术特色这两大特点。

(2)菜单课程:戏剧承载探究互动。菜单课程是指鼓励个体学生自主选择,充分体现学生个性发展需求的课程,其特征为多样、自主。

菜单课程旨在明确学生的角色规范意识,加深学生对自我角色的潜意识认知和对他人、社会角色的理性认知,在课程中实现"德艺兼修""知行并举";旨在搭建平台让学生既有"身临其境"的自我体验,又有"设身处地"的换位体验;旨在强化学生的合作意识,增强集体的组织观念,进而在发展中促成"人格完善""责任担当"。四个戏剧核心元素相互促进,承载着菜单课程;多项选择课程齐头并进,滋养着学生的能力素养。

我校的拓展型和研究型课程侧重于采用探究式课程实施策略,一方面凸显学校的戏剧艺术特色,开发出系列普及性的极富戏剧艺术特色的拓展型课程和研究型课程,以此助推戏剧艺术特色学校课程品质的整体提升;另一方面又兼顾学生个性化发展的需求,以各学科内容为基点开发出学科类拓展型和研究型课程,充分满足学生自主、多样化选择的需求。

拓展课中的戏剧体验课是借鉴创作性戏剧的相关理论,意在让普艺学生在教师带领下,将戏剧元素作为教学媒介对教学内容进行针对性探索。形式是以"演"为核心,在主题活动的教学过程中,基于学生艺术素养现状的不同,能够对不同层级、不同学情的学生起到良好的教学效果。值得借鉴的、具有可操作性的教学方法大致可分为以下几大类:1)声音表情、2)肢体动作、3)戏剧性游戏、4)默剧、5)即兴表演、6)故事剧场、7)戏剧创作。旨在培养学生语言表达、解决问题、建立概念、社会认知、情感融入、价值判断及剧场艺术表现等能力。戏剧体验课任课教师在实践中,自主研制了近六千字的《课程标准》。这个过程包括:懵懵懂懂的实践——邀请专家指导,观摩专业课程、大量阅读、大量观剧等——胜任戏剧体验课——集众人智慧制定《戏剧体验课课程标准》——在《戏剧体验课课程标准》指导下教学——完善《戏剧体验课课程标准》——辐射引领上海市特色学校、静安区戏剧联盟学校——2018年10月《教育戏剧理论与实践》正式成为区级培训课程而受到大家青睐。

幸福积分课程则是学生在开放的、多样的、自主的、互动的时空中,进行多元角色探索和体验、多维合作互动和生成的重要载体。学校从统一管理到分散管理,从标准化运作到自主性选择。本课程最大限度地尊重学生的个性,激发学生的潜能,力求学生实现自觉、自控、自创、自乐。在这个时空里,学生们可以自由选择微讲座、社团活动、心理咨询、学科个别化答疑等活动。学生每个学年会领到一本"幸福护照",每学期至少集满25个幸福图章,并随时进行幸福记录和相关评价。量化的积分反映出了学生的兴趣和特长,为学生的综合素质评价提供了充分的数据支持;进而培养学生的综合素养,并为生涯规划提供依据。

以学生最喜欢的幸福积分之微讲座来说,内容包括:学长归来、百家讲坛、学生讲座、教师讲座等。生生互动的策略贯穿始终——演讲前和同伴互动确定主题,演讲中和听者互动交流,演讲后征询同伴、听者的反馈建议,以待下场的微讲座更精彩。在这过程中,拓宽学习领域,丰富学习经历,培养领袖素养。

充分体现学生自主性的社团活动火爆来袭。本学期,成立了8个具有戏剧特色和10个体现学生个性发展的社团,共有266名学生在自主选择、考核选拔的基础上确定了自我发展的新领地,扩展了互动学习的新途径。幸福积分课程实施3年共6个学期以来,学生每学期平均积分达38.86分,个别学生最高可达222分;至今71人获得"幸福积分小达人"称号,共12个班级获得"幸福班级"荣誉称号。幸福主题课程特指学校的五大校园节日:艺术节、戏剧节、读书节、科技节、体育节。这些都是学生最最喜欢的课程。

(3)资源课程:戏剧浸润熏陶体验。资源课程是指学校开放办学,将优质资源引进来,又走出去,将课程的外延扩大,其特点是开放、动态。以精粹品牌课程——"文化名人进校园"、幸福之旅课程为主体部分,学生在熏陶与体验中,从菁菁校园到校外平台,从艺术传承到社会责任,从国际视野到民族发展,从主动适应而入角,到琢磨历练而塑角,到传承发展而成角,让青春更加绚丽多彩,让生命更加优雅高贵,让人生更加美好幸福。

资源课程主要着眼于开发整合各方资源,为学生提供丰富多样的资源信息和实践平台,并将"立德树人"作为根本途径,采用熏陶式与体验式的实施策略,培养兼顾全面发展和专业突破的上戏附中人。

精粹品牌课程——"文化名人进校园"采用熏陶式课程实施策略,注重课程内容精选与学生自主体悟。学校先后邀请袁岳、濮存昕等15位文化名家来校进行授课与讲座,学生与名家实时互动,汲取智慧的养料、高贵的品质、热爱的精神。帮助学生寻找心中的"自我"的角色定位与认同,定目标、立志向,同时树立自我的理想角色。系列主题活动的设计,遵循感知、体验、内化、实践的教育过程,丰富学生的文化内涵,提升学校文化品质,提升学生认识美的能力。大师的感染力动人心弦;大师的影响力非同一般;大师的生命力坚强无比! 故云:"戏剧悟道,艺术修身!"

幸福之旅课程采用体验式课程实施策略,注重操作、实践,并指向体验中的生成。"人文之旅""采风之旅""红色之旅""环球之旅"和"公益之旅",让学生走出校园的小课堂,走向社会的大课堂;让一个个热爱戏剧的小我,变成一个反哺社会、担当责任的大我。

在"幸福之旅"课程中,"人文之旅"是利用暑假时间,组织学生前往历史名城如南京、北京、山东、西安等地,进行游学。不仅有戏文班学生也有普通班学生参与,让学生读万卷书,更要行万里路,从行万里路中感知生命的意义、感悟祖国的伟大,让同学们在耳濡目染中写下感悟生命的可贵箴言。

"采风之旅"是学生走出教室,来到千年西塘,在历史沧桑、小桥流水中体验,艺术空间与生活空间相对照,形成了无限的创作灵感。

"红色之旅"组织学生前往南京、嘉兴、井冈山参观学习。重走红色根据地,缅怀前辈浴血奋战之不易。

行,以知趣
我的教育叙事

"环球之旅"通过与美国 ECA、澳大利亚科林伍德学校、以色列海法市艺术学校、丹麦 Koge Handelsskole 商学院等校之间的交流,培养学生的中国心、世界眼。

不得不提的是我校广受赞誉的"公益之旅"课程,有那么一抹亮色——"上戏附中新青年志愿者先锋队",公益项目共计 25 项,其中共计 11 个项目坚持了 5 年以上。仅 2017 学年,我校参加公益劳动的学生高达 2242 人次,平均公益劳动时间为 40.2 个学时。在平凡的公益岗位上彰显着戏剧魅力,同时又在社会大剧场中汲取生活养料,丰富自我的认知与体验,让学生成为一个有内涵、有眼界、有责任、有担当的戏剧人。

今年 8 月,上海市副市长翁铁慧视察高中生公益志愿活动,来到上海自然博物馆,正值我校高一学生在场馆内为参观者进行服务,学生们为翁副市长介绍了场馆内的设施,并且自信地回答了翁市长的提问。翁副市长高度评价我校学生,她说:"上戏附中学生太棒了,这个学校办得好!有机会我一定要去他们学校看看……"我校学生在看似普通的岗位上,也能发挥平时艺术学习的才能,并凸显出了我校学生在人际交往、语言表达等方面的优势。

个性化"3D课程"承载了学校的戏剧特色,形式多样、种类丰富的课程充分将戏剧中的"真、善、美"的价值追求传达给学生,并由此内化于心、外化于行,实现"育人于无形,润德于无声"的教育效果。

3. "全息剧场"实施的物质支撑与育人功能

在"全息剧场"的打造中,我们精心创设教育情境,希望走在校园中的每一个人都能感触到戏剧场、艺术韵。在校园这个大剧场里,剧场设备丰富、齐全,剧场景观精致、典雅,全息空间明智、悦心。我们以境教人,以景启人,耳濡目染,努力达成育人的功效。

下编　踽踽行十载，兴感当如何

（1）学校的硬件建设为"全息剧场"的高效运作提供物质基础。我校近年来硬件设施不断更新和完善。我们以服务"全息剧场"为出发点，以营造高品位的文化氛围为突破口，实践"处处是教育之地""处处为学生所用"的校园建设原则，力求让校园自然环境和人文环境体现出学校文化特有的底蕴。目前已有艺术专业教室18间（形体教室、美术教室、音乐教室、播音主持教室、戏剧文学讨论教室、多媒体舞台仿真实验室、演播室、音乐排练厅、多功能排练厅、社会实验室、艺术厅等）。今年暑假还改建了现代化的生物实验室，新设了史地专用教室等设施，学校对于公共教室、专业教室的管理可谓细致入微，有专人管理，班级包干，使用登记，既鼓励师生积极使用，提高公共设备的使用率，又要做好维护保洁等工作。另外这些设施不仅仅是专业课的授课场所，也是各学科教师突破传统课堂组织形式的实验阵地，更是全校师生浸浴艺术，心驰神往的乐园。

（2）学校的软件创设为"全息剧场"的特色彰显营造情境氛围。我们深切地认识到：行走在精致幽雅的校园中，一步一景，处处都弥漫着浓郁的戏剧气息。你会看到"明人沚"的寓意与戏剧"以演员和观众为核心"的理念相一致，凸显了以人为核心的理念。戏剧墙、文化墙以及校园中随处可见的戏剧格言插片等，都在潜移默化地传递着戏剧的基础知识，熏陶着学生的人文涵养，影响着他们的价值选择。"梦想墙"自成一格，当学生们专注于绘制"梦想墙"时，他们不仅在呈现个体的戏剧素养，也在历练着自己吃苦耐劳、合作互助的精神品质。只要有创意，哪里都是舞台。一系列的戏剧环境的打造，充分发挥戏剧的凝聚功能、导向功能和激励功能。

（3）学校的历史钩沉为"全息剧场"的育人践行丰厚文化底蕴。当漫步于"行知道"上或静立于"陶行知像"前时，"知行统一""爱满天下"的思想便会时刻引领教师去追求教育的本质，启示学生去感恩教育的温暖。我们给校内的每一幢楼命名是在回望我校的过往,增强师生的自信:"培成楼"是为了追忆 1925 年首创的培成女中,"培进楼"是为了纪念历史最长的"培进中学"的办学阶段;我们称图书馆为"行知楼",来勉励师生共同学陶思陶,且行且知;我们称艺术教室汇集的小楼为"紫藤阁",来铭记校内的那棵百年老树,也希望从这里走出去的学生能如紫藤花(校花)那般攀援着艺术之枝蔓延成长、凌空绽放。

这一年来,我们学校借助专业力量开始"校史钩沉"的挖掘与提炼,为学校寻根,为艺术寻脉,更为学校的育人扩展领域,不断增强全校师生的文化自信。目前,我们已推出 12 期《校史钩沉》,阅读量高达 8 060 次,尤其受到老领导、老教师、校友们的指正与称赞。曾在 20 世纪 80 年代任培进中学校长的俞克斌对《校史钩沉》的挖掘和编写是这样说的:"无论对上戏附中熟悉或不熟悉的人,在读完整篇《校史钩沉》后,都会感到学校今天的辉煌发展,除了全体师生的努力拼搏外,与九十余年来悠久且深邃的办学历程有内在的关联。因此,挖掘校史的精髓而将其发扬光大之,就是一种不断向前奋进的巨大动力了。"每一间专用教室,每一处校园景观,每一幢大楼命名,每一篇校史钩沉,都书写着是上戏附中的故事,都凸显着悠久的办学历程和蓬勃向上的附中精神。

(二) 引领附中文化激发"剧场"动力

文化是一个学校的灵魂和根基。学校努力形成"全息剧场"的文化场域,提升师生的专业素养,优化人文学习环境,培育师生幸福感受。通过文化引领保障了"全息剧场"的高效运作,调动了全校师生的内驱力和创造力,发挥了最大的主观能动性。

1. 学研的精神为特色学校的发展奠定文化根基

学校"全息剧场"的打造离不开学研文化的营造,它大大提高了教师的专业素养和专业境界。我们通过多途径、多载体来加强学研的氛围。学校开展各种类别的教学研讨活动,每学期除人人参与家常课,还有专项展示研讨课,而且覆盖面广。磨课的过程就是研究的过程,课后的评课过程就是反思的过程;这也是老师们对自身的专业技能和素养进一步积累和沉淀的过程。每位教师都有不同层面的收获。上学期人人参与"我的教学反思行动"撰写与演讲,让老师们再一次静心思考教学,学习借鉴同行。本次反思活动涉及所有学科、所有老师(包括校长、书记),学校职工既是听众也是工作人员。撰写的教学反思文章达 15 万字,共有 12 名专家作为评审嘉宾,评出一、二、三等奖,共 24 人。华东师范大学博导郅庭瑾教授参加后说:"这样人人参与个个反思的活动应该经常性开展,特别有意义。"此外,人人参与校本培训,培训涉及师德提升方面、戏剧教育方面、新课程理念方面等;人人加入项目、课题、论文等研究之中。比如学校的课程领导力项目涵盖课程、教学等方方面面,每个教研组根据自己组的实际情况做相关的课题研究,让老师们根据自己的课堂教学认领一些课题,以研促教。青年教师申报课题,开展教学研究的积极性更是高涨。在 2017 年 6 月和 2018 年的 2 月,上戏附中教师进行了两次本体知识的考试,既是为了提高学科的专业能力,也是为了研究命题,寻找本教研组命题中的问题,探索新高考背景下的命题方向。得到全校教师的支持,也起到了良好的效果。

教研组、年级组在每学期末要面向全体教职工进行交流本组一学期工作,接受全校教职工的考评,这又是一个互相学习与互相竞争的过程,形成"你追我赶"的良好态势。几年来学校备课组、教研组活动时"研味"浓了,学术讨论多了,外出学习机会和积极性增强了,资源共享意识提高了。多了一些学术之争,百家争鸣;多了一些教育视角,多维空间;多了一些合作共赢,互帮互助。这些文化的形成来之不易,是学校文化变化的最强音。

行，以知趣
我的教育叙事

学校举办管理培训班,今年已是第三届了。从第一期的 27 人到第二期的 36 人,增至第三期的 63 人,涵盖了学校所有的管理和科研人员、班主任和年轻教师,大家一起读书交流、听取专家讲座、外出参观学习,借助这个平台学习、成长。管理培训班的开设对于我们学校形成积极向上、努力拼搏的氛围无疑起到了积极的作用,参与学习培训的教师成了学校学研精神的引领者和先行者。

教师的学研文化浓厚带动学生的学习热情:从每天的晨读开始,数学、英语分层教学的有序实施,课堂有效性的探索,优秀作业的展览,图书馆延长开放时间后学生的参与度,一年两次奖学金制度的激励,等等,学校处处时时都洋溢着浓郁的学研氛围。今年国庆期间学生放弃休息,苦练戏剧作品《青春禁忌游戏》,深受上戏范益松教授的高度评价。班级、年级、学校的学习氛围不断浓厚,学生的学习热情和求知的欲望不断高涨!学校提供了土壤,让一群热爱艺术的朋友聚到了一起,释放着天性和能量,形成共振效应,感染着周围的学生与老师。

2. 激励的氛围为特色学校的发展注入文化活力

"全息剧场"的发展离不开激励的文化。每个人都有被欣赏的需求,为每一位师生搭建广阔的平台,以目标激励、荣誉激励、物质激励的方式引发师生的竞争意识,勇于在激烈的擂台上切磋交流、挑战自我,进而将这种外部的推动力转化成一种自我发展的动力,充分挖掘个体的潜能。学校还为抓住平台、闯过擂台的优秀者们铺设多元的舞台,我们十分注重榜样的力量和经验的分享,积极实践着"让优秀成为一种习惯,让卓越成为一种追求"。

学校实施"聘任制"和"项目制",激发教职工的创新活力。所谓聘任制,就是学校管理岗位尤其是中层岗位全部通过竞聘、答辩重新上岗,开创了管理干部"能上能下"的先例。所谓项目制,就是将学校的重点工作分解为几个项目,通过公开招聘和专家答辩的方式产生项目工作室的负责人和成员,这种方式体现了双向选择性。2017年学校将重点工作分解成四大项目,分别是跨学科综合人文课程项目工作室、国家综合课程校本化研究与实施项目工作室、综合艺术课程推进项目工作室和走班制实施中学校德育创新工作室。经过公开招聘和专家答辩,共产生8名项目总负责人,负责人又通过公开招聘和组内答辩的方式确定了项目工作室成员,每个项目招聘18名成员,共有74人次参与四大项目,占全校人数的78%。在这过程中,项目工作制的管理方式激发了学校教职工积极性和创造性。从全校教职工踊跃报名的盛况来看,教师的积极性空前高涨;从实施的效果来看,无论是数学、英语分层教学的深入研究和单元学科指南的完善制定,还是戏剧体验课的自主性、创造性探索和幸福积分课程的层次性、多元性开发等,都证明了新的工作方式能促成教师的专业提升和工作高效。一系列制度的不断改进和发展,正激励着学校形成了一种"让想做事的人有机会,能做事的人有平台,做成事的人有地位"的氛围。

学校在全体师生中开展了两届"上戏附中与我"的主题征文比赛,获奖文章编辑成书供大家阅读,部分获奖文章以演讲的方式与大家分享,分享的过程是文化凝聚的过程,分享的过程是激动人心的过程,这一带着上戏附中logo的文化活动起到了意想不到的效果。我们创办了学校校刊——《幸福教苑》,以此来激励教职员工勤思勤写,自2014年创刊以来,已出版10期和1期增刊,共发表了295篇文章。当大家看到自己的文字或作品被印刷在精致的校刊中时,当自己的成果被更多的人传阅时,当优秀的文章被推荐到更高的平台发表时,我们相信目标激励的功效将会被无限延伸。

学校进行了三届"我心目中的好老师"评选,受奖者有30人;两届"优秀党团员"评选,受奖者有13位优秀党员、3位优秀团员;我们进行了"三大评选",评出了校学科带头人7人、教学能手7人、青年新秀2人。在学生中,我们每学期除

行，以知趣
我的教育叙事

了评选"三好学生""优秀干部""三好积极分子""先进班级"外,还结合各种课程和各项活动评选出"幸福积分小达人""博览之星""艺术之星""公益之星""幸福班级""书香班级"等。荣誉的获得是对前阶段的肯定和总结,更是对后阶段的鞭策和助力,荣誉激励能更加坚定自己执着的方向。

平台创建固然重要,人文关怀亦不可少。每年的寒暑假,班主任及任课教师都会对学生进行家访,在舒缓的氛围中老师、家长、学生三方沟通交流,家校的携手能激励学生下一阶段更好成长。今年暑假起,学校领导带领中层干部、年级组长对各自部门的教职工进行了家访,看望其家人,了解其上班的路程,询问生活中的难处,听取大家对学校发展的建议。一个暑假共有49位教职工被家访,占全体教职工的54.4%。在学校工作30多年的老职工刘永华老师激动地说:"我在上戏附中30多年,你们是第一位来我家家访的领导(除生病看望以外)。"教育在细处,关怀在实处,激励在深处。上戏附中是一所充满人文关怀、提升师生幸福度的百年老校。

学校还会通过一系列的教职工活动来调节工作节奏、温暖教工心灵、激发工作热情。

学校创建了教工健身房,2月底投入使用至6月底,共有324人次参与健身活动;每年的生日月,教职工都会收到工会送来的生日蛋糕和微信平台发出的生日祝福;每年的"六一"之际,教职工带上孩子和家人一起参加工会组织的亲子庆祝活动;组织了一年两次的踏青活动、秋游活动、"三八节"女职工活动,辰山植物园、崇明长兴岛都留下了上戏附中教职工的美丽倩影;开展党建活动,如参观中华艺术宫"从石库门到天安门"的展览,青年教师们激动地写下"不忘初心,方得始终,初心易得,始终难守"等心声。

多姿多彩的活动和体贴入微的关怀让每一位教职工深感工会的有心、尽心、细心,也体会到学校一直以来用心、全心、精心地在为大家谋幸福,这种精神也定能激励着教职工们真心、专心、安心地在上戏附中工作。

同样,对于学生而言,学校提供了一个又一个平台,激励着学生能在诸多的平台中找到适合自己的舞台。当他们的文章发表在学校的微信平台时,当他们的幸福积分微讲座得到了大家的一致好评时,当他们的声音通过"校园广播"回响在学校上空时,当他们能在升旗仪式上站上艺术厅的舞台时,当他们能在艺术节的活动中承担幕前或幕后的工作时,都感到无比的幸福。平台化为舞台,激励着学生发展自我和提升能力。"肖邀午后"就是我为激励学生与校长直接面对面交流而开设的平台。本学期九月的第一期"肖邀午后"让学生兴奋不已,蔡程同学说:"我们因有这样一位愿意倾听学生心声的校长而感到幸福。"第一期结束后,学生中的反响热烈,第二期的报名人数剧增。激励的氛围为特色学校的发展注入源源不断的文化活力,凝聚了人心,鼓舞了士气。激励绵绵不绝,成风化人。

有形的激励有目共睹,无形的激励是一种享受。一位从市实验性示范性高中调入我校的老师,曾这样说:"来到这里,浸润在'全息剧场',从迷茫的文化氛围感知,到强烈的内心文化需求,从自主的实践摸索,到而今已成为一种思维方式和行动习惯,现在戏剧艺术不仅是我们附中的文化品牌,更是成为附中人文化精神的烙印。这个过程是艰辛的磨砺,更是华丽蜕变后内心无法抑制的喜悦与享受!"

3. 开放的态度为特色学校的发展积聚文化养料

上戏附中一直以来坚持"开门办学"。开放是一种包容、学习的态度。我们以最大的热忱欢迎各界朋友来上戏附中交流学习,我们以最大的诚意走出去向同行学习。仅2017学年度至今来访交流就有24批589人次。"请进来"的有来学习新高考背景下的走班制教学的,更多的是来学习交流特色学校建设与发展的,"请进来"的更多是专家指导,名家讲座,学长归来;"走出去"是跨界交流,专

行，以知趣
我的教育叙事

家引领,同行学习,艺术观摩。

这些年邀请上戏附中领导做公益讲座,传播特色学校经验的也越来越多。2018年7月,我受"爱飞翔"公益组织的邀请,为全国16个省市的乡村教师做题为"打造'全息剧场',培育核心素养"的专题讲座,深受好评,2018年9月受《首席ELITE》摄制组邀请免费拍摄上戏附中,在国庆期间的东方航空、上海航空等国际国内航线上电视播出;2018年10月15日的《解放日报》"见识"专栏,对我做了专访,共话教育未来。

信息化时代开放的平台与路径很多。微信公众号作为上戏附中一张醒目的名片,截止到2018年9月共推文1390篇,总关注人数8355人,阅读量达70万人次。自2014年,上戏附中微信公众平台创建以来,我们已拥有"骥德知行、科研天地、约伴悦读、课改之窗、艺术特色、家家有戏、生涯专栏、青春放映室、学生园地、人文素养、教工之家"等十几个微信宣传板块,内容覆盖面大,参与人员从板块负责人、参与学生到分管领导,我们建立了一套属于上戏附中清晰而完整的戏剧特色教育文化输出的程序。将微信平台打造成为弘扬正能量的阵地、师生学研的园地、工作推进的抓手、档案资源的宝库、家校互动的平台、对外开放的窗口。

"上海市高中名校慕课"网的课程资源建设上有上戏附中的身影。我校汪洁、朱星月两位艺术教师开设的《经典动画赏析与实践》《电影音乐赏析》两门课程共计324人次学习。陆经纬老师面向静安区教师以及上海市17所戏剧特色学校推出《戏剧教学原理与实践》师资培训课程,邬吉亮老师开设了《仿真舞台演艺课程》的区级共享课程。在线课程的推出,是我校戏剧艺术特色办学的实践经验总结,也是线上与线下教学资源优化的有效途径,它满足了个性化学习的需求,也是我校戏剧艺术特色教育辐射输出的重要平台。而我们的年轻教师在此平台上收获了更多专业技能领域的前沿动态,并将其运用于日常教学中。

"全息剧场"的运作需要开放的态度,我们的开放不仅是信息的开放,更是办学理念和戏剧特色的开放。开放是学校和社会的衔接,是学校特色发展的助推,是"全息剧场"成果的辐射。

我们传承着附中的精神,传递着附中的文化,也传播着附中的教育梦想。

(三) 实现特色梦想共绘教育宏图

"立德树人,以美育人,以文化人"这既是我们"全息剧场"的教育方针,亦是我们附中特色办学的必经之路。在"全息剧场"的建设与发展中,上戏附中逐渐焕发着新的活力,附中学子的脸上也洋溢着幸福的笑容。

1. 斐然成章

1935年蔡元培先生在上戏附中的前身培成女中的毕业纪念刊上欣然亲笔题写"斐然成章"四个大字,对其当时跨时代的办学精神和斐然业绩给予高度褒扬。83年后的今天,师生共同肩负起学校发展的责任与使命,一同见证飞跃性的变化与创新。我校在短短几年内,获得了教育界内外极高的社会声誉,这也是"斐然成章"的一脉相承与坚定不移。

(1) 附中教师孜孜不倦——专业领域频获嘉奖。我校教师在市、区平台屡屡崭露头角,频频发出声音。9位老师(毛云娇、汪洁、陈赛茅、徐嘉、方建放、金鸽、孔令俊、朱星月、丁灵)成为上海市第五届"德育实训基地"的学员。汪洁、金鸽老师获得2018年静安区"青年菁英"的称号,冯抒阳老师获得2018年静安区"新苗奖"二等奖;魏丽娟、尹东红、邢永芹老师成为2018学年度静安区高三中心组成员。在最新公布的静安区青年课题立项工作中,我校9位青年教师申报,7位成功立项,通过率78%,是高中组立项数最多的学校。陆经纬老师主持的《教育戏剧理论与实践》作为区级课程深受青睐。近几年,我校教师市级公开课呈几何数增长。本学期目前知悉有4名教师开设市级公开课,分别为金鸽、方建放、汪洁、舒莉莉老师。在2018年5月,我的《行,以知道:我与上戏附中这五年》一书在最美书店钟书阁首发,社会影响力较大。一个平台就是一个新的起点,相信这些来之不易的平台会激励着这批老师加快成长,也能激励着更多老师选定目标、迎头赶上。

(2) 附中学子展翅高飞——光耀艺术舞台。我们竭尽全力于校内外为学生搭建平台,鼓励学生凭借自身艺术素养站上擂台,比拼打磨。在反复的琢磨之中,学生可以站上更广阔的舞台,给全区、全市展示他们自己的耀眼光芒。

今年的9月10日,我校60名学生经过选拔,脱颖而出受邀参与上海市第34届教师节演出活动,站在上海市的舞台上,与上海戏剧学院艺术专业教师并肩,展附中戏剧艺术教学之风采。在国家教育部主办的"出发!走向'大课堂'首届全国中小学研学实践教育活动"中,受市教委领导邀请,我校4名学生参与大型朗诵并担任领诵,展示当代高中生的风采与精神。近期我们又受第20届上海国际艺术节组委会邀请参与其中,彰显附中学子精神风貌和艺术才华。《青春禁忌游戏》作为20世纪最具影响力的青春故事,曾轰动苏联,风靡全欧美,且被多家剧院搬上过舞台。仅在中国,国家话剧院便组织演员上演过这部剧,且美琪大剧院的演出也刚刚落幕,上海戏剧学院的教师和学生也都排演过。但是,上戏附中推出的《青春禁忌游戏》是第一次全部由中学生演绎的一部历时1.5小时左右的话剧。其中,10位学生演员,4位导助,2位舞美助手在专业教师指导下,平衡好了学业与排练,并在排演的过程中表现出极大的进取心和合作力。这部作品将于12月14日至16日在上海戏剧学院端钧剧场向社会演出,相信这场演出会使观众感受到震撼。

下编　踽踽行十载，兴感当如何

（3）良好声誉口口相传——优化学生生源。在不断收获荣誉与辐射知名度的同时，我校生源亦随之而发生了变化。2018年学校艺术生招生时，报考数与录取数已达11∶1的比例。从2014年至今四年间，艺术生的录取分数线与上海市普通高中录取分数线的距离缩短了86分。

2018届戏文班毕业生钱映如家长在给学校的感谢信中这样写道："三年前，认识上戏附中是源于女儿iPad上的官方网站，对于一个马上就能直升重点高中的初三学生来说，让女儿来上戏附中读书这个决定是让家长吃惊的。从事教育工作18年，看到过许多翻牌、挂牌的学校，真正办成功的并不多，我不能让自己的女儿成为试验品……上戏附中是一所与学生共同成长的学校，学生成长的历程也是学校发展的历程，这是一种良好的辅成关系。作为一名家长，我对学校的办学理念怀有无比的敬意，对学校老师的辛勤工作表示由衷的感谢。"

在2018年家长满意度调查中显示，家长总体评价已经从2014年的3.79分上升至2018年的4.78分（满分为5分）。学校能够受到家长如此的肯定，说明戏剧教育深得人心，"全息剧场"实施有效，每一位家长都能感受到孩子的变化与成长！

（4）良好声誉交口称赞——满意度创新高。从2014年3月起，学校每年都进行学生、家长与教职工的满意度调查，其中针对"学校特色""艺术育人氛围""学校文化"三个维度调查的各项指标均连年攀升，各方面满意度均超过93%。有家长甚至在自主反馈区留下"学校人文艺术氛围浓厚，孩子在艺术的海洋里遨游，身心非常愉悦""对学校的文化艺术氛围很满意"等语言性描述。教师也普遍认为"学校的办学特色更加鲜明""学校的校园环境越来越好，希望继续保持""学校的办学理念和团队精神值得称道"。这充分说明,"全息剧场"的运行得到了高度认可,学校迈入了崭新的发展时期。

(5) 附中学子崭露头角——输送优秀毕业生。成为优秀专业人才孵化的摇篮是上戏附中的使命所在。仅以2018届表演班毕业生为例,毕业学生26名,参加高考19人(其余出国深造)。其中有8位同学考入了中国传媒大学、上海戏剧学院、中央戏剧学院、北京电影学院等最顶级艺术类高校中的表演类专业,占总人数的42.10%。有10位同学考入了上海师范大学、四川传媒学院等艺术类高校的重点专业,占总人数52.63%。

  考入中央戏剧学院表演系刘一谷同学说道:"上戏附中给予我们专业技巧上的提升,初入附中的我们就像是几块璞玉,要想成才必须经历雕琢,而附中请来的优秀上戏老师就是我们的领路人了。初进附中的我是一个声乐略有优势,台词还有待改进,形体表演近乎一窍不通的一张白纸……但是在老师们的专业指导下,我成了声台形表都不错的考生。……学校提供的那些社团汇报演出、艺术节、戏剧节,远远多于普通高中的上台机会,让我们的心理素质高于一般考生不少,而心理素质很大程度上决定了考场上的发挥……而在附中锻炼的心理素质,就能很大程度上减少失误的概率……感谢附中让我从懵懂到明理,从幼稚到成熟,从徘徊迷茫到豪情万丈!"

专业学生能够有好的升学去向,我校独有的"双向流动机制"同时保障了普通班、艺术班学生个性化发展需求。通过普艺之间的流动,不仅满足艺术班学生探索专业道路之后的决策变更,更是满足普通班学生逐梦艺术。2018届毕业生于非阳、孔令泽作为普通班学生以高分考入了上海戏剧学院舞台美术专业。

（6）附中校友鹏程万里——荣耀艺术人生。在"全息剧场"的浸润中，我校学生的生长力量不断蓬勃，毕业生的社会影响力与日俱增。从2007年第一届至今，上戏附中涌现出一大批优秀毕业生。他们在社会的各行各业中，尤其是艺术领域独树一帜。

电视荧幕中，频现附中学子精彩的表现。

其中，2009届表演班毕业生江予菲，2013年于中国传媒大学播音主持专业毕业，现任上海电视台（SMG）第一财经频道主持人。江予菲曾经在采访中表示：在附中三年的学习生活中，她体验到了许多与同龄人不一样的学习经历，不仅有声、台、形、表，以及影评课程，还有参加上海市各大朗诵比赛的机会，使得她得到了全面的发展，为今后的职业生涯奠定了坚实的基础。作为一名主持人，她的主持风格深受观众好评，为社会传递了正能量。她曾经两次获得第一财经"新青年"称号，2017年在第六届SMG"名优新"评选中获得"新秀主持人"称号。

艺术舞台上，更有附中学子瑰丽的身影。

在2017年世界中华小姐环球大赛的舞台上，我校2011届毕业生梁思遥获得了总决赛亚军的好成绩。梁思遥同学精通中、日、法、英四国语言，还擅长钢琴和小提琴的弹奏。梁思遥同学家长说："我很清楚地记得08年秋天，当年的入学式我也去了，很惊奇地看到学校'梦开始的地方'的标语口号，一直都很期待。"

行，以知趣
我的教育叙事

绘画展览上，更有附中精神的传承与发展。

我校还有一对传奇的姐弟，他们是——姐姐高嘉璐（米咪），弟弟高海朕。高嘉璐是我校2015届毕业生，她的美术作品已经在世界各地多次受邀展出，广受好评。在第四届"追逐梵高"国际美术大赛中，她成为高中组的特等奖"金向日葵奖"的获得者，也是2014年大赛开赛以来首位获得高中组特等奖的选手。在今年5月我《行，以知道》的新书发布会上，高嘉璐同学一家都前来捧场，高嘉璐更是为该书封面作画，并用心撰文"我眼中的上戏附中"，在发布会现场诉说对"母校"的感情。

"今天我以上戏附中为荣，明天上戏附中以我为荣。"毕业生在追寻自己的幸福人生时，也不忘对母校的反哺，他们懂得自己的梦想是从上戏附中开始的。于是附中的校园里便定期出现了学长、学姐的身影。其中，毕业生何雨婷和杜光祎更是回到母校，担任艺术教师一职。

（7）从附中到上海——引领戏剧联盟。2018年5月从区文化局、教育局领导手中，我捧来了两块沉甸甸的牌子——"上海学生戏剧活动中心"和"静安区学生戏剧联盟"，目的是希望通过上戏附中的辐射效应推进基础教育阶段戏剧教育的研究与普及，提升校园戏剧艺术整体水平。我校将以此为契机，探索戏剧教育在普通学校的发展之路，挖掘戏剧教育的育人价值。我们已推出区域共享课程面向联盟学校，进行故事创作、即兴戏剧、教育戏剧等方面的培训与实战练习。

（8）从上海到全国——牵手兄弟学校。2016年我校与苏州艺术高级中学结为姐妹学校。两校在教育教学管理、师资队伍建设与培训等方面进行了深入交流和研讨。两校多次来往，上戏附中的校园开放日、艺术节等活动举办时苏州艺术高级中学都积极参与观摩,学校的艺术教师、分管校长和校长都多次来上戏附中共同交流,合作非常有诚意、有内容、有实效。在上海戏剧学院的举荐下,2018年5月我校又与都江堰市青城山高级中学共同签署《上海戏剧学院附属高级中学帮扶都江堰市青城山高级中学合作协议》,建立相对固定的教育共同体,实现理念、资源、方法、课程共享,将我校特色办学的经验进行输出与辐射。10月30日,都江堰市教育局局长和都江堰市青城山高级中学校长一行将来我们学校交流。

(9) 从中国到世界——签约友好学校。我校与美国ECA、澳大利亚科林伍德学校、以色列海法市艺术学校签订了姐妹学校协议,每年两校之间都有丰富的艺术互动和师生交流。双方利用各自的优质教育资源,在提高艺术教育管理水平和质量等方面建立合作关系。双方借助国内外的资源,旨在探索艺术教育对学生的创造力和想象力的培养;研讨中西方艺术教育的共性,旨在探索学生个性化发展与人格完善的培育。

2. 灿然可期

上戏附中在14年戏剧艺术特色办学的实践中积累了一些经验,并在海内外形成了一定的影响。通过争创上海市特色学校的过程,我们更有"底气",更具"人气",终成"大器"。

上戏附中在各级领导的关怀指导下、在全体师生的共同努力下,近年来成绩斐然,获得了师生、家长以及社会各个层面的高度赞誉和认可,但同时也意味着更高的期待。

在未来的特色学校发展道路上:

我们将始终致力于建立起一个戏剧艺术教育通向普通教育的桥梁,探索两者的有效结合,以戏促美,以美育人,成就幸福人生。

我们将始终致力于打造更精致、更精细和更有品质的校园,探索特色学校模式,为高中多样化、特色化办学树立一个具有标杆意义的典型。

我们将始终致力于强化戏剧作为人类(尤其是青少年)自我教育、自我完善、自我发现和向生活学习、向世界学习、向明天学习的重要工具,用"真、善、美"来塑造和完善学生的人格。真正践行"立德树人,以美育人,以文化人"的方针,培养"德艺兼修,知行并举,人格完善,责任担当"的大写的人!幸福的人!

2018年10月10日,上海戏剧学院的全体院级领导班子莅临上戏附中参加四方联席会议,上海戏剧学院将从课程品质提升、戏剧课题共研、戏剧资源共享等层面继续助力上戏附中未来的发展,而上戏附中也将以戏剧教育在基础教育领域的发展情况为上海戏剧学院提供高中样本。四方联席会议一致认同加强上海戏剧学院与上戏附中的长效合作机制建设,促进上戏附中在更高平台上的新发展。

戏剧艺术博大精深,特色学校任重道远。

——以上为2018年11月上戏附中争创上海市特色高中复评汇报稿

## 三、构建新时代高校与中学合作美育共同体

### (一) 课程共建,构建大中衔接课程体系

上戏附中的艺术专业课程,分为表播专业(戏剧影视表演、播音与主持、音乐剧)、戏剧影视编导、舞台美术设计三大类。课程的整体设置以及课程的实施方案,是由上海戏剧学院的特聘专家主导完成的。每学期,上戏附中会召开特聘专家会议,针对艺考的最近动态以及艺术专业教学的实际情况,对课程实施方案进行动态调整。如2020学年,我们增加了音乐剧专业的声乐教学课时,调整了播音主持专业的高三教学内容,增设了高二编导专业的表导演课,同时为高一、高

二各专业增设专业拓展课,从而可以更好地满足学生个性化的需求。

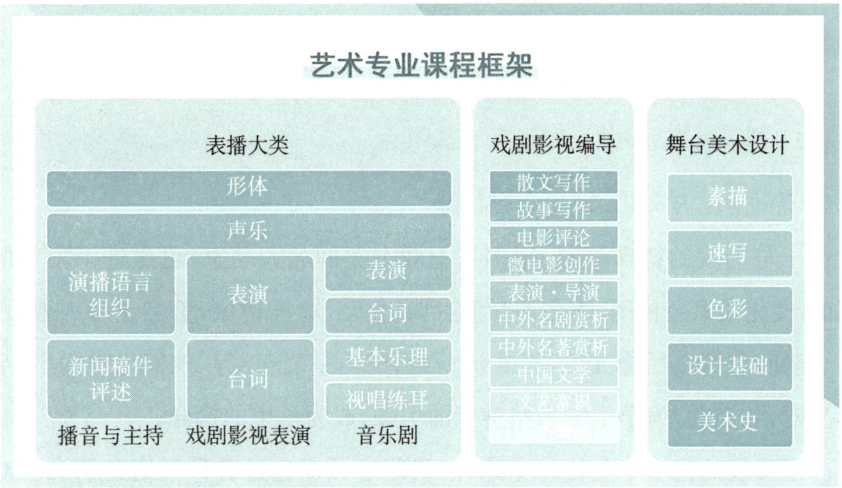

图 5　艺术专业课程框架

上戏附中的艺术专业课是以上戏在职教师为主体进行实施的,他们借鉴高校艺术专业教育的经验,并结合高中生身心特点,因材施教。附中的学生在高中阶段就可以得到专业师资的引领,在其精心打造的艺术专业课程里得到滋养,从而获得持续性的专业成长。

我们的特聘专家更是为高三艺术专业的同学亲自执教,编导专业的刘明厚教授、表演专业的范益松教授、李莉教授以及播音与主持专业的吴洪林教授、舞台美术设计专业的傅建翎教授通过持续性或阶段性的专家课程为高三学生的艺考保驾护航,冲刺助力。

对于上戏比较成熟的课程,或者极具特色的课程,我们会直接引入附中,如戏剧影视编导专业的"艺术创想课程"就是从上海戏剧学院引进,并在附中成功

行，以知趣
我的教育叙事

实施的特色课程。本学期我们还与上戏彭勇文教授达成合作意向,系统引进其开发的"戏剧疗愈课程",我校心理教师陆婷老师将与其合作,共同开发适合上戏附中学生的相应课程。

(二)资源共享,开放大中协同育人平台

1. 请进来:与文化名家"亲密接触"

由于与上戏的特殊渊源,很多与上戏有关的名人名家,也走进了附中的校园,如:文化大家余秋雨、著名演员濮存昕、佟瑞欣、马伊琍、著名主持人曹可凡、陈蓉、何婕、芭蕾皇后谭元元、经典流行组合"力量之声"等,他们走进附中,与附中学生对话、互动,为学生带来精神上的引领,成为学生的榜样。

除了我校的艺术专业特聘专家外,我们还可以通过各种渠道邀请到上戏在职的专家、教授甚而是国外前来上戏讲学的专家、教授来到附中,开设讲座或者直接授课,甚而面对面指导,学生得以近距离感受名家、大师的魅力。如:

表二

| 时间 | 姓名 | 职务 | 讲座/上课主题 |
| --- | --- | --- | --- |
| 2018.01.05 | 高城 | 上海戏剧学院教授 | 人人都是作文王 个个都是剧作家 |
| 2018.02.22 | 饶俊 | 知名编剧 | 饶有梦想 俊有才情 |
| 2018.06.07 | 吴爱丽 | 上戏发展规划办主任,学科办主任,科研处处长 | 艺术的生活和生活的艺术 |
| 2018.10.26 | Saverio Simide Burgis 教授 | 威尼斯美术学院教授 | 意大利文艺复兴的美术发展史 |
| 2018.10.30 | 查明哲 | 中国国家大剧院著名导演 | 指导《青春禁忌游戏》排练 |

(续表)

| 时间 | 姓名 | 职务 | 讲座/上课主题 |
|---|---|---|---|
| 2018.11.18 | 彭鸣亮 | 当代风格派画家 | 绘画艺术的发展 |
| 2018.12.11 | 张凯 | 知名钢琴家 | 宝岛钢琴家的故事 |
| 2019.04.10 | 吴小钧 | 上海电影艺术学院特聘教授 | 契诃夫戏剧的艺术价值与当代意义 |
| 2019.09.11 | 代晓蓉 | 上海音乐学院教授 | 数字媒体的发展 |
| 2019.09.15 | 孙鱼洋 | 上海戏剧学院教师 | 台词指导 |
| 2019.09.20 | 曲丰国 | 上海戏剧学院教授 | 美术指导 |
| 2019.11.12 | 董健 | 上海戏剧学院教授 | 播音指导 |
| 2019.11.15 | Dianna Heldman | 美国纽约大学音乐及艺术学副教授 | 声乐指导 |
| 2020.06.30 | 石俊 | 上海戏剧学院教授 | 艺考指导《艺考新方向与新选择》 |

2. 走出去：多平台体验戏剧魅力

上戏与附中信息共通，资源共享。通过与上戏的合作，我们也有更多的机会参与到上戏组织的各项大型活动中去。一场高水平的讲座对学生来说就是一次专业提升的机会，甚而成为一次精神洗礼，比如2018年11月1日附中学生赴上戏聆听余秋雨大师的文化讲座；2019年3月15日在柏林电影节上斩获金熊奖的上戏校友王景春老师携获奖作品《天长地久》点映，附中学生也有幸见证；附中的学生甚至有机会直接参与来自百老汇音乐剧导师Christopher的工作坊，这对附中学生们开阔视野，增长见识，提升专业水准起到了重要推动作用。

除了这些大型活动之外，上戏资源定期滋养附中更是已经成为常态。

- 上戏每年的"创想周"活动，都会向附中师生全面开放；上戏的表演系、导演系大戏都会邀请附中师生进行观摩，舞美系的学生习作展也会成为附中艺术专业教学的学习素材。如,2020年11月8日,我校舞美专业学生就赴上戏观摩"青春·艺蓓"舞美系基础绘画教学站,傅建翎教授亲自为附中学生进行讲解。

- 每年暑假,我校学生都会参与到上戏面向上海市高中生举行的戏剧夏令营。
- 每年9月份,我校学生都会参与到上戏承办的庆祝教师节的活动中,我们已经连续两年与上戏合作,为上海市庆祝教师节活动朗诵献礼。
- 2017年上戏附中艺术节在上戏实验剧场举行。2018年,上戏附中的实验剧目《青春禁忌游戏》在上戏端钧剧场连演三天,场场爆满。
- 2020年疫情期间,上戏附中的学生更是作为上戏学生的最佳替补,朗诵《逆行英雄》参加上戏"初心如磐 使命在肩"专题党课,并于同年7月1日赴一大会址参加"七一"重温入党誓词仪式。

(三) 师资共通,促进大中师资交互融通

1. 师资培训

上海戏剧学院在2013—2015年开设的艺术学理论研究生进修班,为附中的艺术教育与管理人才的培养注入了强劲的动力。当年参加进修的老师,有三名成长为学校中层干部,多名承担了学校的戏剧体验课、艺术拓展课、社团课指导老师,为附中的戏剧艺术普及做出了突出贡献。

上海戏剧学院举办的各类专题短训班、暑期学院受到附中教师的欢迎,是提升附中教师艺术素养的重要阵地。

2. 共教共研

每学期末,上戏附中都会召开艺术专业学期总结会暨下学期师资聘任会,外聘艺术专业教师和本校艺术管理中心行政、联络员以及相关班主任在会上畅所欲言,共同研究专业课程时效性,共同助力学生专业成长。

随着上戏附中第三轮课程领导力项目的推进,艺术专业课程也进入了内涵建设阶段。本学期,上戏附中教师与专业教师定期共同教研、总结实践经验,梳理课程大纲,更新艺术专业教材,切实推进上戏附中艺术专业教学的内涵建设与可持续发展。

上戏师生与附中师生的合作已经成为双方共同的默契。如2018年的实验剧目《青春禁忌游戏》就是上戏的卢秋燕老师与我校毕业生杜光祎共同指导;2019年上戏音乐剧专业的陈冉老师、黄维老师指导我校学生参加全国中小学班级合唱展示活动;马聪老师每年指导学生参加教师节朗诵,其他各专业老师指导学生参加各条线的比赛、活动等。在这个过程中,双方师生都会有所收获,合作成长。

上戏动态的师资资源也是附中社团课、拓展课的重要力量,为学生提供丰富的、个性化的菜单课程,满足学生不同的成长需求。

3. 深度融通

上戏附中是艺术家的摇篮。高中生处在身心发展的重要阶段,对其教育需要保持家校互动、多方合力。在这个过程中,艺术专业教师也深度参与其中,从入学前的艺术专业测试,到学期中各项大小活动、演出的排练,从日常教学与班主任的沟通到每学期末的艺术专业展示与艺术专业学生家长会,附中的艺术专业教师是深度参与到附中学生的培养过程中的。

上戏附中同时也是上戏培养青年干部的摇篮。上戏每年都会将有培养意向的青年干部派驻到上戏附中进行轮岗,担任上戏与附中联系的纽带,负责上戏艺术教育师资的整体管理与调配。一方面能够保障上戏附中艺术教育师资的水准与稳定,另一方面,每年来附中轮岗的副校长,都会感慨"上戏附中的老师们很拼"。他们会把这种拼搏精神带回上戏,促进两校在精神文化上的深度融通。

### (四) 机制共创,创新大中合作管理模式

上戏附中的艺术特色教育得到了静安区人民政府、上海戏剧学院、静安区教育局的大力支持,每年召开的"四方联席会议"从政策层面给予附中支持,四方共同勾画上戏附中未来发展前景。上海戏剧学院每年派驻附中的艺术专业副校长搭建起附中与上戏良性沟通的桥梁。静安区教育局每年划拨专项基金用于上戏附中艺术专业课程建设。

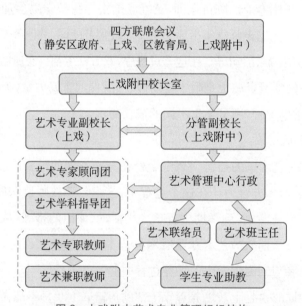

图6　上戏附中艺术专业管理组织结构

艺术专业教育在制度层面上确保与上海戏剧学院的合作办学。在原有的合作框架下,增加"艺术学科指导团""艺术专职教师""学生专业助教"三个角色。其中,"艺术学科指导团"为高校在职专家、教授,其职责是与艺术专业特聘专家

共同为专业学生的艺考给出指导。"艺术专职教师"是指与附中签约的艺术专业教师,其专业性提升了附中各类艺术活动的品质,其稳定性为专业教育的实施提供了保障。"学生专业助教"是从学生层面,为专业教学的过程性记录、即时性反馈提供了可能;同时也为学生能力的提升创设了场景。

戏剧教育是上戏附中的特色与亮点,明确各岗位的管理职责、提高管理效率,有助于确保戏剧教育成果的体现与特色的彰显。

(五) 文化共融,构筑区域文化辐射桥梁

上戏附中在与上戏合作的同时,已深入融合了上戏的戏剧文化,通过借用高校资源优势、自身文化优势和静安区的区域优势,努力传承戏剧精神、传递戏剧热忱、传播戏剧理想、传情戏剧人生。

上戏作为一所享誉国际盛名的艺术专业高校,在与上戏附中共享各类资源平台的同时,也为附中营造了浓厚的戏剧文化氛围,而上戏附中在完善自身以美育人文化的同时,也承载了将这种戏剧文化传播和辐射到整个区域的使命。

当前,静安区正着力打造戏剧文化,使之成为覆盖全区、辐射全市,聚集人气、传播思想、实践文明的新时代文明实践品牌项目。由静安区政府主导的"现代戏剧谷",已然成为颇具影响力的文化品牌,是静安打造艺术文化的一张靓丽名片。上戏附中每年都会积极参加戏剧谷的活动,如参与"一家人一台戏"的戏剧大赛等,让附中的戏剧育人文化更好地融入到区域的文化建设中。

2018 年,首个学校艺术教育联盟——静安区校园戏剧教育联盟正式成立。成立校园戏剧教育联盟,是为做大做强学校戏剧教育品牌,并培养一批戏剧教育骨干教师和具有戏剧艺术才华的学生。作为静安区校园戏剧教育联盟盟主学校,上戏附中每年都会通过开展戏剧师资培训、戏剧专题讲座、校园戏剧节、戏剧嘉年华等系列活动,为区域内的联盟成员学校提供各类资源、平台和文化引领。上戏附中充分发挥了与高校合作的优势,不仅把自身做强做大,还将这种文化进行区域辐射,成为静安区戏剧艺术文化融通的使者、辐射的桥梁。

2020年,中共中央办公厅、国务院办公厅印发了《关于全面加强和改进新时代学校美育工作的意见》,要求"弘扬中华美育精神,以美育人、以美化人、以美培元,把美育纳入各级各类学校人才培养全过程,贯穿学校教育各学段,培养德智体美劳全面发展的社会主义建设者和接班人。"上戏附中与上戏的合作正是这一意见精神的最好实践,两校通过课程共建、资源共享、师资共通、机制共创和文化共融,努力推动构建新时代高校与中学合作的美育"共同体"。

## 四、"全息剧场"场域下戏剧特色高中育人模式的探索
——2020年10月庆祝建校95周年戏剧高峰论坛发言稿

2004年,静安区人民政府与上海戏剧学院签订合作办学,学校由原来的培进中学更名为上海戏剧学院附属高级中学(以下简称:上戏附中)。2019年4月,在戏剧教育领域深耕了15载的上戏附中正式挂牌"上海市特色普通高中",这无疑是对我校戏剧艺术特色创建的充分肯定,也促使我们继续深挖戏剧艺术教育的育人价值,展现出特色高中的责任与担当。

作为一所戏剧艺术特色高中的校长,有一个问题一直萦绕在我的脑海——我们究竟可以用什么来呵护每一份热爱,点燃每一份梦想,实现全面育人的目标呢?

(一)"全息化"场域育全人

在从普通高中走向特色高中的过程中,我校综合了戏剧特色学校的创建经

验,提出了"全息剧场"的概念。"全息"原指立体影像技术,"全息剧场"指的是弥漫在校园中的"以戏育人"的育人场域。在这样一个场域里,学生的学习经历在时空中延展,让他们可以在有限的学习经历中探索人生的无限可能。只有这样,学生们才可能被激发起感悟与思考,进而形成判断与选择,最后养成"从不确定到确定,从确定到不确定"的思维模式。

学校课程体现了我们的办学理念,彰显出学校的特色。如果说"全息剧场"是育人场域的话,学校课程就是其育人价值实现的核心与载体。上戏附中聚焦学生核心素养和戏剧特色,统整必修课程和选修课程,构建了以"定制课程(Directinal Course)""菜单课程(Diverse Course)""资源课程(Dynamic Course)"组成的"个性化3D课程",其图谱可绘制如下:

图7 上海戏剧学院附属高级中学课程图谱

在实施过程中,"个性化 3D 课程"特别强调教育戏剧"七大技巧"的运用,即通过角色扮演、教师入戏、建构空间、思路追踪、时空转换、论坛剧场、戏剧游戏这七个方式来实现其育人功能。值得注意的是,在这个实施过程中,戏剧技巧的运用是更为重要的。然而,随着实践的逐步深入,我们惊喜地发现,我校运用戏剧"七大技巧"进行育人实践的核心理念与"双新"背景下教育改革所强调的"真实情境下培养学生问题解决的能力"以及"基于问题促进学生自主探究"等理念是完全契合的,我校也由此越来越注重"形神兼备"地在学校课程的教学过程中落实戏剧教育,打破学科界限,将戏剧教育的核心思想全方位地融入教育教学,从而更深入地进行"全人教育"。

教育家、心理学家约翰·杜威曾经说过,戏剧教育可以被视为一种全人教育,它包含了语言、表演、公众演说、编导、艺术赏析等众多重要的教育内容,能够充分培养孩子的综合能力,对孩子的自主学习、语言表达、团队合作、思考想象、创新思维以及社交、领导等能力的培养,都具有不可替代的优势。

(二)特色化课程孕美育

在"全息剧场"里,戏剧特色课程蕴含在"个性化 3D 课程"之中,是全面落实美育教育的最重要载体。

美育贯通课程顶层设计。在戏剧特色课程体系的顶层设计中,我们根据"以美启真,以美引善,以美导行,融美于德"思想,构建了由"素养课程""实践课程""强基课程"组成的梯度戏剧特色课程体系,力求达到基础性、发展性和创造性学力的统一,并以此作为全方位落实美育教育的重要抓手。这一课程体系与中办、国办提出美育教育逐步完善"艺术基础知识基本技能 + 艺术审美体验 + 艺术专项特长"教学模式的思路完全一致。

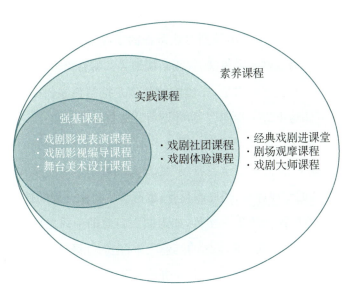

图 8 上海戏剧学院附属高级中学戏剧特色课程体系

美育引领梯度课程实施。"戏剧素养课程"面向全校学生开设,以普适、素养为特征,以欣赏、感悟为主要学习经历,以赏析、观摩为主要形式,以理解、鉴赏作品为主要载体,旨在拓宽学生的艺术视野,提升学生欣赏美、感悟美的水平。

"戏剧实践课程"以戏剧体验课程和学生社团课程为载体,以选择、体验为特征,通过菜单式自主选择为学生提供个性化发展空间,为学生进一步探索戏剧艺术、深入进行学习提供可能性。学生在"戏剧素养课程"的基础上模仿、拓展,在实践中体验美、探究美。

"戏剧强基课程"面向专业址学生开设,提供"体系化"、"专业化"的课程。这里的"基"不是指基础学科,而是专业基础能力,课程为进入高等艺术类院校进行专业学习打下坚实基础。在"戏剧体验课程"中表现优秀且有志于进一步修习的普通班学生,亦可以提出申请参与到专业课程的学习中。"戏剧强基课程"的特点是专业、精细,分为戏剧影视表演、戏剧影视编导和舞台美术设计三个方向,引导学生进一步提升专业基础水平,在模仿的基础上挖掘独立创作艺术作品的潜力。学生在深度体验中进一步创造美,并期待将来能够引领美。

美育融入多样课程内容。由于戏剧艺术本身的丰富性,我们的戏剧特色课程打破固有的"课堂"概念,在"全息剧场"的育人场域中呈现出多样化形式。既有教师指导、参与的专业课程、拓展课程等;也有学生自主开展的社团活动、校园实践项目等。既有阶段性的集中项目,如走向大自然的采风之旅,走向大学、博物馆的人文之旅课程,走向革命老区的红色之旅,走向社区、养老院的公益之旅;也有持续、动态的资源课程,如"文化名人进校园""上戏创想周"等。这些课程丰富了课程的宽度与厚度,让学生在真、善、美中懂得艺术有梦想,人生有担当。置身于"全息剧场"中的每一个附中学生徜徉在"美"的海洋里,接受"沉浸式"美的教育。全面育人与特色发展统一于教育实践过程之中。

### (三)"剧组化运营"促学习

如果将我们构建的戏剧特色课程体系比作金字塔的话,"戏剧素养课程"是基石,"戏剧强基课程"是塔尖,"戏剧实践课程"则是承上启下的中坚力量。这两年我们不断实践探索出一条推进戏剧艺术实践课程实施的模式——"剧组化运营"模式。"剧组化运营"强调从剧组招募、剧目排演到最后的剧终大讨论,实现"剧目展演+沉浸式讨论"的全过程学习、全过程育人。这个运营模式让人人有戏、个个有角成为可能,注重深度体验的学习活动在不同层面随时展开。2018年,在上海戏剧学院端钧剧场公演的实验话剧《青春禁忌游戏》就是我校"剧组化运营"课程实施的首次成果展示。值得注意的是,今天,我们即将看到的、在之前经验上更进一步的话剧《奥菲利娅的影子剧院》中的所有台前幕后演职人员全部由上戏附中的学生担纲。

人人都是角,个个都出彩。一部剧的演员人数有限,为了让更多的学生得到锻炼。我校每部剧均设置 AB 两组,以这种方式将参演学生增加一倍。设置 AB 组不仅仅是简单地增加参演人数,更重要的是促进不同组别同学间的自我学习、自主交流与相互借鉴。一部剧的成型,除了主要演员以外,还需要很多工作人员。比如在《奥菲利娅的影子》剧组里,除演员外,我们还设置了导演助理、舞台监督、灯光设计、道具制作、音效剪辑、文案宣发、摄影摄像等十余个工作岗位,公开面向全体学生进行招募。学生们根据个人的特长爱好,以及对未来的专业规划来进行应聘,通过 4 次工作坊的形式挑选出了 45 名学生进入《奥菲利娅的影子》剧组。尽管作品时长只有 40 分钟,但是在这个过程中,学生们受到的磨炼是无法用时间长度来计算的。

剧本是有限的,学习却是无限的。无论是《青春禁忌游戏》剧还是《奥菲利娅的影子》剧,每一部剧背后都蕴含着丰富的人文知识。学生在扮演角色前,先要知道自己演的是谁,人物生活在一个怎样的时代,这个人物为什么会有如此举动?要想演活一个角色,需要进行大量的案头工作。当学生进入角色时,自主学习和自我探究就开始发生了。在戏剧排练过程中,我们通过戏剧工作坊促使学生进一步感受到了戏剧人物的人格魅力,探究其背后的时代特征和社会价值。《青春禁忌游戏》剧每一句台词都是对人生哲学的拷问,而《奥菲利娅的影子剧院》剧则会涉及莎士比亚的诸多名剧。为了让剧组成员更好地理解人物形象,导演会引导学生们走入莎翁的戏剧世界。因此,除了创作《奥菲利娅的影子剧院》剧,学生们还建立了《哈姆雷特》、《李尔王》、《罗密欧与朱丽叶》等八部莎士比亚作品的系列戏剧工作坊。戏剧艺术的综合性将具有不同潜能的学生凝聚在一起，学生们在这个过程中获得文化滋养和意志磨炼。演员在戏剧演出的几个小时中，让自己成为别人，从而产生共情、产生宽容。有人说："接触过戏剧的人，懂得与生命和解，因此更能绽放生命的光芒。"

演出有结束，思考无止境。如果说剧组化运营仅仅是排演了一部剧，那么大幕落下的一刻就意味着学习过程的结束。但是，我校的剧组化运营特别强调在"全息剧场"的场域中进一步挖掘戏剧育人的功能，力求让所有观众在观剧后参与讨论、引发思考、形成见解。在《青春禁忌游戏》剧演出后，我们组织了一次全校范围内的观剧大讨论，这是一堂成功的德育课，一堂人人参与其中的班会课，一堂没有下课的人生启迪课。本质上讲，这种全员观演大讨论是戏剧育人价值的一次深度挖掘，从不同视角对一部剧的探讨可以为同学们带来思想、认知和价值取向等各方面的提升。

(四) 结语

2020 年 10 月 15 日，中共中央办公厅、国务院办公厅颁布《关于全面加强和改进新时代学校美育工作的意见》提出了"美是纯洁道德、丰富精神的重要源泉"。学校美育课程以艺术课程为主体，其中包含戏剧艺术课程。我校以戏剧艺术教育的特色，让"全息剧场"成为一个无限延展的育人场域，无论是多样态的课程设计、还是沉浸式的课程实践，都紧紧围绕"育人"这一核心。我们力图借助戏剧的方式达成"以美育人、以美化人、以美培元"的目标。

最后，我想说："全息剧场自由生长，戏剧悟道不负韶华。"相信通过本次论坛，我们将看到戏剧教育的更多可能。

## 五、戏剧教育,让课堂更有生命力

戏剧是一门综合性的艺术学科,也是开展美育教育的重要载体。

新时代背景下,如何在中小学课堂上落实戏剧教育?如何让戏剧课堂更有生命力,让大部分学生都能参与进来?如何营造学校美育大环境,提高学生的审美和人文素养?2020年10月22日,在上海戏剧学院附属高级中学举办的以"'五育并举'视域下的中小学戏剧艺术教育"为主题的"少年美,中国美"——中小学戏剧艺术教育高峰论坛上,与会专家和学者探索回答了这些问题。

### (一)戏剧艺术蕴涵丰富的美育价值

"戏剧是原汁原味地在舞台上展现人们的生活。使用经过提炼的生活来展示人生的哲理,提供立德树人的精神营养。演戏是一种最直接、最深入的体验人生的艺术手段,在剧作的情景中体验他人,从而更好地理解、认识包括自己在内的大千世界。"论坛现场,中国教育学会副会长、上海教育学会会长、上海市教育委员会原副主任尹后庆通过视频发来主旨报告《戏剧教育与学生核心素养》,在他看来,戏剧教育有着促进学生核心素养提升的特殊价值。

艺术模仿生活,而戏剧模仿的对象,是人们的生活情景,是情景中人的行动。可以说,在所有艺术门类中,戏剧和人最接近。

"戏剧教育就是要让我们的学生学会欣赏戏剧之美,创造戏剧之美,领会戏剧的真谛。"尹后庆从四个方面阐述中小学戏剧教育如何丰富审美体验,开阔人文视野,引导学生树立正确的审美观、文化观。

他说,在戏剧教育中,要让学生感知戏剧的艺术语言、形象塑造和情感表现,理解他们在戏剧表演中的作用和意义,理解戏剧与其他艺术门类紧密关联的综合性特征;让学生在戏剧创编与表演的实践中发挥对角色创造的想象力,能够运用布景、道具、灯光、音效等戏剧表演的综合要素,在团队的协作、配合中创造舞台形象;让学生能够理解戏剧与生活的关系,提高对生活的观察力和表现力,丰富思想情感,体验戏剧之美,表达人文情怀,提升审美品味;让学生认识中华优秀传统戏曲艺术,欣赏经典戏曲选段,理解文化内涵。

戏剧教育很重要,但谈到如何在中小学课堂中落实戏剧教育问题时,上海戏剧学院人类表演学教授孙惠柱坦言有难度。他说,戏剧课是世界性难题,在所有科目中最难"课程化"。戏剧天生存在等级制,有不公平性,戏剧舞台上,能够展示的都是在这方面最优秀的学生,也就是说,只有少数学生能演大戏,而其中又只有少数人才能当主角,一大群人是"龙套"。

如何才能让大多数学生都参与进来,真正从戏剧中得益?在孙惠柱看来,创造中国特色的普及性戏剧课模式,就要借鉴中小学三种成功的教学模式。比如音乐课模式,所有学生一起模仿演唱成熟的范本,那么戏剧课也可以先精选、编好"练习剧";比如语文课上阅读和写作常常结合在一起,那么戏剧课也可以二合一,只不过创作的是表演而非编剧;比如体育课上总是大家集体训练几个标准动作,个别同学分组练习实操,那么戏剧也可以考虑分剧组来排练。

(二)"全息剧场"场域下,上戏附中的特色探索

作为东道主的上戏附中是上海首个戏剧特色高中,2020年正值建校95周年。2004年静安区人民政府与上海戏剧学院签订合作办学协议,上戏附中自此走上了戏剧艺术特色创建之路。2019年4月,在戏剧教育领域深耕了15载的上戏附中正式挂牌"上海市特色普通高中"。

在从普通高中走向特色高中的过程中,上戏附中提出了"全息剧场"概念,希望将校园打造成一个"以戏育人"的场域。在这个场域里,学生徜徉在"美"的海洋里,接受"沉浸式"美的教育。

如果说"全息剧场"是育人场域的话,那么学校课程就是其育人价值实现的核心与载体。上戏附中聚焦学生核心素养和戏剧特色,统整必修课程和选修课程,构建了以"定制课程(Directional Course)""菜单课程(Diverse Course)""资源课程(Dynamic Course)"为划分的"个性化'3D'课程"总课程图谱。

尤其是构建了由"戏剧素养课程""戏剧实践课程""戏剧强基课程"组成的梯度戏剧特色课程体系,以此作为全方位落实美育教育的重要抓手。

校长肖英告诉记者,如果将学校戏剧特色课程体系比作金字塔的话,"戏剧艺术素养课程"是基石,"戏剧艺术强基课程"是塔尖,"戏剧艺术实践课程"则是承上启下的中坚力量。

值得一提的是,近两年来,上戏附中通过实践,还探索出一条推进戏剧艺术实践课程实施的模式——"剧组化运营"模式,强调从剧组招募、剧目排演到最后的剧终大讨论,实现"剧目展演+沉浸式讨论"的全过程学习、全过程育人。这个运营模式让"人人有戏、个个有角"成为可能,注重深度体验的学习活动也在不同层面随时展开。在论坛现场,上戏附中学生上演了话剧《奥菲利娅的影子剧院》,这部作品除导演外,所有台前幕后演职人员全部由学生担任,从选题到建组、排练直至最后呈现,在剧组化运营模式中让戏剧艺术教育的育人功能落到实处。

(二)传播戏剧教育的影响力

艺术对于成就一个人的作用非常大。没有艺术的教育是不完整的教育,艺

行,以知趣
我的教育叙事

术对人的熏陶、对灵魂的净化、对想象力的激发都有不可替代的作用。

戏剧作为一门综合性的艺术学科,是开展美育教育的重要载体,戏剧教育在静安中小学艺术教育中有着重要位置。静安区教育局局长陈宇卿在主旨发言中强调,2018年静安区校园戏剧联盟成立,是贯彻落实"五育并举"教育方针,把艺术教育作为素质教育不可或缺的重要内容,切实推动本区学校美育改革发展的重要项目,也是静安区第一个校园艺术教育项目联盟。

近3年来,以上海戏剧学院附属高级中学为盟主校的戏剧联盟,积极推进静安区校园戏剧教育的研究与普及,开展了丰富多彩的活动,使联盟的影响力不断扩大,从最初的11所学校扩展为目前的21所学校,联盟在促进区域戏剧教育发展水平提升方面正在发挥着越来越大的作用。

校园戏剧联盟在做大做强学校戏剧教育品牌的同时,培养了一批戏剧教育骨干教师和具有戏剧艺术才华的学生,促进学生形成艺术爱好、增强艺术素养,全面提升学生感受美、表现美、鉴赏美、创造美的能力,为培养德智体美劳全面发展的社会主义建设者和接班人做了努力。

论坛现场,上海第三女子中学语文教师、创新课程《教育剧场》实践者杨黎兰,上海戏剧学院附属闵行学校校长杨慧琳,宝山区行知中学艺术教师盖晓鸣等三位嘉宾结合自身实践感受做TED演讲,分享多年来致力于开展戏剧艺术教育的实践经验,并在自由研讨环节,与到场嘉宾探讨戏剧艺术教育的未来发展。

此外,北虹高级中学的韵剧《故乡》、延安初级中学的话剧《屈原》、静安区闸北第二中心小学的英语话剧《绿野仙踪》和上戏附中的原创音乐剧《守候》为与会嘉宾呈现了题材多样、形式丰富的剧目表演,充分展现了上海戏剧教育成果。

——此文为《上海教育》2020年11B期报道

## 六、迈向教育信息化2.0之学习之变

2018年4月13日,教育部颁布《教育信息化2.0行动计划》,这是教育部对教育信息化2.0工作的重要部署,对于落实"立德树人"的根本任务具有深远意义。在当代社会,人的发展离不开信息素养,学生的成长也离不开信息素养。在基础教育阶段,"信息素养"逐渐成为"科学精神、学会学习、实践创新"等核心素养的重要支撑。因而,我们秉承着"发掘师生潜质、激发学习兴趣、提高学习效率、服务育人目标"的方针,开展信息技术的学习之变。

我校教师全员参与了"十三五教师教育平台"的培训。通过网上选课、网上学习、网上交流和网上评价等环节,真正体会到了教育信息化2.0时代的学习变革。最近一年来,我校举行了多次信息技术技能培训,包括微课宝培训、问卷星培训、多功能电子白板培训等。同时,教师不仅将在培训中学到的本领应用于教学实践的各个环节中,还将其融入到教学研究的方法中。

(一) 信息技术服务于课堂教学,让课堂高效

在教育信息化2.0时代,教师的课堂教学中信息技术的成分不再仅仅是辅助教学演示,还包括教学过程记录、教学质量反馈等。

多功能电子白板(黑板)——有利于即时地保存教师的板演,以便其于课后更好地进行教学反思,开展更深入的教学研究。

课程互动答疑交流群——在上课时教师与学生可以借助电子设备进行辅助课堂交流。学生可以将自己的书写拍照上传给教师,教师可以立即在屏幕上展示学生的书写并给出点评。这不仅节省学生上台板书消耗的时间,还可以将学

生在上课过程中产生的即时问题集中在教师的留言板上,以防忘记,为其课后与教师再进行探讨提供方便。教学能力较强的教师也可根据学生提交的生成性问题适当进行教学调整。

多媒体教学演示——教学演示不再仅仅依赖 PPT 多媒体幻灯片,而是加入了更多功能强大的软件,如几何画板、Geogebra 等动态数学软件;化学分子 3D 演示模型;体育课、形体课可以即时回看、慢动作分解的示范视频。我校青年教师致力于研究各种能服务教学的软件,进而能够原创高端教学设计。传统经验教师则积极借鉴和发掘搜集成品、半成品教学辅助素材,优化教学设计。

在线问卷课堂练习与反馈——学生在学习完新内容后,需要进行及时的练习。通过在线答题可以立即得到教师预定的批改。教师也可以立即获得习题完成度、正确率等数据。这一点切实保障教学内容的落实,大大超越了曾经的课堂效率。在各种在线问卷软件中,问卷星由于其免费、便捷的属性而广受教师欢迎,在我校近一年的公开课中,教师们利用问卷星的概率为 50% 以上。信息技术服务课堂教学,让课堂延伸,激发学习兴趣,提高学习效率,培养了分享、合作等情感价值观。

(二)信息技术打破了课堂界限,提高了课堂的延伸性

教师上课的板书、照片、多媒体课件均可通过网络分享给学生,以便其于课后进行温习。有条件的教师甚至可以在家中直播语音授课答疑,影像和音像资料可以被保存下来。

信息技术使得学生在学习过程中遇到问题时能得到更加及时的解决。学生可以通过微信、QQ 等聊天软件与同学、教师进行沟通。不便于文字表达的内容可以用图片和语音。学生的在线学习过程、问题积累、历史资料可以被聊天软件

自动保存下来，同时可以被教师整理成教学个案进行研究、分享。

如我校青年数学教师张石峰曾尝试使用学生常用的软件（如 QQ、Bilibili 等）进行在线直播答疑，这种方式非常受学生欢迎，尤其是对于校外集训的高三艺考生而言，恰好解决了他们的学习时间和空间问题。本质上，能够连通教师与学生的任何一个网络空间都可以成为教学的载体。而在网络空间中，任何一条师生交流的记录都可以成为有意义的教学资料。目前，我校所有的过程性教学资料都被完整地保存在校数字图书馆中。核心部分形成了电子档案，以供需要的教师随时调用。当然，这体现了一种团队共享理念，还能够使得校内资源的价值最大化。

我校的优秀艺术课程亦被选入"上海市高中名校慕课平台"，此资源亦面向全市的所有高中生开放，其中深受学生欢迎的是我校汪洁老师的《经典动画实践赏析》与朱星月老师的《电影音乐赏析》。同时，朱星月老师的《电影数码特技》被评为教育部 2018 年度"一师一优课、一课一名师"活动的"优课"。在艺术课教学中，信息化技术与软件设备是经常需要借助的手段。例如，prezi 课件、Ai 后期编辑、绘声绘影视频软件、希沃课程投影软件、摄影摄像、在线博物馆、问卷数据统计等。这些多媒体技术因其图文并茂、声像俱佳、动静皆宜的表现形式和跨越时空的非凡表现力，能够使抽象的教学内容具体化、清晰化，学生也能做到更快速地理解事物及其变化过程。此外，在课堂中运用多媒体信息化技术也能够及时反馈学生作品，使学生间的互动更加便捷，使课程更加直观。这不仅能提高学生活动的积极性，还有助于记录下学生的创作过程。

我校的微信公众平台也是学习延展的空间。如"课改之窗"、"约伴悦读"、"学习园地"、"生涯专栏"、"青春放映室"等都是师生学习交流的平台。我校一直坚持与市教委官方的平台联动，与社会平台接轨，用信息技术展现出我校强大的艺术教育实力,凸显出鲜明的办学特色,发挥出学校特色教育的辐射作用,为探索基础教育阶段的戏剧教育提供助力。

(三) 信息技术避免了简单劳动,让过程数据保存。

批改作业——对于客观题,教师可以网上问卷的形式布置,学生可以在线完成,实现系统自动批改。至于文字类主观题,学生可将作业或试卷订正完成后以图片的形式发送至教师的作业箱,教师可以在图片上进行手动批改、批注,同时将批阅痕迹保留为一个独立的图层。学生在订正时,会以另一张图片的形式上交。如此,一次作业各个阶段的相关信息都会被保留下来,学生的纸笔学习过程也完全做到可视化。

质量分析——我校教育教学考试采用 APMS 评卷客户端作为智能阅卷系统。教师网上阅卷,并能够在阅卷完毕后立即生成学生得分分析报告。这种方式极大地提高了质量分析效率和精确度,使得教学评价依据详尽,学生的发展轨迹也十分清晰。

从个性化的角度来举例,我校一对师生的聊天记录便已见端倪。该生在一学期的数学学习中,围绕着同一个知识点前后反复向老师提问6次,此系统经过数据分析,亦可得出该生在此知识点的认知结构上存在缺陷、学习习惯亦存在问题的结论;从整体教学的角度来举例,习题推送式问卷作业和在线批阅,可以帮助教师准确分析什么样的习题正确率低,进而分析出困扰学生的问题类型,找到学生的认知障碍。客观而言,这些本来需要教师凭借多年学情分析才能积累的经验,现在可以依靠数据信息轻松获取,并有据可查,便足以说明信息技术在学校学情分析领域的巨大潜力。设想,一旦现有的技术被充分使用,我们完全可以达到医院病例数据库信息的水准。

题库整理——考试科目离不开试题的选编工作。传统的教学模式下,教师每次都会参考大量试题文献资料,消耗大量时间、精力去做题、选题和改题。借助信息技术软件,教师可以对试题进行入库整理。在需要的时候,只要进行活页编排(类似于组卷网的操作模式),教师便可每次将自己原创或新收集的试题加入题库中去。此外,每道题的使用频次记录、历次考试的得分率都可以电子档案的形式记录在案。长此以往,教学工作也可以变得高效而科学。

在教育信息化的进程中,我们也不难发现存在一些不利的因素,甚至会阻碍发展。作为教育教学的辅助工具,信息技术不应当分散学生的注意力。同时,教学工作中,相关的信息技术不应过于喧宾夺主。教师的主要精力仍应集中在教学主题的设计上。此外,信息技术研究人员应当开发对教师用户更加友好的界面,也应当兼容不同格式、类型的资料,让信息技术更好地融入教育、教学实践之中。

另外,知识产权问题是信息技术革新不可回避的问题。技术本身的专利需要被保护,教师原创资料的专利更需要被保护。在信息技术的帮助下,我们既要充分共享有用资源,又要让贡献多的教师得到应有的尊重——在他们的作品上添加不可消除的水印,或保障教师的署名权。实际上,这方面的问题往往被忽视。同时,我们也要教育学生在运用信息资源时,增强尊重他人劳动、尊重知识产权、保护专利等相关意识。

在过去的一年多里,上海戏剧学院附属高级中学的硬件设备经历了全方位的更新,大到建设成了全新的多媒体教室、全新数字图书馆,小到更新了教师的办公计算机和办公软件。此外,持续建设与完善过程中的还有数字教学云平台数据库。我校的领导班子鼎力支持信息技术的发展,学校教师也日益提升自己的信息技术能力,所有人都在不断强化数据理念和共享意识……这些因素无疑都为迎接着教育信息化2.0时代的到来做好了准备。

——此文发表于《上海教育》2019年Z1期,有改动

## 七、后疫情时代的混合式学习新常态

《中国教育现代化2035》明确提出:"要加快信息化时代教育变革,利用现代技术加快推动人才培养模式改革,实现规模化教育与个性化培养的有机结合。"2020年突如其来的疫情,无疑加快了教育信息化的进程,使"线上"与"线下"相融合的混合式学习成为后疫情时代的教育新常态。

(一)混合式学习课堂革命来袭:"学生主体"与"教师主导"和谐共生

混合式学习即传统面授学习与线上学习的融合,它包括学习方式、学习资源、学习环境和学习评价等各方面的融合。相对应地,混合式教学的重要性亦被大幅提升,线下与线上的互动正在静悄悄推动着课堂教学革命的到来。如果说疫情之前,"学生主体"、"教师主导"作为一种教学理念已经深入人心的话,那么疫情期间自嘲为"十八线主播"、开展在线教学的教师则用每一节生动的网课落实了这一理念。

疫情期间,全国各地均开展了线上教学,我校更是在2月17日便在全校范围中开始通过腾讯直播授课。为了迅速提升教师的信息技术能力,我校开展了备课组、教研组和校级三个层面的技能培训。期间,大家研究新技术的热情空前高涨,也充分调动了学生学习的主动性和积极性,各学科组从教学内容设定、教学手段运用、教学资源选择和共享、空中课堂与本校教学衔接等方面进行了大量实践和研究。政治组教师围绕"疫情给中国经济发展带来的危与机"开展实践探

究课;生物组老师以病毒、免疫、微生物、传染病等知识为主题,开展网络教学的"开学第一课";数学组老师通过制作微课来帮助学生掌握重难点,利用数位板书写、平板电脑投屏、实物投影下书写等方式,力求提高网课的互动效率;地理老组师自制短小精悍的flash,生动地演绎气候特征和大气循环;体育组老师更是现身示范,自制健身小视频作为教学资源,带着学生一起动起来……

目前虽然大规模的线上教学已经结束,但是在线教学经历能帮助教师提升营造黏住学生的学习情境的能力,设计出超越学生原有认知和期待的学习活动,促进高阶学习的发生,实现"学生主体"与"教师主导"和谐共生,成为后疫情时代混合式学习的共识。

(二) 混合式学习评价不可逆转:"线上作业"与"线下作业"如影随形

学习评价是教育教学的重要环节。过去传统的评价主要以纸笔考试为主,虽然经过大数据的处理和加工,教师也能阶段性地了解学生的学习情况,但时效性和针对性往往不够强。混合式学习评价则可以很好地解决这一难题。

其一,丰富作业内容。当前,小打卡、腾讯QQ群、钉钉等平台均具有强大的作业功能。老师不仅可以布置传统的书面作业,也可以布置语音作业。朗读一直是语文和英语学科的常用作业形式。自疫情以来,我校政治组教师也开始尝试布置朗读课文和录制时事新闻评析的视频作业。由于学生之间可以直观地互相欣赏和评价彼此的作业,因此,线上作业营造了一种良性的相互激励、相互学习的氛围。历史学科组的老师还鼓励学生制作电子思维导图,经过几次训练,学生画得有模有样,每个人还形成了自己的风格,时间久了,老师一眼就可以看出每幅思维导图的作者,学生也成就感满满。其二,提高作业评价时效。在线教学期间,老师们评价最高的就是在线作业的时效性。借助问卷星和小打卡等软件,老师可以即时地掌握学生作业完成情况,还可以进行精准的分析,当天就可以对第二天的教学内容做出及时的调整,进行有针对性的讲授,学生也可以第一时间得到最即时的反馈。当前,"线上作业"与"线下作业"如影随形的趋势在教学中已经不可逆转,混合式学习评价也大大提高了学生学习的自我效能感。

(三) 混合式家校互动成为常态:"家长在线"与"教育在场"良性互动

学生的混合式学习从来都不是师生之间封闭的单向循环,而是一个由学生、教师、家长、学校等要素构成的"教育场",特别是在线学习环境下,家长的作用会更加凸显,家校互动也变得尤为关键。伴随着"云课堂"、"云作业"的出现,"云家访"、"云家长会"也应运而生。

疫情之前,我校不仅有"晓黑板"和微信群等常用的家校互动平台,还有开展多年的"家家有戏"栏目,即邀请家教有方的家长通过我校微信公众号分享家庭教育经验等。在线教学全面推行后,我校率先开始全覆盖视频家访和在线晨会、家长会,让家长不仅"在线",更要"在场",融入到学生的混合式学习系统中。特别值得一提的是我校的视频家访,疫情期间,班主任们虽然不能像往常一样利用寒假开展登门式家访,但是视频家访很好地拉近了学生和教师、学校的距离,而每天早上的晨会也吸引诸多家长一起参与其中。在线家长会可以使家长不用出门就便捷地了解学生的学习近况,也得到了家长的一致好评。返校复课后,我校各年级的年级大会、家长会也均通过在线形式及时进行,架起了家校互动的新平台。

雅斯贝尔斯曾说过,"教育是一朵云推动另一朵云",混合式学习使这里的"云"有了更为丰富的内涵,相信也会为未来的教育带来更多新的可能。

——此文发表在《上海教育》2020 年 Z2 期

## 八、以戏剧教育推动学校育人方式转变的思考与实践
### ——写于上海戏剧学院附属高级中学建校 95 周年之际

戏剧是最综合的艺术,也是离人最近的艺术。戏剧教育的最终目标是人格教育,致力于促使学生人性的发展和完善,是学校教育中一种实施素质教育、人格教育的有效途径。2019 年,国务院发布了《关于新时代推进普通高中育人方式改革的指导意见》(国办发〔2019〕29 号),要求普通高中转变育人方式,走多样化、有特色的学校发展格局。今年正值我校建校 95 周年,过去近一个世纪的学校办学历程中,我们逐渐探索出了一条以戏剧教育实现学校育人方式转变的育人道路,逐步走上了"以戏促美、以美育人、以文化人"的特色学校发展之路。

(一) 戏剧教育:在传承中发展

上海戏剧学院附属高级中学(以下简称"上戏附中")的历史,最早可以追溯到 1925 年 5 月英国人安娜·培成女士创办的培成女中。建校之初,学校即是上海滩知名的、有着贵族传统的私立女校,人文艺术始终是学校的优势办学领域之一。早在 1937 年,学校就已经开设了故事课程,算是戏剧艺术教育的开端。在抗日战争和解放战争的年代里,在校师生积极投入革命洪流,1936 年,培成中学学生演出话剧《黎明之前》和《芳子》,通过戏剧文艺形式捍卫上海的自由和解放,引起当时上海市民的热烈反响。1949 年新中国成立后,先后经历了迁址、合并……在一系列变迁中,学校培养出了包括余秋雨、程乃珊、肖雄、肖纯园等一批成就卓越的文艺精英。九秩春秋,百年积淀,人文艺术的血液在学校的办学历程中始终流淌不息,学校的人文艺术教育一直为民族文化的百花齐放、民族的文明

进步添砖加瓦。

新世纪之初,由于教育布局的变化,学校发展缺乏后劲,亟待找寻出新的发展方向。考虑到在艺术教育领域学校持续多年的积淀,同时静安区内唯一一所高校——上海戏剧学院又有得天独厚的戏剧艺术教育资源,经过多轮的研究与讨论,2004年8月,上海市教委批准,由静安区人民政府和上海戏剧学院联合办学,学校正式更名为上海戏剧学院附属高级中学。此番更名,在进一步坚定并巩固学校戏剧艺术特色定位的同时,也将学校戏剧艺术特色推上了跨越式发展的快车道,也能使学校在历史中寻得方向、在发展中明确定位。怀揣着办成一所有戏剧艺术特色优质学校的梦想,我们逐步确立了戏剧艺术特色发展的新方向。

(二)戏剧教育:实施原则与目标

1. 坚持以立德树人为导向,培养德艺兼修的学子

在开展戏剧教育的过程中,学校非常注重借助戏剧探寻立德树人的路径。戏剧作为一种独特的教育形式,能以直观有效的方式使参演者和观者产生感同身受的直接体验,从而对人的思想情感施加政治、道德、审美等多方面影响,同时也对人的个性气质和人生观、自我认知、自我体验及自我控制能力的发展产生有效的促进作用。对现代教育体制下的中小学生来说,不论是简单抽象的道德教化,还是强制性、灌输式的说教,都是不合时宜的。他们需要的是生动、直观、具体、形象的教育,只有深入到他们心灵深处的内容才能使他们心悦诚服地领会,教育入眼、入耳,然后才能更好地入心、入行。

2019年9月1日开学典礼上,我校举办了一场别开生面的戏剧党课,生动地诠释了"人生有信仰、艺术有梦想、青春有担当"这个主题。学生在饰演革命英

雄赵一曼时,不仅仅是演人物本身,而是真正走入人物内心,感受到他们强大的革命斗志和爱国主义情怀,在朗诵舞蹈排练前学习党史、革命史,生动地演绎出作品。这不仅能促进他们更好地理解作品,还能激发起学生们为中华民族伟大复兴而奋斗的理想信念。在抗击疫情中,学生又用艺术的方式表达他们对白衣战士的敬意。他们不仅创作出了原创音乐剧,还书写出了致敬英雄的文章,甚至积极参加了上海市市委宣传部组织的"七一重温入党誓词"等一系列朗诵活动,这个过程也会使得他们在专业领域越来越精进,思想也逐渐得到净化。

2. 坚持以学习体验为中心,开发学生多元智能

戏剧教育的一个重要原则就是坚持学习体验为中心,无论是观剧、参演或是评剧,学生都能够通过剧中故事和人物,剧中矛盾和冲突,感受到"人生如戏,戏如人生",从而更好地理解生活、体悟人生,培养同理心与感恩心。以学习体验为中心要求学习者积极参与到戏剧活动中,让学生"真看、真听、真想、真做",从而达到知行并举,在实践中思考、带着思考去实践。我校从 2015 年开始就一直开设的戏剧体验课程,就是在实践过程中讲求学生深度体验,通过学生的亲身参与和感受,领略戏剧艺术的魅力。我们又通过"百千字工作坊"、"人文之旅"、"采访之旅"去创作,再让文字立体起来,最后将它排练出来。不过,排练过程就是一次次沟通、协调、统筹的过程,是情商、智商、财商、逆商的多重考验。这过程中学生通过互相磨戏,二度、三度创作,提升专业;通过相互合作,懂得尊重和理解对方,也理解扮演的角色人物;通过排练演出,制作道具,懂得发挥创造力想象力,也懂得精打细算,考虑预算与成本核算,培养财商。

3. 坚持以教育戏剧为载体,完善学生综合素养

戏剧教育是艺术教育的一部分,而教育戏剧就是运用戏剧的元素实施教育。

我校经过多年的实践研究，将戏剧的七大技巧（角色扮演、教师入戏、建构空间、思路追踪、时空转换、论坛剧场、戏剧游戏）和四个核心元素（角色、体验、合作、生成）运用于选择性必修、选修课程之中，融入学校课程全方位。我们梳理了各学科结合点、运用点、渗透点，从而集大家智慧汇编了一本《戏入课程艺就人生》一书，已于2019年由上海教育出版社出版。

课程是学生校园生活的全部，我们将戏剧的思考方式融入全部的课程中，通过显性融合或隐性渗透，让课堂充满生气、充满创造力。

4. 坚持以"五育并举"为目标，成就学生幸福人生

坚持实施全面和谐发展教育，即把教育看作由德育、智育、体育、劳动教育、美育五部分相互联系并相互渗透的统一的整体。戏剧承载着丰富的社会人文内容，能对人的思想情感产生道德的、审美的等多方面影响，对青少年的智力开发、人格形成、个性发展、体能锻炼甚至劳动意识的培养都具有重要作用，因而能使学生在德、智、体、美、劳方面获得协调发展。在"五育并举"的背景下，戏剧教育坚持做到"全育人"和"育全人"的目标。上戏附中的办学理念是"幸福教育为幸福人生奠基"，办学方向是"以德立校，特色兴校，以艺润校"。经过这些年的观察和提炼，我们发现上戏附中的学生画像是"青春、自信、担当"，而教师的画像是"优雅、专业、大爱"，这些元素共同构成了特色鲜明、蓬勃发展的附中形象。

（三）戏剧教育：剧组化教学模式

戏剧教育活动不仅培养了学生的同理心，让学生可以从他人视角去思考问题；还培养了学生的创新思维和想象力，让学生有了一种不在现场却犹如亲临一般的感受；更能培养出学生的社会责任感和使命感，让学生不仅关注到个人的

"小我"成长,也时刻关注着社会"大我"发展。戏剧教育活动具有全员、全时空、全方位的强大育人功能。在多年实践过程中,我校实实在在体会到戏剧教育在育人方面有着其他方式不可比拟的优势,不再拘泥于传统课堂教学的模式,而是将课堂的空间和时间无限延展,探索教学新模式,其中一个重要模式就是剧组化(项目化)教学。

剧组化教学模式主张从剧本选取、角色安排、剧组招募、剧目排演到最后的剧终大讨论的全过程育人。它主张学生在教师的指导下,自主参与并完成全套动作,通过建立剧组的形式让学生能体验到一部从台前到幕后的剧的完整过程,且以我校学生排演的《青春禁忌游戏》和《奥菲利娅的影子剧院》两部剧为例展开具体分析。

1. 注重价值导向的剧本选择

《青春禁忌游戏》这是一部严肃的作品,是一台引人沉思的话剧。在看似最不可能的时间和环境中,彻底撕去人性的尊严与伪装,赤裸裸地暴露人内心最深处的缺陷与邪恶。它要求我们以最大限度的真诚和勇气去面对、去深思,从而更真实地体验人生。

《奥菲利娅的影子剧院》中的主人翁奥菲利娅是一个不幸运的人。她虽然登不了舞台,却也在卑微的木箱子里努力和喜悦着;虽然得不到关怀,却知道应该关怀别人;她是一个乐意站在边上欣赏别人表演,并总是帮助着他人取得表演成功的人。她是一个热爱生命却又在死亡面前豁达和从容的人。

两部剧的选择都具有很高的育人导向,无论是从与人性对话还是与生命对话的角度而言,学生研读剧本的过程本身就是一次学习和体验,也能让他们从人物命运的变化中感受到人性的真善美和生命的价值与意义。

### 2. 全员参与的角色安排

一部剧的成型,除了主要演员以外,还有很多台前幕后的工作者,为了让更多学生有机会参与到《青春禁忌游戏》剧组,我们在角色和岗位的安排上给学生提供了更多实践机会。该剧原本只需要 5 名主要演员,而我们通过 AB 组的形式招募到了 10 名主要角色,同时又设置了 4 名导演助理和 9 名舞美服化人员,共计 23 人。而在排练《奥菲利娅的影子剧院》时,参演的学生达到了 20 人(分 AB 组)。另外,我们还设置了导演助理、舞台监督、海报设计、视频制作、文案宣发、摄影组、灯光组、服装化妆、音效和道具等不同岗位,有 25 名学生参与其中,演职人员共计 45 人。最后呈现在舞台上的作品中,演员的一颦一笑、一举一动、每一句台词、每一个动作、每一个走位,都经过了反反复复的磨合、排练;每一件道具的设置与摆放,每一首音乐的选定与播放,每一个灯光的亮度与给位,则倾注了每一个幕后工作者的智慧与合作。在整个参与过程中,每个人以不同的视角、任务或角色在创作中直接体验和感悟人生,潜移默化地完成自我教育。

### 3. 注重过程体验的剧组招募

在《青春禁忌游戏》的剧组招募过程中我们比较注重学生的专业性,因此更多的是一种量体裁衣式选拔组员,而在《奥菲利娅的影子剧院》的剧组招募过程中,我们把面铺得更开了,开始面向全员进行招募,也在排剧的过程中更加注重戏剧育人的普适性。无论是普通班的学生还是艺术班的学生,无论是对戏剧无限热爱还是出于一种好奇,只要提交了报名申请,我们都会安排一次戏剧工作坊式的面试选拔,虽然每部剧所需要的人员有限,但是学生依然可以通过四次戏剧工作坊式的选拔,感受到戏剧教育的无限魅力,同时也通过教师指导和同伴观察学习到更多戏剧专业知识和技巧,而在这个过程中学生能感受到不同角色和岗位的特点和要求,提升团队合作与协调沟通能力。

4. 突出时空延展特点的剧目排演

对于高中生来说,排一部像《青春禁忌游戏》这样一个半小时左右的完整剧目,是需要面临巨大挑战的。作为一所上海市特色普通高中,学生同样面临普通高中生的各类考试和升学压力,因此如何保证学生有足够的时间来排练这部剧是目前亟待解决的重要问题。针对这个问题,学校采用了借助时间延展性的办法,结合分散排练和集中排练两种方式于一体,借助学生放学后的时间和周末的时间,带领学生打磨和研读剧本,或开展台词实训等相关排演活动;集中排练则主要利用学生的暑假时间和一些小长假时间进行整体集中训练。我校的戏剧教育打破了传统教学的时间和空间概念,充分利用学生分散和集中的学习时间,打破课堂内外的学习空间,时时处处将育人放在第一位。

5. 剧终讨论强调师生对话

如果戏剧教育仅仅是为了排演一部剧,那么从这部剧的舞台展示到落幕便标志着剧目的结束,戏剧育人的功能却未得到充分的挖掘。我校学生在演完《青春禁忌游戏》之后,组织了一次全校范围的观剧、演剧、评剧的大讨论。《奥菲利娅的影子剧院》在十月份公演后也将开展分析总结剧本内容和整体排演过程对学生德育意义的讨论。从本质上而言,这种全校大讨论是对戏剧育人价值的一次深度挖掘,也是戏剧育人的一个重要环节,可以让学生从不同视角探讨一部剧带给人思想上、认知上和价值取向上的各种冲击和影响。

(四)戏剧教育:在发展中创新

戏剧教育强大的育人功能正在被越来越多的学校和教育工作者所认识。从横向上看,戏剧教育的未来发展一定是从"一校到一片"再走向全国的过程。静安区中小学校园戏剧联盟的成员单位从18年成立之初的11家现已扩展到21个学校,并且希望参加的学校越来越多。从纵向上看,戏剧教育的未来发展则一定是逐步构建成大中小学戏剧教育的"一条龙"服务,真正实现戏剧育人全阶段性的必要手段。

随着未来科技的不断发展,人工智能、5G技术在教育领域的广泛应用,也必然给未来教育带来更大的机遇与挑战。工业革命解放了人类的双手、信息化革命也会解放人类的简单脑力劳动,未来的人类更需要一种基于精神情感的教育,一种无限想象力、创造力的教育,一种人类经历万千变化后回归本性的教育,而戏剧教育所带给人的那种直击心灵的震撼、那种天马行空的想象正是未来教育的最佳选择。同时,戏剧教育借助未来技术的手段,让学生可以跨越时空界限,走进更加情境化的教育现场,让学生可以真正"身临其境"地学习。以戏剧教育推动学校育人方式转变的思考与实践永远在路上。

——此文发表在2020年9月《上海教育科研》,有改动

## 九、助力"双新"背景下的"新"教师,打造"后特色时代"的人才库
### ——2020年上戏附中第二届人才工作会议讲话

"致治之道,首重人才。"在今年召开的党的十九届五中全会上习总书记再次强调了"人才强国"战略,人才强则国强。《中共中央国务院关于全面深化新时代教师队伍建设改革的意见》中要求"坚持兴国必先强师,要深刻认识到教师队伍建设的重要意义"。

学校发展之要,唯在队伍、唯在人才。人才队伍建设是学校发展的关键。上戏附中从一所默默无闻的艺术类普通高中,到如今成为一所声名远扬的上海市

特色普通高中,靠的正是学校人才队伍的不断壮大、师资力量的不断增强。如今学校已经迈入"后特色"发展阶段,这既是学校发展的瓶颈区、改革的深水区,但同时也是学校站上更高舞台的转折点和突破口。蝴蝶破茧而出、凤凰浴火重生,学校的"后特色"时代发展过程一定会遇到各种坎坷和不确定,这本身就是新事物发展的规律,在曲折中不断前进。学校越是向前,师资人才的重要性就愈发突出,教师的地位和作用就愈发凸显。

面对学校未来发展的新方位、新征程、新使命,我们的人才培养和教师队伍建设就显得尤为重要,这也是为什么继2017年我们召开了第一次上戏附中人才培养工作会议之后,站在新的历史起点上,今天再一次召开了这个会议。我们既要回望过去三年里我们为人才培养所作出的努力和所获得的成效,也要展望未来我们人才培养的目标和方向。

(一)深耕精研,助立讲台

教师的核心能力是教学。为此,我们为教师们,尤其是青年教师,提供了参加各类主题研讨课、展示课和公开课的开课和研讨活动。2017年我们开展了全校"戏剧元素渗透示范课及主题研讨",结合学校戏剧特色,探讨学科教学中的戏剧元素渗透;2018年我们开展了"共研深思、智慧共享"主题教学研讨,同时举办了首届上戏附中"校学科带头人、教学能手和青年新秀"的三大评选活动和"我的教学反思行动"全校教师参与的大论坛;2019年我们开展了"基于课程标准,达成核心素养"主题公开课;以及2020年9月份开展了庆祝上戏附中建校95周年的"创设真实情境,生发活力课堂"教学展示周活动。通过这些活动,极大地促进了教师对课堂教学的深入学习,对教育教学理论的深入研究。

三年来,一大批教师获批市区级科研课题立项。今天我们表彰了10位科研先进教师就是表彰这些教师在平时的教育教学中勤于思考,认真钻研,把日常的教学和管理的实践经验不断总结提炼成教育规律,撰写成教科研论文、申请各类科研项目,以科研为抓手提升自身的理论水平和实践能力。正因为这些教师的不断钻研,我校近年来科研成果丰硕,今年又有5位教师成功立项区级课题和青年课题,获得立项人数在区内同等学校中名列前茅,此外,我校还获得2020年首届静安区教育科研评选"先进集体"称号。不仅科研,在教学方面,一大批青年教师在市区级教学评比中也取得了优异成绩。每一个成就都来之不易,每一份获得都是教师不断成长、立足讲台的真实写照。

(二)实践历练,搭建梯台

新时代的教师一定是一种复合型人才,因此我们对教师的培养也是一种多维的、立体的。

基于我校教师的不同特点和发展实际,考虑到个人能力特长和职业发展取向的差异,我们采取了有针对性的培养举措,定向发力,既重视教师教学能力的培养,又同时兼顾教师的科研能力、管理能力的培养。通过各类管理培训,储备人才资源;通过加大岗位流动,激发人才活力;通过轮岗跟岗实践,优化人才队伍。我们通过开展学习讨论、模拟体验和实践操作等活动,为教师们的发展拓宽了道路和方向。2017年我们开展了"青年沙龙"活动;2018年开展了"第三届管理培训班"活动;2019年开展了首届"上戏附中青年后备管理人才训练营"活动;2020年,我们又在每周三下午开展了青年教师培训项目。通过这些活动,让一大批教师快速成长,为学校发展夯实了人才基础。

一大批优秀青年教师不断涌现出来,开始担任行政助理、年级组长、教研组长助理和班主任等工作,在学校的各类管理岗位中扮演着重要角色。习近平总书记在中央党校中青年干部培训班开班式上发表重要讲话强调:"年轻干部要提高解决实际问题能力,想干事、能干事、干成事。"而我校对人才培养的方向正好回应和落实了总书记的重要讲话精神:"让想干事的人有机会,让能干事的人有平台,让干成事的人有地位。"

(三) 高端引领,创设平台

为了让青年教师能更好地发展,站上更高的舞台,我们也是动足了一切资源。继2017年学校召开了首届人才工作会议之后,我就用一纸聘书"绑牢"一批专家名师,请他们为我校的青年教师做带教师傅,如数学学科的张颂方老师、物理学科的袁芳老师、生物学科的丁银娣老师、体育学科的徐阿根老师等。2020年,我们又特聘裘老师,以及上海市高中语文学科教研员范飚老师、数学特级教师张颂方老师、原静安区英语学科带头人李海燕老师四位专家名师为我校青年教师带教,同时成立了名师工作室,为我校语数英+地理学科备课组、教研组发展提供高端引领和指导。这些名师专家的指导,让我们的教师有了更高的学术前瞻性,推动了教师们走出学校,走出静安。

2017年我们历史、地理、物理和体育5位教师顺利进入了上海市第四届"德育实训基地",2019年又有9位老师成为上海市第五届"德育实训基地"的学员。老师们在市级平台学习,眼界扩大了,对自身的要求也不一样了。回望过去,连续三届的管理培训班培训、为期一年的青年后备干部管理人才训练营、正在进行的0—5年教龄青年教师培训等,让老师们真正成为有理想信念、有道德情操、有扎实学识、有仁爱之心的"四有"好老师,全心全意做学生锤炼品格、学习知识、创新思维、奉献祖国的引路人。本学期结束前我们将召开专题学习会,探讨如何成为新时代"四有"教师。

今天我们成立了"上戏附中教师发展幸福书苑",为推进教师专业化发展建立机制。用自转推动公转,我们要加大"双新"专项研究。在"任务设计者""学习组织者""活动推动者"的双新背景下,我们都是"新"教师。我们将通过教师本体知识的提升,职称评审的专项指导,以及新进教师基本功大赛和全体班主任的基本功大赛等,让一群人来推动一个班级一个教研组和年级组,用一群优秀班组来推动一所卓越学校,献礼上戏附中建校百年!

最后我想说:人民教育人民办,办好教育为人民。上戏附中要努力打造:人人都能依法依规办事的学校;人人拥有出彩展现机会的学校;人人获得自由生长权利的学校;人人都能感受幸福温暖的学校。我相信这不是一件容易的事,但是应该成为目标追求。在不容易中造就不一般!

## 附录:青年教师如何快速撑起管理岗,这所学校用一个训练营解决了!

上海戏剧学院附属高级中学近年来大力引进了一批优秀青年教师队伍,为学校发展注入了新的活力。青年教师初入职场,缺乏经验,虽然教学上有师徒带教等传统培养模式,但是青年教师在管理岗位上的专业发展缺乏相应的培养机制。特别是在学校被评为"上海市特色普通高中"之后,学校迎来了"后特色"时代的发展机遇,更需要一批有理想信念、有道德情操、有扎实学识、有仁爱之心的青年教师队伍参与到学校管理的各个方面。

基于此,学校经过多方考察调研和民主推选,首批17位35周岁及以下的青年教师正式进入"青年后备管理人才训练营"项目。他们来自不同学科背景,既有一线教师,也有二线职工,他们承担着学校日常工作的方方面面。

青年后备管理人才训练营主要通过一系列的活动,如主题交流、外出调研、读书分享、高端研讨和情景模拟等,提升学员的思维能力、领导能力、语言表达能力和决策判断能力,最终为学校培养和选拔一批优秀管理人才。青年后备管理人才训练营活动的开展以小组为单位,以形式丰富多样的活动,全方位多角度培养青年教师的教育教学管理水平。训练营成员分成三个小组,每组有一名组长,全班推选一名班长,由校长任班主任。训练营的每一次活动,由班主任布置活动主题和内容,班长负责协调活动安排,各小组轮流承办。

(一) 主题交流激发思维碰撞

主题交流主要是以某个"问题"为出发点,通过学员之间的"头脑风暴"式讨论,发散思维,多角度分析问题和提出解决策略。

如在一次活动中,班主任给每位学员设计了一道思考题,"在训练营的所有成员中,拿出你10%的财富你最想投资谁,最不想投资谁?"面对这样的问题,学员们都积极开展了深入的思考和讨论,从不同角度来思考这个问题。在学员的热烈讨论之后,关于管理人才的选拔标准问题,班主任做了一个精练的总结,结合她自己几十年的教学和管理经验,她认为一名合格的管理人才应该具备以下品质和能力:有所为,有所不为;沉下心做事,并能坚守初心,同时又能灵活不古板;兼具行动力和高效率;应急反应能力;表达力和号召力;团队精神和共享精神;适应能力和适度妥协能力。

又如全体学员"头脑风暴"式商讨学校市级课题"高中艺术综合主题课程开发与实施研究"的出版书名与章节目录活动中,在班主任的主持下,全体学员分组进行讨论,然后集思广益,最后一致同意以"戏"字为核心,串联起整本书的章节目录。学员通过这样的"主题式"讨论,一方面可以把企业管理学中一些好的管理理念借鉴到学校管理人才的选拔中,拓宽人才培养的视角,提升跨界思维阶度;另一方面也可以群策群力、集思广益,解决学校实际问题。

(二) 外出调研借用他山之石

训练营会不定期组织全体学员赴一些知名企业和学校参观考察学习,通过亲自去观察体验,感受先进管理理念的运营状况。

如最近一期外出活动,学员们参观了上海市实验学校。本次学习活动分为校园空间设计观摩、对话上海市教育功臣、上海实验学校管理探微三个环节。有学员参观完后说道:"向美而生,灵动空间助推创新实验,实证跟踪造就潜能无限;护长容短,个性图谱描绘特色学生,特需课程成全特殊人才。上海市实验学校真正做到了'以学生为本',从德育、课程、资源等方方面面为学生的个性化发展提供支持与平台……"

在听取了校长徐红的"治校之道"之后,我们了解到,实验学校教师的培训强调"因人而训",即针对不同教师的"五课制",既有青年教师汇报课也有资深教师展示课,促进教师阶梯式发展。他们还特别注重情景式培训,如针对班主任和行政干部的实训,会为其构建模拟的情景,让教师在解决问题中不断提升。

(三) 读书分享坚定理想信念

学校同样也会组织学员开展一些阅读分享活动,除了传统的纸质书籍阅读以外,也会为学员们推送一些值得深思的微信文章,通过线上阅读学习,学员撰写读后心得体会。

如最近阅读了一篇关于《年轻干部总结成长心得,说了这四个字》的微信文章,这篇文章的核心词是:不要挑活。有学员读后写道:"'不挑活'并非一味使蛮力,而是在每个岗位中发现意义,在学习并适应的过程中,学会做事情的方法,完善自身的素质,培养全局意识。不挑活,不抱怨,以空瓶装水的心态去学习,去适应,平凡的工作也可以很美好。"

也有学员认为:"'不挑活'就是攻坚克难'五'担当。一是忠诚担当。年轻干部首先要坚定理想信念。理想信念是我们的指路明灯,引领我们前进。相反,如果没有理想信念,就像我们身体缺钙,得了软骨病,意志颓废,更不用说担当作为了。二是勇于担当。年轻干部应该充分发挥自己的主观能动性,主动担当,勇于作为,这是担当作为的出发点。三是善于担当。年轻干部要有砥砺奋进的精神。在工作中不断地锤炼自己,在实践中得真知,在实践的考验中善于担当。四是创新担当。一方面,学习新思想新理论新战略,时刻用新的知识思想给自己充电;另一方面,取人之长,补己之短,见贤思齐,积极创新。五是实干担当。年轻干部要有勤劳务实的精神。'纸上得来终觉浅,绝知此事要躬行。'唯有实干,才能干出一番事业。"

又如阅读《理解小米组织调整的8个关键词》上下两篇文章,思考一个互联网企业的转型会给处在发展关键期的学校带来哪些借鉴,一位学员曾这样写道:"改革的一个难点就是在于如何保持改革的持续性,也就是如何进行新时代的改革。正因为改革具有阶段式局限性,前一轮的改革举措不一定完全适应后时代改革,因此真正的改革家绝对不是一劳永逸的,这也符合事物发展的'否定之否定'的规律……作为青年管理者,我们需要旗帜鲜明地认识到自身所处的发展阶段,需要审时度势地抓住时代机遇。我们每个人也许只是历史长河中一粒不起眼的沙粒,虽终归大海,但是我们曾有着'聚沙成塔'的决心和'壮士断腕'的勇气。一代人有一代人的使命,我们都是一群矢志前行的逐梦人!"

通过这样的读书交流活动,学员的思想高度有了很大提升,坚定了政治信念,而对于青年教师管理人才来说,"不忘初心,牢记使命"正是他们成长、成才的关键。

(四)高端研讨拓宽视野格局

学校也积极鼓励和组织学员参加一些市区级乃至全国性的教育高端研讨会,不断开阔学员的教育视野,提升学员的理论高度。

今年5月,华东师大校长培训中心第61届全国骨干校长高级研修班的47位校长一行来到学校,开展了为期一天的交流学习。适逢这样一个难得的机会,学校组织训练营的教师积极参加全程活动,有的教师因为有课,就选择参加部分活动。

参加完全天的活动之后,学员们积极分享自己的感受,一位学员说道:"'小课堂,大教育'既是人大附中校长对我校艺术教育的评价,也是我今天最大的收获。从学生的角度多思考教学设计,让学生真正成为课堂的主体,激发学生的内驱力,这或许会成为附中'后特色'时代发展的不竭动力!"还有一位学员从教学和管理的角度谈道:"教师在学生中起着直接表率的作用,一言一行、一举一动都是学生学习的榜样。教师只有用先进的教育理念和扎实的教育、教学基本功,才能带领着学生穿越知识的海洋……在课堂教学中教师更是教学活动的管理者。"

"问渠那得清如许,为有源头活水来。"虽然只是一天思维的碰撞,却促使年轻教师能够跳出自身视野局限,从更高的角度思索学校的发展和教学改革之路,对学校的未来发展之路也有了进一步的认知。

(五) 情景模拟增强实战体验

作为一所戏剧艺术特色学校,学校让学员模拟不同的场景,考验学员面临一些突发事件的临场应变能力,比如模拟校长对学校突发事件举行新闻发布会等。

情景一:一所中学有一位青年教师通过网络平台抱怨学校工资低、加班多、没有私人时间等,其他教师跟帖,一时间网络上传得沸沸扬扬,引起媒体关注。

情景二:某中学体育课拖堂,导致一名学生被跑步的学生撞到"脑出血",家长要求学校承担责任。几位学员要求模拟学校校长简述事件和应对措施,其他学员要求模拟记者提问。

小组一和小组二分别指定一位学员扮演校长角色,准备陈述,小组三指定两位学员扮演记者角色,进行提问。由于第一次尝试这样的情景模拟活动,学员们在处理这些突发问题时,还是缺乏一些策略。通过模拟活动之后,班主任与学员们分享了她的一些处理经验。

学员们最后发表了自己的活动感想,有学员指出:"这种形式的活动非常有趣,也是戏剧体验的一种方式。我的立场是记者,在提问过程中一直要注意对方回答的漏洞,有哪些是可以为我所用的,尤其是不能认为对方说得很有道理,就被带着走。面对学生时也是一样,和学生谈话时也要时刻保持自己的立场,而不是进入到他的逻辑当中,并要保持高度集中的注意力去找到可以突破的点,从而开展有针对性的教育。"

也有学员说:"在当下这个信息流通的成本愈来愈低,获取信息愈来愈便利的时代,人们在做决定时较以往更容易受网络舆论的影响。而由于获取信息的不对等性,对于一件事情我们常常只能窥见它的一个侧面而非全貌,因而判断便有可能有失公允,而且语言本身就是一种隐喻,人们也更可能带入自己的主观经历对信息进行重新解读。"

通过这样情景模拟活动的学习,学员们不仅体验了一把真实情境中的管理策略,也提升了决策意识、宣传意识和判断意识。目前首批学员已经全部安排在学校的德育、教学和科研等不同岗位,希望学员们能够在接下来的"实战"中继续践行自己的教育初心,不负使命。

该文发表于微信公众号"校长会"

# 第五章
## 秀致育趣：我的育人理念

### 一、如何培养"液态"社会下的孩子

最近的上海走在了时代科技的尖端。尤其是世界人工智能大会的举办，引来无数行业弄潮儿云集在此，也让很多普通市民开始深入思考人工智能之于未来社会的影响。

其中，被关注最多的一个话题，莫过于"当下教育如何面向未来"。"如何帮助孩子做好立足未来的准备"、"什么是21世纪最重要的核心素养"皆成为本场讨论会的热点。

上海戏剧学院附属高级中学校长肖英在教育领域深耕三十多年，对上述问题颇有一番见地。她说，未来的世界注定是一个"液态的世界"。如果我们能够把握这一时代本质，尊重每一个孩子的兴趣，努力培养好他们的好奇心、学习力、创造力、合作力，所谓"最好的教育"并不难找到。

#### （一）哪怕一点点好奇心都值得好好保护

解放周一：最近当一些家长朋友向您"痛诉"他们在教育孩子时的焦虑与迷

行，以知趣
我的教育叙事

茫时，您多次提到了"液态世界"这个概念。这个概念源于当代思想家齐格蒙特·鲍曼十多年前的创见。是什么原因，让这一具有社会学视野的哲学概念，触动了作为教育工作者的您？

肖英：其实我也是前不久才看到鲍曼关于"液态世界"的概括。鲍曼曾试图回答，现在以及未来，正在发生的社会本质的转换是什么。后来，他发现，当下的我们已置身于一个一切都在流变的时代。

他以"液态"比喻现代社会的个人处境，还用"不确定性"、"没有安全感"、"瞬间生活"这样的语汇来描述这个现代化的世界。虽然这些表述的提出距今已有十余年，这十多年间人类社会也发生了巨大的变化，但我们依然能够感到，他所陈述的就是我们当下正在经历着的生活。正由于生活世界充满了太多的变动和不确定，于是总让人因难以捉摸、掌控而心生恐惧，落到教育问题上，面对这个不断流动的世界，和未来不确定的自己以及孩子，每一个家长都有一份恐惧。

解放周一：对于这样一个液态的世界，作为一名教育工作者，您和您的同事会觉得充满不可知的挑战吗，会做些怎样的应对和准备？

肖英：今天我们应该培养的一定是面向未来的学生，我们希望他们在十年、二十年甚至三十年后，依然具备在社会上立足的能力。结合我自己三十多年的教学经历，我认为，大概有四个核心素养是一定要给予他们的。那就是——好奇心、学习力、创造力和合作力。

先说好奇心。在我看来，面对充满流变、压力和残酷竞争的未来社会，哪怕一点点好奇心都值得好好保护！我们要告诉孩子们，人生的意义是人自己赋予的，人生若不被赋予意义就失去了意义。而一切意义的探寻，都源于我们自身对生活的热情和好奇心。

如果作为父母，我们只是不断用言传身教去告诉孩子们，好好读书就是为了考学,然后找一个靠谱的工作、过上安稳的好日子,他们的未来世界只会更狭隘、更浅薄,无法活出真正属于自己的精彩。

学习力和创造力都比较好理解。面对如此高速发展的社会,大概很难有父母可以准确预估哪些技能可以延续到将来依然有用。谁能想象二十年以后的世界呢?但是每个人的学习能力是不可估量的。面对液态社会快速的更迭,良好的学习能力异常可贵。作为未来的孩子,能否拥有一种不知厌倦的求知欲很重要。

而随着人工智能的发展,在不远的未来,也许对效率要求不高的工作会变得更适合人类。这样一来,对创造力的工作需求一定会越来越多。

(二) 在两堂观摩课中找到创新力教育的"法门"

解放周一:"创造力教育不强"一直是我们基础教育阶段的一块短板。如何在这方面有所改进?

肖英:在我们位于英国的姐妹学校,我曾旁听过一堂物理课。课上,学生们被要求按三四个人一组自由组合,合作完成一个募捐箱。

这个募捐箱要求用木头制作,木头得学生自己锯。教师还要求,当使用者把钱扔入募捐箱时,可以看到声光电效果,整个造型设计还要别具一格。最终,我们当堂看到的学生作品真的是不拘一格、各具特色。

这堂课给我最大的启示是,无论具体教什么,每一堂课都可以有非常丰富的层次和目标。像上面这堂课,既有物理知识的研习,又有审美、设计能力的锻炼,还把德育也渗透其中,润物细无声般把学生的核心素养、审美情趣、责任担当、合作能力、解决问题能力都锻炼到了。我认为,这也是我们的教育可以努力的一个方向。

> 行,以知趣
> 我的教育叙事

还有一次,美国 ECA 友好学校的老师给我们的学生上了一节"美术课"。课一开始,老师就宣布今天大家可以随便画。由于过往我们的老师一进教室,第一件事就是先把当天要画的静物(雕塑、水果等)放好,一听美国老师说随便画,学生们都愣住了。后来,当美国老师给他们看了一些自己学生的作品后,好,他们一下子都明白了,很开心地、大刀阔斧地画起来。

解放周一:学生们能领悟美国老师教学设计背后的用心吗?

肖英:完全没有问题。课后,我问学生们当天最大的收获是什么。他们都说,感觉美国老师的教学理念和我们的很不一样。在美国老师那儿,画得像不像不重要。只要你画好了以后能把自己的想法讲出来,又言之成理,老师就会不断地鼓励你,然后在你独立创作的基础上再做一点指导,自始至终都希望你做出属于自己的尝试。

这次观摩课也让我感触很深。反观中国,无论是在家庭教育里还是学校教育中,我们给予孩子各种有形、无形的标准答案实在太多了。当孩子在不断问父母这样做对不对、那样说好不好时,其实就已经开始丢失了自己的表达和思考能力。而如果我们重视对孩子们内在潜能的挖掘,就一定不能只让他们去模仿,还鼓励他们模仿越精确越好。反之,应该制造很多机会,创造适宜的环境和氛围,打开他们的想象力和创造力,教会他们如何更好地以自己的方式表达内心的想法。我想,这才是"创新力教育"的"法门"所在。

(三)没有合作力的"C 位"意义不大

解放周一:您刚才还提到了"合作力"也十分重要。现在很多孩子好奇心、学习力、创造力都有所提升,最大的问题恰恰是合作力。

肖英:现在社会上非常推崇共享经济,其实共享经济时代的核心不是分享,而是协作。所谓的协作,是指共同努力。相比分享,协作更难。而且,只有分享和协作这两个步骤都达成了,才能构生成真正的合作。

合作的基础是倾听。但这对于现在的孩子来说太难了,且不说现在整个社会都很着急,大多数孩子(尤其是独生子女)更是习惯了以自我为中心。用网络流行语来说,就是以站到"C位"(c即英语中的centre,中心位置的意思)为荣。但作为已经在社会上摸爬滚打了多年的父母,应该知道在以后的社会分工中合作力的必要性。

我最近在学校搞了一个名叫"肖邀午后"的活动。我希望每个月都能有一些感觉到自己有点滴进步或收获的学生可以主动申请说:"我想和我的校长一起共进午餐、畅所欲言。"目前这个活动的频率是每月一次,每次五位。在不久前的一次午餐会中,我就请同学们一起聊了聊"C位问题"。

为什么会讨论这个问题?因为有一位学生在提交申请时写了这么一段话,他说他最近收获了很多进步,其中有一条,是他在为教师节庆祝活动表演朗诵时"站在了C位"。这个想法有错吗?当然不是,但我的看法是,我们今天的教育给了孩子们太多类似"C位"这样的东西了。而我特别希望我的学生不要这么狭隘地去看待这个问题。

毕竟,没有一个人能够永远都站在C位,更不可能永远都是生活的主角。难道站在"C位"的边上就不可以了吗?那天我一边跟孩子们探讨,一边觉得这样的讨论真的很有意义。

(四)越来越多人关注美育一定是一件好事

解放周一:在如今关于如何应对人工智能挑战的讨论中,很多人提到了"教育的再造"和"美育的重要性"。作为一所艺术特色高中的校长,您心目中"最好

行，以知趣
**我的教育叙事**

的教育"是怎样的？您又如何思考"美育"之于未来社会的重要性？

肖英：我刚才讲了几个力，再加上"耐挫力"，如果孩子们能拥有这些"力"，我相信他们绝对可以面对未来社会的挑战。由此，什么是最好的教育？我认为应该具备三个要件：尊重学生个性差异，关注学生身心发展，培养他们承担起未来社会使命的能力。教育若能做到这三点，我认为就是"最好的教育"。在这些学生毕业后的十年、二十年，他们有怎样的核心素养、他们未来会发展成什么样，未来我们的国家就会是什么样。而这，就是教育的使命所在。

我非常感谢能有现在这段在附中担任校长的经历。关于美育的重要性，因此可以说，没有这段经历，我无法对这个问题有如此深的体会和思考。

在来到附中前，我曾在市三女中和市西中学工作，这两所学校也都是非常有特色的学校。但真正具有戏剧艺术教育特色的高中，全中国大概只有上戏附中。现在，我在这所学校快六年了，也越来越热爱这所学校。

解放周一：您越来越热爱的原因是什么？

肖英：张爱玲说过"因为懂得，所以慈悲"，我觉得我是"因为懂得，所以热爱"。我本来只是一个教育人，但今天的我可以说一半是教育人，一半差不多就是一个文化人或者说是一个艺术界的人了。在工作中，我接触了越来越多虔诚投身于艺术事业的专家、创作者和演员，又带领学生们排过那么多节目，也跟随他们去到很多地方演出。渐渐地，我对戏剧艺术教育的认知开始越来越深刻，对这个领域的情感也越来越浓烈，我甚至开始全面反思过去的教师生涯，并有了全新的体会。例如，我发现，附中的一些学生虽然数、理、化成绩不怎么好，但在其他的衡量指标（比如艺术造诣、创作表达能力等）下，他们是很棒的。如果把他们的艺术"表现"和文化"成绩"加总到一起，他们的总分未必比学习成绩好的学生低。只不过，今天的社会常常认为数、理、化成绩好的学生比艺术表现能力强的学生"更强","社会地位更高",或者是"更重要一点"。事实上,这种判断是人为赋予的,而并非真实如此。与之类似的是,我刚到上戏附中时便发现,艺术、体育好的学生有他们明显的性格优势。无论是升旗仪式排练,还是运动会入场、合唱比赛,所有的目光都会不由自主地看向艺术班,而不是普通班。细想来,无论是他们站在舞台上的形象,还是那种自由畅快的艺术表达能力,在一众学生中的确是非常亮眼的。那么,这些能力难道不重要吗?

我心中特别希望,我们能够培养出既有一定文化基础(特别是文史哲基础)、又有艺术专业能力积累、能够面向未来、稳稳立足于国际国内舞台上的学生。如果这个理想真能成功,我们难道不是在做一件非常伟大的事情吗?

解放周一:有了这样的从教经历和视角转换,当您回望过往那些更偏重于"学业能力培养"的中学教育,有什么想法特别希望同您的老同事们交流?

肖英:尽管我教育自己的孩子时,也关注了琴棋书画这些事,但今天再回过头去看,我一定会认为,孩子的兴趣点在哪里是第一位的。因为在上戏附中工作以后,我接触到了太多为自己的兴趣特长兴奋不已的人,也见证了太多为所热爱的东西全身心奋斗的状态。那样一种状态是非常能够感染人的,也是弥足珍贵的。

除此之外,我认为培养一个学生的待人接物能力、综合实践能力和全方位的自我形象力也十分重要。这里所说的"自我形象力"包括了一个人的气质、谈吐,也包括他在形象打理、语言表达、肢体表达等方面的综合能力。但事实上,我们这个社会中这方面的教育和习得可以说是"匮乏了太久",以至于很多人并不觉得缺了这个对自己、对社会会造成什么影响。

总而言之,可以肯定的是,一个有审美情趣、审美需求的人,他的生活一定是很有味道的。他的心态会更积极、更阳光一些,这恐怕也是很多发达国家非常重视发展文化产业的原因之一。那么在上海,我觉得我们完全有条件,可以让美育受到更多的重视。

我们不可能让每个人都成为创造美表达美的"能手"、"专家",但我们都可以拥有对美的需求、对美的体验、对美的感知。我们也许没有机会直接走上舞台,但我们可以提高自己的欣赏能力,懂得用自己的审美品味去布置自己的家园。如果有越来越多的人愿意关注、谈论这个问题,我想,这一定是一件好事,是一个进步。

——此文刊登在 2018 年 11 月 15 日《解放日报》上,有改动

## 二、撑起美丽而高贵的教育

最近,"戏剧党课"这个词是我们上海戏剧学院附属高级中学(以下简称"上戏附中")校园里最高频的词语了。

主题活动以"人生有信仰"、"艺术有梦想"、"青春有担当"三个篇章呈现"开学第一课"。

革命先烈赵一曼女士写给儿子宁儿的一封《红色家书》,每一个字眼都透露着浓浓的家国情怀和大无畏的英雄气概。在上海戏剧学院教授王苏老师的带领下,一群附中学子化身为革命先烈的"信使",将革命先烈的心路历程展现。

高一新生带来慷慨激昂的《少年中国说》朗诵,宣告着新时代青年担负使命、勇立潮头的决心。高二舞蹈队的舞蹈《红色礼赞》,彰显不忘初心、牢记使命的爱国情怀。情景展示《公益之旅》再现了上戏附中学子在暑假走进街道,化身为志愿者的历程。《国防军训》舞台上的优秀标兵们在教官的带领下步伐整齐,军歌嘹亮。

开学典礼年年有,今年的新意在哪里?我想,有着这三个"特"——体现时代特征、凸显学校特色、鼓励学生学有特长。今年的"开学第一课"实在是爱国主义教育的最佳时机。在中华人民共和国成立70周年之际,如何让高中生不忘历史,牢记使命,确立崇高的理想信念,培育正确的"三观",我们可谓绞尽脑汁。在上学期末,我们就确定今年的开学典礼要与以往的"文化名人进校园"有所不同,以上一堂别开生面、深入人心的党课代替。作为今年新晋的上海市特色高中,我们更希望,这一次是"开学第一课"能体现出与附中办学特色相符的目标与高度。

这次的"开学第一课",我们让信仰的旗帜高高飘扬,让爱国的激情熊熊燃烧,同时又富于戏剧的魅力、美学的力量。短短一个多小时的"戏剧党课"背后,导演、舞美设计、编舞老师均为来自高校的团队。是这些真正意义上的大中衔接、大中合作,让"开学第一课"耀眼闪光。除此之外的所有工作,我们都放手让学生们大胆探索。台前幕后皆由学生们自己来担当。这番搭配与组合,让这场教学探索不仅渗透了对学生核心素养的培养,也蕴含了对学生信仰、梦想、担当感的引领。

这样的教育高贵吗?我所理解的高贵是有底蕴、有厚度、有旺盛生命力的。相信我们的学生们会记住这有底蕴、有厚度、有旺盛生命力的"第一课"。这样的教师美丽吗?他们放弃暑假的休息,一直陪伴、帮助着学生们。一遍又一遍,只为成就学生们的美好。我们的教师们还有才艺美——策划、视频背景制作、声情并茂的旁白,样样在行。

开学前的教师大会上,我给老师们播放了一段由中央芭蕾舞团首席演员呈现的《卡门》。舞者在完成表演后的"告白"更是打动人心。他说,"芭蕾很美,芭蕾很高贵。我希望通过自己的表演,让更多人看到芭蕾的美、芭蕾的高贵"。而我,接着他的话对老师们说,"教师很美丽,教育很高贵。让我们用美丽的心灵托起明天的太阳,让我们用高贵的精神办出一流的学校"。我非常希望,"美丽"与"高贵"能够成为上戏附中本学期的热词。

听了我的发言,新进学校才五周的语文老师王直说:"感慨于校长说'教师很美丽,教育很高贵'。这对家庭中有6位教师、一直过着清苦日子的我来说是振奋的,并感叹自己选择了一份阳光下最美丽、最崇高的职业。"

让教师美丽起来,让教育高贵起来,是我在新学年的目标。而我深信,美丽的教师一定会培养出美丽的学生,高贵的品格一定能塑造出温暖的心灵。

——此文发表于2019年9月9日《解放日报》

### 三、打开心灵,拥抱生活
——致2017届高三毕业生

又一届高三学子即将毕业,春去春来,时光匆匆。在你们离开母校之际,告别高中生活之时,我送给你们一个祝福,那就是永远学着:打开心灵,拥抱生活。

打开心灵的前提是接纳和包容。前两天与毕业多年的学生聊天,他们说道:父母这代人往往觉得自己的想法是对的,听不进也不想听他人的想法和意见。学生告诉我,究其原因是上一辈人在读书时代没有接受批判性思维的培养和教育。仔细想来,批判性思维不仅仅是上一代人所缺乏的,也是中国教育普遍缺失的东西。而批判性思维恰恰是健全人格的基本要素,是创造性人才培养的基石,是与社会和谐相处、幸福生活的保障,是永远受人尊敬的条件。我们要善于接纳一切新事物,包容一切变化的人和事,运用批判性思维去过滤、去分析、去判断,形成既有鲜明个性,又有很强的社会适应性的理想社会化人格。

拥抱生活,珍惜当下。有一首歌叫"拥抱的理由",其实拥抱生活的理由很多：生命来之不易，我们需要好好珍惜，好好享用；生活如此美好，我们需要深入发现，感悟人生。

哈佛大学的"幸福课"风靡全球，教授这门课的泰勒·本—沙哈尔(Tal Ben-Shahar)教授认为，幸福取决于你有意识的思维方式，并提出了一系列行之有效的方法：首先要相信自己。通过每一次解决问题、接受挑战来积累自信；通过视觉想象告诉自己一定做得到。同时也要学会相信别人，学会接受失败，接受你是不完美的。生活不是一条上升的直线，而是一条上升的曲线。允许自己有人的正常情感，包括积极和消极的情感。其次要简化生活。生活贵精而不贵多，对自己不想要的东西要学会说"No"。做事有三个层次：工作，视野，使命。希望你们能找到在这个世界的使命。

"打开心灵，拥抱生活"是一种生活态度，体现的是热爱；是一种品质境界，体现的是高度；是一种人生目标，体现的是卓越。祝愿你们今后的人生一路精彩。

### 四、为什么是我
——致2018届高三毕业生

生活中，不管遇到好事还是坏事，人们总是会问："为什么是我呢？为什么给我这个机会和荣誉？为什么大家都愿意帮助我，仅仅因为我是小辈吗？为什么我也很想优秀但就是做不到呢？……"无数个为什么在我们脑海中诞生，也因此有些人越来越努力，越来越优秀，有些人却越来越放弃，越来越落后。社会就是这样残酷，机会、荣誉都是有叠加效应的。

为什么是我？因为机会永远给有准备的头脑。看似偶然，实则必然。看似机会光顾，实则水到渠成。如何准备呢？这需要我们学习时间管理、任务规划、优先级排序等等各个方面的诸多知识与方法,并加以运用和实践。上帝给每个人的时间是公平的,每个人每天不多不少都是 24 小时,1 440 分钟,86 400 秒。为什么他可以在单位时间内学习这么多内容而你不行呢?为什么他文化课、专业课、学习、休息各方面井井有条;而你连个课桌椅都是杂乱无章的,更谈不上有规划地过自己的人生。为什么他学习有效率而你却低效甚至无效呢?是因为你不会"弹钢琴",不愿意舍弃。舍弃那些无谓的消息,舍弃那些无谓的聚会,没有"舍"哪来"得"呢?没有一个人的成功是随随便便的,也没有一个人的成功是孤军奋战的。能为你提供帮助的人可能是父母、领导、专家、长辈、朋友……但是你一定要思考:为什么他们帮助的人是我呢?你要善用社会资源,未来懂得整合资源的人才能成功。从经济学角度讲,有限的资源一定是流向经济效益好,且可持续发展的行业或企业。个人也一样——人们愿意把有限的资源给你一定是你值得拥有。因为你懂得感恩且不世故,因为你懂得把握住机会,做到极致,因为你懂得与人有效沟通……我一直相信"小胜靠智,大胜靠德"。你的品行会决定你拥有多大的资源库。

"为什么是我"的反面问题是"为什么不是我"。我也想优秀,也想拥有机会和荣誉。获取资源的方式可能不止这一种办法,我也没有觉得社会一定是公平的。但是我们能做的就是不轻言放弃,增强自己的韧性。没有量的积累一定不会有质的飞跃。我们要在生存中成长,在成长中感悟。感悟生存的智慧,感悟生命的价值。"我"并不是一个自我们出生就一成不变的存在,而是一件需要我们去不断雕刻的艺术品。我特别欣赏罗丹的观点,有人问他,雕刻是怎么回事?罗丹说,雕刻就是把一坨石头中间不属于它的部分给去掉,剩下的其实就是雕塑本身。人生也是一个做加减法的过程:减去一个慵懒的我、虚假的我、想象的我,加上一个勤奋的我、真诚的我、笃实的我。这种自我雕刻是非常痛苦的,但也是非常值得的。自我成长是一个持续的自我塑造过程。做最好的自己,就是不断超越自我的过程,就是要不断塑造自己,成长、成长、再成长。身处新时代的我,不能只有小"我",还应该有一个大"我"。把对"我"的人格完善、秉性养成放在民族复兴和改革开放的洪流中来思考,坚定地淬炼自我,让"仰望星空"和"脚踏实地"这两个词伴你一生。

## 五、向美而生,向上而行
### ——致 2019 届高三毕业生

花有重开日,人无再少年;一笑相逢秋色里,折桂重来话昔年。又到一年的毕业季,匆匆别离之时,才恍然明白于漫漫的人生路上,三年相守只是一段前奏。今天,我代表学校,祝贺同学们毕业,祝贺同学们成人,祝贺同学们即将开启人生新征程!今天,我代表学校,向默默无闻,辛苦付出的高三教师和教职工表示感谢!向所有任教过这届高三学生的艺术专业教师表示衷心的感谢!

当然你们也要感谢自己,三年来,你们强大了自我,完善了自身,超越了自己。是你们,让这个校园充满生机和活力;是你们,让我们的思想和智慧得以传递和延续;是你们,让我们收获了一次次感动和喜悦。母校的昨天,已经留下了你们不平凡的一页,母校的历史,也将因你们而厚重、光荣。同学们,你们也不要为今日的离别忧伤,不管在哪条路上,只要有光就能绽放。也许很少会想起,但是从来不会忘记。未来的人生路上,如果你们有需要,母校便是你们身后最坚实的臂膀,请为了梦想,一直保持倔强!

我有幸于这学期的 4 月 1 日至 5 月 30 日参加华师大"教育部第 61 期全国骨干校长高级研修班",有机会脱产学习两个月。其中 5 月 8 日我们班的 47 位

行，以知趣
我的教育叙事

校长们和2位班主任一行来我们学校开展为期一天现场教学活动。从听文化课到专业课，从听校长汇报到观看学生演出，从座谈研讨到参观校园，可以说是360度全方位了解了上戏附中。在结束前班主任王红霞老师做点评，其中有这样一句话打动了我——"上戏附中是一所向美而生的学校"。王老师还强调这里的"美"是涵盖了语言、行为、环境等方方面面的美。

古今中外的名人都注重美育的作用。例如，奥地利表现主义画家席勒便说过："美是道德的象征。"当代著名学者、书法大师吴玉如也曾说："闲中书画自沉吟，惟此煦融涵育少年心。"（吴玉如《虞美人》）。在中国的历史上，美育一直被视为修身之本。纵览古代，从周朝贵族对礼、乐、射、御、书、数的学习到后世文人对琴、棋、书、画的热衷；从唐宋两朝对诗词功夫的精益求精到元明清三代对戏曲小说创作的孜孜不倦，我国古人在艺术内容和形式上不断地推陈出新，却从未怀疑过艺术在陶冶情操、塑造人格和教化社会方面的重要作用，向美而生、向上而行。"美"是内心的信仰，"上"是行动的方向。不管你们将来身处何方，不管你们年龄几何，始终要有颗向美、向上之心。

向美而生，止于至善。科学精神让我们求真，人文精神让我们求善，艺体学习让我们求美。作为上戏附中的学子，你们在一所上海市戏剧艺术特色学校，在一所以"新青年的福地，艺术家的摇篮"为办学方向的学校，在一所以"个性化3D课程"为育人载体的学校，历经三年的浸染、熏陶、培育，相信即将走出高中校园、走向社会的你们，一定会有勇气与自信直面磨难，用优雅与智慧拥抱生活。三年的戏剧艺术教育培养了你们的合作力、创造力、意志力，一定会让你们成为优秀的存在。当然生活不可能只有诗和远方，它一定有平淡与苟且。希望你们即使尝遍人间冷暖，依然微笑面对生活，依旧能常怀善良之心、感恩之心、进取之心，让你的生命高贵，让你的人生美丽。要相信一切都是生命中最好的遇见。

每个人都是自身经历的囚徒,我亦是我的经历之集。因而,你们要让你们的人生更丰富,让你们的经历更丰满。愿你出走半生,归来仍是少年!祝福孩子们!加油!

## 六、以确定的信念面对不确定的未来
### ——致 2020 届高三毕业生

2020 届毕业生注定是与众不同的,你们在生命之初经历了"非典",又在成人之际遭遇了"新冠"。疫情给你们的生活和学习带来了很多的不确定性。全面铺开的网课、高考时间的推迟、艺考由线下转为线上等,这一系列的突变让大家感到了迷茫和无助。但就是在这样一个特殊时期,我发现你们并没有被现实的不确定性所击垮,而是顶住了各种压力和挑战,用你们的执着与坚定迎难而上。

面对这场疫情,始终有一群人默默地陪伴着你们,那就是你们的老师。为了保证你们的"停课不停学",他们成了"网络主播",但你们可曾想到为了这 40 分钟,他们在电脑前"捣鼓"了多少时间;在得知艺考形势发生变化之后,他们又积极帮你们联系学校借用专业教室,为你们争取准备的空间;当你们面临艺考压力感到失落时,又是他们贴心地走近你们,安慰、鼓励、引导,用最质朴的语言保护你们的艺术初心;随之而来的等级考、高考延期,打乱了你们刚刚稳定的复习节奏和学习心态,这个时候还是你们的老师给了你们最大的支持:"不要怕!勇敢往前走,有我们在你身后。"

随着疫情形势的缓和,你们成了最早回到线下课堂的一批学生。然而,就在你们返校前,学校在防疫方面做了大量、充足的准备工作,确保你们能顺利回到学校、回到课堂。我们为你们准备了内容丰富的"开学第一课",为你们能快速适应线下学习提供了专业的心理辅导。无论是从你们清晨的早读声中,还是从与你们课堂上的互动中,老师们都看到了你们最饱满的精神风貌;无论是考试中那奋笔疾书的样子,还是下课时那求知若渴的追问,老师们都感受到了你们坚定必胜的信念。

如果说老师们的默默陪伴对你们来说是一种幸福,那么三年来家长们的无私奉献更是一种无形的财富。当你们身心疲惫之时,他们也在为你们殚精竭虑;当你们取得点滴进步时,他们总是为你们欢欣雀跃。当你们任性时他们还以极大的包容心陪伴你们。他们没有豪言壮语,没有惊天动地,却能用细水长流的舐犊之情,默默滋润你的心田。

事实上,一个人一生中最美好的一段旅程恐怕就是高中三年了罢,你们把自己的青春和汗水都留在了上戏附中。过去的时间已然在记忆中定格成了一张张照片,其中有《弄潮儿》这部剧的跳跃,有《青春禁忌游戏》中那首《让我们互相赞美》歌曲的柔婉。黑格尔曾说过:"一个民族有一群仰望星空的人,他们才有希望。"在上戏附中的三年,我们实践着体验学习、合作学习、混合学习等多种学习模式,学校的老师们也在保护你们创造的火花,激发你们设计思维,让你们自信而个性地成长着。

未来的道路上依然还存在着各种各样的不确定性,正如马云先生给上海纽约大学毕业生的致辞中说道:"未来没有专家,因为谁也没有到过未来,预测未来最好的办法就是创造未来。"那么如何去创造呢?这就需要你们着眼当下、心怀未来,既要有"脚踏实地"的坚定信念,又要有"仰望星空"的格局胸怀,用你们这些年为自己打造的IP来面对不确定的未来!你们选择相信未来,我们选择相信你们。上戏附中的后浪们,奔腾去吧!

——此文于 2020 年 7 月 12 日发表在微信公众号"第一教育"

下编 踽踽行十载，兴感当如何

## 七、1925—2020：许过去以未来

上海戏剧学院附属高级中学是一所历经九十五年沧桑浮沉的老校，从人的生命历程来看，她已是一位耄耋老人，承载着厚重的历史与底蕴。"校不在大，有魂则名，廊不在深，有韵则灵。"学校的文化精神，就蕴藏在这不断流传的历史变迁中。

上海戏剧学院附属高级中学创办于1925年，时名培成女子中学，曾先后聘请著名学者夏丏尊、周予同、许国璋等名师任教，蔡元培、胡适、顾维钧等社会名流也纷纷为培成女中题词。蔡先生曾欣然亲笔题写"斐然成章"四个大字，给予对培成女中的办学精神和斐然的业绩高度以褒扬。解放后，学校几经易名，至20世纪50年代，学校更名为"上海市培进中学"。在这近一个世纪的历程中，学校培养了大批优秀人才，芬芳桃李满天下。2004年，静安区政府与上海戏剧学院决定联合办学，将学校更名为"上海戏剧学院附属高级中学"，以下简称"上戏附中"，学校走上戏剧艺术特色的发展之路。2019年是这所百年老校辉煌的一年，它正式被上海市教委命名为"上海市特色普通高中"。

学校一直肩负着探索艺术教育新路径，实践以艺育人、立德树人的使命与责任。依托着上海戏剧学院等高校优质的教育资源与师资力量，我们开设了戏剧影视表演（含音乐剧）、戏剧影视文学、舞台美术设计、播音与主持等艺术专业，成为了上海市高中学校中罕见的、有专业的高中。上海戏剧学院有70%的老师都来附中上过课，开过讲座。复旦大学、同济大学、上海音乐校院等名校的教授、社会上的学者，包括国外的教授都曾来附中开过讲座。多样师资相融，各种知识相撞，形成了全面、系统的艺术教育氛围。海内外的学者都能来上戏附中为学生上

课,也将宽广的文化视野、深厚的学术功底带给了高中生,这是最能体现上戏附中之为"附中"的特色之一——上戏附中不是简单地挂靠大学,而是实现资源共享的真正的"附中",是一所最像大学的中学。

"个性化3D课程"是上戏附中的课程图谱。数学、英语科目已经实现了全员全课时分层走班教学,充分考虑到学生个性化的学习能力和需求进行层级划分,分别设置了"A+"、"A"和"B"三个能力层级,并且根据学生学习状态的变化,定期进行调整;此外,学校还做到了对20种高考选科组合的全覆盖,也能够让艺术班与非艺术班实现双向流动机制,以更好地满足个性化发展的需求。"高中艺术综合主题课程开发与实证研究"的市级课题也在大家的奋斗中完成,成功出版了《戏入课程艺就人生》一书。上市后,出版社告知我市场销售情况还非常不错。如果说2019年学校的关键词是"奋斗"的话,那么2020年我们的关键词是"丰厚"。在"后特色时代",这所百年老校的文化之魂、艺术之韵将在不断的传承中汲取新的力量,我们也将在过去的辉煌与未来的挑战中沉淀积累,谱写新章。我们将继续把"幸福教育为幸福人生奠基"的办学理念和"个性化3D课程"落地生根,以戏剧艺术为载体,寻找艺术之美、教育之美、人性之美、丰厚之美。

"未来的种子深埋在过去",致敬过去、展望未来。许过去以未来,我们在未来等你和你们!

——此文于2019年12月29日发表在微信公众号"第一教育"

## 八、做有态度的教育,办有品质的学校

2020年,世界非同寻常地不太平,我们必须要"有态度"。"态度"是什么?党和国家在新发展格局下的"有态度"是"于危机中育新机、于变局中开新局";华

为公司在面对美国史无前例的封锁时的"有态度",是75岁的任正非说的"回头看,崎岖坎坷,向前看,永不言弃!"

为什么要把"有态度"作为上戏附中2020学年度的关键词?这是因为普通高中教育已经进入以内涵发展和质量提升为重点的新阶段,这就要求普通高中学校必须把握好方向定位,建立健全"立德树人"根本任务的落实机制,以改革育人方式为抓手,对高中学校的各个方面、全部要素进行全面、系统和整体的设计,实现高中学校的深度变革,全面提升办学育人水平。我想,这就是教育人的"有态度"!

95岁的上戏附中在历尽沉浮起起落落后,终于站上了制高点,重新出发、从心出发,坚持做有态度的教育。无论是迎接高中教育的大变革,还是承担特色高中学校的使命与责任,我们义不容辞。新时代教育对人民教师提出的要求是要有理想信念、有道德情操、有扎实学识、有仁爱之心,做"四有"教师。只有教师持有鲜明"立德树人"的教育立场和态度,才能真正成为学生锤炼品格的引路人、学生学习知识的引路人、学生创新思维的引路人、学生奉献祖国的引路人。这不禁令我想到了苏格拉底的那句名言——"教育不是灌溉,而是点燃"。教育者应当做到让每一个学习者被看见,让每一个学习者在向上的历程中可以被这些教育所点燃。普通高中新课程新教材的改革与实施,让我们教育人再次举起点燃的火把。

高中语文、历史、政治三门学科国家统编教材的推出,无不彰显着国家意志。其他学科的新教材也在分步骤推行,都在告诉我们:教材是国家意志的体现;在回答:为谁培养,怎样培养及培养什么人的问题。说到底,高中教育就是培养社会发展所需要的人,就是培养社会发展、知识积累、文化传承、国家存续、制度运行所要求的人。新教材强调积极探索基于情境、问题导向的互动式、启发式、探

# 行，以知趣
## 我的教育叙事

究式、体验式课堂教学，注重加强课题研究、项目设计、研究性学习等跨学科综合性教学，认真开展验证性实验和探究性实验教学，无一不透露着这样的信号。这是新教材、新课程的态度，也明确地指向了社会这样的需要。

"有态度"既与众不同，又合情合理，它取决于个体对外界事物的内在感受。不过，"有态度"也有三种层次。第一种是个体虽然有态度，但是态度模棱两可；第二种是个体虽然有态度，但是没有行动的态度，只有不抓落实的态度；第三种是个体不仅有明确的态度，还能持之以恒地让态度落地生根。

美国学者福山在《历史的终结及最后的人》一书中，把"价值感"和"优越感"称为人性中的两大驱动力。上戏附中在十多年前确立了"幸福教育为幸福人生奠基"的办学理念，我们在寻找特色，探索发展道路上逐步清晰地意识到将"以戏促美，以美育人，以文化人"作为学校办学使命；将"以德立校，特色兴校，以艺润校"作为学校的办学目标，并取得了喜人的成效——让一所暮气沉沉的老校焕发生命的活力，靠的就是我们的"有态度"激发了拼搏的精神力量；让一所按部就班大一统的课程学校构建起"个性化3D课程"，靠的就是我们的"有态度"；让一群带着中考失败阴影来到附中的学生浑身充满着青春的自信和优越感走向社会，靠的就是我们的"有态度"。在这样的环境中，上戏附中老师、学生充满着优越感并深耕着教育，数十载不易其志且始终如一，价值感也随之而生了。

如今的上戏附中已经进入了"后特色"发展时期，在我们迎来建校95周年之际，我们唯有继续保持着乘风破浪的坚定态度，坚持特色发展、内涵发展，用戏剧教育的基于情景的角色认知，通过剧本的演绎来体验、来互动、来探究，通过工作坊的方式来实施项目化运作、研究性学习，为学生开展各学科研究提供了模板，在实践的过程中积累了丰富的经验。用教育戏剧来讲述故事，用制造张力、冲突等方式来提升学科课堂教学的趣味性、有效性，用戏剧教育来帮助学生认识自我、发展自我并明确自我的发展方向,通过戏剧教育、美德养育,创造良好教育生态,才能使我们的上戏附中真正成为新青年的福地,艺术家的摇篮。

不论是一个民族、一个学校还是一个人,你都要做到有态度、有行动、有激情。上戏附中唯有"有态度"地推进高中教育改革,以示范校的标准来实施"新课程、新教材"的改革,才能称得上是上海市课程领导力项目校;上戏附中唯有"有态度"地磨炼内功,提升文化软实力,才能真正称得上是"上海市特色普通高中";上戏附中唯有"有态度"地用课程培育、滋养一代代学生,才能真正培养知行并举、德艺兼修、人格完善、责任担当的附中学子。电影《侠探杰克》的主演汤姆·克鲁斯曾说过"让观众看到我全力以赴",我想我们也能做到让社会、家长、学生看到一个全情投入办教育的学校。

——此文于 2020 年 8 月 28 日发表于微信公众号"第一教育",有改动

## 九、最好不过的时代,我们要做的就是跟上

今年是中国改革开放 40 年和上海课程改革 30 年,也是上戏附中快速发展的一年。我们身处最好的时代,我们理应跟上这个变化的时代!这学期我们迎来了上海市特色学校命名的复评工作,上下齐心,师生同心,体现了学校强大的凝聚力和战斗力;这学期我们面临了上海市课程领导力项目的结题评估工作,集聚教学,优化课程,提升质量,创造品牌;这学期我们挑战了演绎一部完整话剧的极限,收获了意想不到的艺术价值和德育价值,收获了远超出我们想象的社会认可度与美誉度;这学期我们的戏剧教育的影响力不断扩大,静安区戏剧联盟实实在在的辐射与合作,从每周二的共享课程的分享,到过程中的资源共享,到学期末的"戏剧嘉年华"精彩演出,切磋共享,充分发挥了一个盟主学校的积极作用。

## 行,以知趣
**我的教育叙事**

这学期我们又有 9 位教师参与了市级德育实训基地的培训,又有 1 位老师获得了上海市青年教师教学评比一等奖,2 位老师获区级教学大赛一等和三等奖,1 位老师获得全国"一师一优课"入围奖,又有 1 位老师通过了高级职称和 3 位老师通过了中级职称评审……我们每天都在进步,我们都在创造崭新的自我。

这学期我们的校园充满着祥和与喜悦:每天早上朗朗的读书声;每天走班上课时学生的快速反应;每天放学后艺术爱好者们自发的演奏;每天校园里礼貌的"老师好";每期"肖邀午后"学生表述的都是对学校的爱,对老师的赞许,对自己未来的憧憬……

这学期我们的校园充满着哲思与讨论——《青春禁忌游戏》观剧大讨论,让学生对人性、对善恶、对原则、对底线、对公平、对正义等问题,通过讨论有深入思考,形成较为正确的人生观、价值观。

这学期我们的校园充满着感恩与回馈——杜光祎学长给学生们树立了一个榜样,"上戏附中"四个字在你肩上;《青春禁忌游戏》演出期间学生们请来了自己的小学老师,感恩师长;社会实践活动:高一、高二学生回初中母校的社会实践活动,感恩学校,感恩培育,回馈自己的艺术才华,为母校尽一点力。法国社会心理学家古斯塔夫·勒庞曾说:"一个国家为其年轻人所提供的教育,可以让我们看到这个国家未来的样子。"我们在为学生创造最富有意义的教育,我们在为学生建设最温馨的校园,我们在为学生塑造最完善的人格。这是一个最好的时代!上戏附中已经建立起了属于我们自己的文化特质与文化烙印,也必将成为我们共同创造的集体人格。乙亥年悄然来到,福"猪"也不远了,我们要做的就是跑步前进了!最后祝全校师生"猪"年大吉,"猪"事顺利,平安健康,过一个有意义的寒假!

——此文为 2019 年学校科研杂志《幸福教苑》刊首语,有改动

## 十、遇见青春,遇见最美的自己

上海戏剧学院附属高级中学(以下简称"上戏附中")的前身是创建于1925年的培成女中,2004年由静安区人民政府和上海戏剧学院合作办学并更名至今,是静安区实验性示范性高中。十多年来,学校艺术教育成果斐然,先后荣膺"全国最具特色中学"、"上海市首批高中戏剧特色学校"、"上海学生戏剧活动中心"、"静安区学生戏剧联盟盟主学校"等称号。学校的知名度和影响力已经从上海辐射到了全国,成为国内最具戏剧艺术特色的普通高中。

上戏附中一直秉承着"立德树人、以美育人、以文化人"的教育理念,致力于为国家和社会培养卓越艺术人才,如2018年我校毕业生许魏洲为共青团中央致敬改革开放40周年拍摄的《青春的回答》宣传片,收获满满正能量。我校毕业生何雨婷,现上戏戏文专业在读研究生,作为国家公派交换生赴哥伦比亚大学留学。她创作的以中国古代为背景的话剧《枫梓乡》在2018年8月24日至9月2日登陆纽约外百老汇的戏剧舞台。这是中国古代题材的英文话剧首次在外百老汇亮相。美国中文电视、世界日报、星岛日报都对演出进行了报道。成为卓越艺术人才孵化的摇篮一直是上戏附中的使命所在。仅以2018届表演班毕业生为例,26名毕业生中19名参加高考(其余出国深造),其中8名同学考入中传、中戏、上戏、北电等顶级艺术学府,10名同学考入上师大、川媒等艺术类高校重点专业。

三年的高中学习,如何让这些孩子有如此大的蜕变?我想这主要得益于我们雄厚的师资力量和丰富的艺术课程体验。上戏附中拥有一批德艺双馨的艺术专业教师团队,他们不仅是学生艺术专业发展的引路人,更是学生人生道路上的点拨者。我校拥有丰富的艺术社团课程、幸福积分课程、幸福主题课程、幸福之旅课程和精粹品牌课程等,学生不仅可以在校内参加各类课程学习,聆听艺术大师的讲座,如2018年我们邀请了马伊琍、濮存昕和骆新老师与学生面对面交流,给予学生更多专业引领和指导。学生还可以走出校园,去首都北京、古城西安感受人文之旅,去美国、澳大利亚我们的姐妹学校体验环球之旅等。

2018年12月14日至16日,由我校艺术专家担任总监、艺术专业教师担任导演,高二学生担任演员、助导、灯光、音效和舞美助理的年度大戏《青春禁忌游戏》在上海戏剧学院端钧剧场完美上演。这部曾轰动前苏联、风靡全欧美的青春大戏第一次由高中生完整演绎,3天6场的演出场场爆满,学生们的专业功底让现场嘉宾震撼不已,演出也获得了社会各界的高度赞誉和一致好评。

漫步在上戏附中精致典雅的校园中,我们能深切地感受到:这里,一花一草一木都汲取了艺术的精气,被赋予了灵魂;这里,每天都在不断孕育着梦想、编织着梦想和成就着梦想;这里,我们遇见青春,遇见最美的自己!

——此文为2019年《招生简章》上校长的发言

## 十一、名校长访谈:走出特色高中"后特色时代"的品牌之路

"理解小米组织架构的八个关键词"、"任正非的内部讲话:从狼性团队到灰度理论"……这些看似与教育八竿子打不着的理论,却是上海戏剧学院附属高级中学(以下简称"上戏附中")校长肖英和她的团队经常讨论学习的内容。

"新时代提出了新要求,无论是校长,还是老师,视野一定要开阔,不能局限在教育本身。"在校长肖英看来,办教育如逆水行舟,不进则退。时代在发展,社会在进步,对于校长来说,捕捉信息与迁移、分享的能力至关重要,也对办好教育

有着特别的意义。不过,这不仅是对校长和教师而言,对于学生来说也是一样。我也希望,他们不仅是自信而美丽的,眼睛里充满着光芒和善良,更重要的是,他们需要养成思维的迁移和应变模式。在上戏附中,教育拥有培养学生应变能力的得天独厚的基础和土壤,那便是我们独具特色的戏剧教育。

"为什么很多发达国家,特别重视幼儿园和中小学生的戏剧教育?上海的许多国际学校一般也都开设有 Drama 课程,这是因为戏剧的魅力是无与伦比的。"是呀,戏剧作品是将平面的、没有生命的文字,变成了富有生命的、立体的作品,这又是何等奇妙的事呢!

(一) 对话:戏剧教育,也是养成教育

澎湃新闻:您对戏剧教育很推崇,您觉得它能给学生带来什么?

肖英:我也是来到了上戏附中后,才深切地感受到戏剧教育的魅力的。综合来看,其魅力来自于戏剧的三个核心元素:

一是角色认知。戏剧作品中的角色演绎要求演员具备非常清晰的角色感,而正确的角色定位、恰当的角色扮演、准确的角色拿捏则是人一辈子都在实践与研究的技能。

二是情景体验。一千个人心中有一千个哈姆雷特。因为这是一项体验式的活动,每个人的经历不同、情景不同、理解不同,演绎出来也是完全不同的。在每个人的亲身体验下,不仅会培养出孩子们的自信与表达,更培养了学生的淡定与应变。我举个小例子,2019 年 5 月 8 日,第 61 期教育部全国高中校长培训班来我们学校开展为期一天的"现场教学"活动。当天中午,我们安排大家观看由学校高二五位学生演绎的话剧《青春禁忌游戏》的片段。过程中发生了一件"小插曲"——扮演"老师"角色的高艺轩同学平时不穿高跟鞋,但这部戏中她需要穿着高跟鞋。不料,在表演中她突然滑了一下,旁边的张心言同学灵机一动,不露声色地马上扶了她一下,然后补了一句台词:"您也不至于要气愤成这样子吧。"演完后,当其他校长们知道这是临时发挥出来的时候,都觉得太震撼了。"你们的学生的应变力太强了!非常沉着、冷静啊。"我想,这就是戏剧带来的魅力。

三是合作生成。戏剧作品的演绎一定是一个团队的作品,一定是在培养学生的合作能力。一般来说,演戏是一定是要看对手的,因为你的对手可能会比你强。那么,你要怎么把它演好;反过来说,你的对手也可能会比你弱,你又要怎么演好它。好的合作就是能够通过一个眼神,一个动作,让对方明白你的想法。戏剧教育还是创造力教育的很好载体,因为戏剧是通过创意来表达作品,通过台上、台下的无语言交流形成共鸣与共情。此外,许多戏剧作品也是德育的载体。通过一遍一遍的台词训练和情感投入,学生可以将作品的精神内化为自己对真善美的追求。

(二) 毕业典礼,提出向美而生

澎湃新闻:每年的毕业季,每个学校都会有毕业典礼,其中都会有校长的讲话,你今年讲话的主题是什么?

肖英:仪式教育一直是上戏附中非常重视的。我们一直追求的仪式教育不是做过,而是"适恰"。什么算"适恰"了呢,我理解的是用最精粹的语言阐述、用最简洁的语句表达,把毕业典礼做成最精妙的、最有超越感的智力活动,这样才能让孩子们终生铭记。对2019届高三毕业生而言,我的毕业寄语主题是《向美而生,向上而行》,目的在告诉孩子们,"美"是内心的信仰,"上"是行动的方向。不管你们将来身处何方,不管你们年龄几何,始终要有颗向美、向上之心。向美而生,止于至善。科学精神让我们求真,人文精神让我们求善,艺体学习让我们求美。

历经上戏附中三年的浸染、熏陶、培育,相信即将走出高中校园、走向社会的你们,一定会有勇气与自信直面磨难,用优雅与智慧拥抱生活。三年的戏剧艺术教育培养了你们的合作力、创造力、意志力,一定会让你们优秀地存在。不过,我也时常告诉学生们,生活不可能只有诗和远方,它一定有平淡与苟且。希望学生们即使尝遍人间冷暖,依然微笑着面对生活,依旧能常怀善良之心、感恩之心、进取之心。让生命高贵,让人生美丽。

"愿你出走半生,归来仍是少年!"

澎湃新闻:大家评价您是一个富有激情和感染力的校长,您如何看待校长的表达能力?

肖英:一个校长就是一所学校的名片,就是学校的形象代言人。校长的感染力和号召力来自于内心对教育的热爱,来自于对教师职业的敬畏。校长的表达力不是小事,而是校长素养的外显。校长的理念、思路需要通过表达才能传递给师生,师生只有愿意听讲,才有可能愿意思考,愿意思考才可能愿意实践,愿意实践才可能进步,这一切的逻辑起点在于充满激情的富有感染力的语言。为了做好每一次发言,我90%的讲话都配有PPT,力求让听众从我的谈话中感受到清晰、简练、生动和真诚。

(三) 后特色时代,打造高品牌辨识度学校

澎湃新闻:上戏附中今年获评上海市特色高中,在您看来,特色高中"特"在哪里?

肖英:我们学校的特色"特"主要表现在四个方面。培养目标上,我们把培养"德艺兼修"作为重点目标之一;在课程建构上,我们建构高中艺术综合主题课

程；在师资配备上，我们除拥有90多名本校教职工外，还有30多位来自高校的艺术专业教师，每周都会来我们附中上课；在资源整合上，我们是真正意义上的上海戏剧学院附中，拥有一切可供我们学生使用的大学资源；在校园环境上，我们有精美、温馨、充满艺术气息的环境等等。

**澎湃新闻**：获评特色高中之后，进入"后特色时代"，下一步有什么规划？

**肖英**：九所已命名的上海市普通特色高中都有一个共同点，那就是几乎每所学校都经历了8—9年的奋斗历程，特别不容易。我想，总书记说要走好"最后一公里"，对一个学校来说，最难的也往往是"最后一百米"，因为这会考验我们坚持到底的勇气和毅力。上戏附中准备在"后特色时代"挑战这最难的"最后一百米"，狠抓课堂教学，开展"课堂教学进阶行动研究项目"。落实已构建的课程图谱，改良教与学的方式，提高40分钟的课堂效率，尽力做到"短距离"、"高收益"，落实新时代普通高中育人方式改革要求。

——此文为2019年6月28日澎湃新闻对肖英校长的专访

## 十二、少年美则中国美

最近，探索将艺术类科目纳入中考改革试点的消息引发热议，尤其是在初中以下家长圈中激起巨大声浪。应试教育的指挥棒下，美育是否会变味？孩子如何平衡学业负担和美的熏陶？艺术这条路不好走，不应该是特长生的事吗？家长议论多多。

上海戏剧学院附属高级中学（以下简称"上戏附中"）校长肖英以30多年职业生涯中的观察和体会为美育"背书"，开解家长的顾虑，亲授如何让美育变为"时间的礼物"的心法。

(一) 美育入中考：定然带着"使命"而来

解放周一：近来，中考将迎来"大改革"的消息让不少家长很难平静，尤其是一听到要增加考试科目——还是更偏重于审美素养的音乐、美术，顿觉"压力山大"。作为一名高中校长，您听闻这一消息之后的第一反应是什么？

肖英：我听到这一消息之后的第一反应是，艺术类科目入中考，在某种程度上，是时代发展的必然产物。

我们平时一直讲"经济基础决定上层建筑"。今天，我们国家的GDP总量已经达到了世界第二。在我们脚下的这座城市上海，人均GDP也已经达到了一个相当高的水准。在这样一个时代背景下，人们对精神文化生活的需求一定会越来越高。所以，我们不妨先来思考这样一个问题：教育管理部门为何要把艺术类科目纳入中考？这样做的初衷是什么？

我想答案是非常显而易见的。那就是希望通过新科目的引入，进一步撬动既有的、更偏重文化知识传授的教育架构，帮助孩子们实现更全面、更尊重个性的发展。

还记得体育刚入中考时也曾引发热议，但这些年实施下来，大家应该看到这项举措是利大于弊的。至少到了初三阶段，所有学校、家长都不得不重视孩子们的体育锻炼，无论遇到多大困难，也会想尽一切办法，利用好手头的时间资源、空间资源、教育资源，做好规划和统筹，让孩子们更好地跑起来、跳起来、游起来。

尽管让孩子们动起来离真正实现体格强健尚有距离，但关键的一步已经迈出，且开弓没有回头箭，为了文化课提分随便征用体育课的现象估计是一去不复返了。

至于一些家长担心的应试指挥棒下"美育是否会变味"，我个人认为，大家大可不必过于忧虑。我曾参与高中艺术类课程标准的讨论，在我看来，以上海为例，既有的美育类课程（主要是音乐、艺术）内容非常丰富，几乎覆盖到了所有的艺术门类，涉及的知识视野也相当广阔。伴随着一轮又一轮的教学改革，美育类课程的设计者、实施者也一直在与时俱进，不断地把新的养分输入课程体系、改进教学方式方法。换言之，美育入中考必然有"本"可依、并非"从零开始"。

教育界一直有一种说法，叫作"考是为了不考"。同理，我们今天把艺术类科目放入中考，是为了未来有一天可以不再把它作为一项中考的科目。当美育入中考完成了对既有教育不合理生态（重知识轻能力、重文化科目轻素养科目等）的纠偏，当艺术启迪与熏陶慢慢成为一种文化自觉，成为所有教学活动中无所不在的一部分，作为一种功能性手段的考试就完成了使命，就到了可以退出历史舞台的时刻。

解放周一：在您心目中，美育应该是无所不在的，而不仅仅是一个科目？

肖英：是的。近年来，"项目制教学"、"全人教育"等理念之所以能引起广泛共鸣，跟时代的发展不无关系。而教育界普遍认为，未来的课程体系一定会逐渐打破科目之间的壁垒，更关注学生们的全面发展乃至全身心的发展，用更丰富、更开阔、更灵动的课程内容和教学手段滋养学生、提升学生。

我们完全有理由相信，随着社会的不断发展，人们对艺术、对体育的认识会发生变化，会有越来越多的人体会到审美活动、体育锻炼之于生活的不可或缺性。它们丰富了你的生活、升华了你的情感、调试了你的压力、提升了你的品位。最终，不管它们"考还是不考"，都已经成为大家生活中的一部分，成为一种不需要假借外力去推动的自觉行为，成为一种生活的必需。

### (二) 美有层次境界之分：美育亦然

**解放周一**：事实上，在上海，很多家庭在孩子幼时就开始重视艺术熏陶了。但在这一次的讨论中，依然有家长持有类似"艺术这条路不好走，让特长生去走就好了"这样的观点。关于美育的内涵和外延，不同认识之间的差异似乎挺大。

**肖英**：我做了30多年的教师，接触过很多学生，生活中也有养育自己的孩子的体验，我观察下来，对美有所追求恐怕是人的一种本能。例如，再小的小孩，如果今天穿了一件自己喜欢的衣服，就能开心很久，因为他会对美有天然的感受力和识别力。然后，当他走到大街上得到了别人的赞赏，别人跟他说"你今天好漂亮"时，他又能开心很久。

在经济匮乏的时候，人们只求吃饱穿暖。在今天，大家会研究美食文化、服饰文化、建筑文化等，人们对美的需求已经从大众到个性、从普通到精致。可见，美是有层次的，人的审美能力也是不断演进的。那么，作为我们教育工作者，需要去完成的一项工作，就是了解我们的学生，尊重他们所在年龄段的认知特点，基于学生的实际能力，基于教育规律和教学目标，设计适合教学对象的具体内容，让他们追求美的愿望得到保护和尊重。

**解放周一**：您在来到上戏附中前，曾在市三女中和市西中学工作。这两所学校都非常注重艺术教育，再到上戏附中也是如此。这段经历有否给您带来特别的思考？

**肖英**：我来到上戏附中快8年了，越来越热爱这所学校。随着实践经验的积累，我对艺术教育的育人价值也有了更深刻的体会。在刚来上戏附中的那几年，我发现这里的一些学生虽然数理化成绩还有距离，但他们在艺术造诣、即兴表达、创新创意上有明显优势。此外，我还发现他们有很明显的性格优势。我们

<u>行，以知趣</u>
我的教育叙事

学校有艺术班,也有普通班。艺术班学生明显阳光自信,让人不禁感叹,这就是青春少年该有的样子！同样地,这些观察让我对自己过往的教师生涯也有了新的反思。

当我们运用教育戏剧的"七大技巧"（即角色扮演、教师入戏、建构空间、思路追踪、时空转换、论坛剧场、戏剧游戏）进行育人实践时,我们越来越发现,其核心理念与当前"双新"（新课程、新教材）所倡导的"真实情景下培养学生解决问题的能力"、"基于问题促进学生自主探究"等理念是完全契合的。

教育家、心理学家约翰·杜威曾经说过,戏剧教育可以被视为一种"全人教育"。我们的实践经验则证明,戏剧教育包含了语言、表演、公众演说、编导、艺术赏析等众多重要的教育内容,能够提升孩子们的综合能力,对他们的自主学习、语言表达、团队合作、思考想象、创新思维以及社交、领导等能力的培养,都具有不可替代的优势。

基于这样一种认识,上戏附中的艺术教育探索大致可以总结为3个关键词：全息化、有梯度和个性化定制。一方面,"全息"原指立体影像技术,"全息化"教学指的是弥漫在校园中的"以戏育人"的育人场域。在这样一个场域里,学生的学习经历在时空中延展,在有限的学习经历中,激发感悟与思考,形成判断与选择,演绎从不确定到确定、从确定到不确定的成长规律,探索无限的人生可能。另一方面,基于"全息化"的核心理念,我们重新梳理了既有的必修课程和选修课程,构建了以定制课程、菜单课程、资源课程为划分的学校总课程图谱。这些有梯度、个性化的定制丰富了课程的宽度与厚度,也帮助学生们实现从"欣赏美、感悟美"到"体验美、探究美"的成长。当学生在某个专业方向的实践课程中表现优秀且有志于进一步修习时,会有更注重专业基础能力的课程,引导他们进一步提升专业基础水平,鼓励他们在模仿的基础上挖掘独立创作艺术作品的潜力。因此，学生们在深度体验中进一步创造美，并期待将来能够引领美。

(三) 美育最好的朋友：是"无功利的愉悦感"

解放周一：上戏附中有一种很有特色的教学安排——既有艺术班，又有普通班。在这样一种教学安排下，如何既尊重差异，又不让差异影响到不同学生之间的个性化发展？

肖英：其实，这也是我们在参评特色学校时，专家们经常会问的一个问题。我们其实也可以把它们合并到一起，变成都是艺术班，但是我个人并不希望这样。先说两类班级同时存在的一个合理理由。我们学校的中考成绩有两道分数线，艺术班一道，普通班一道。前者对学生的综合素质要求更高，在分数线上也略高一些。但等他们入校以后，客观上往往会出现三种情况。其一，考进艺术班的学生，在后来的学习过程中可能会发现自己未必适合这一选择。他来了一段时间以后，发现艺术学习和文化学习的同步双轨学习对他来讲很难。其二，中考时考入普通班的学生里面，有相当一部分，经过学校课程的熏陶后，很想进入艺术班学习。当然，学生自身也通过努力符合了相应的要求。那么，双轨制就为这两种学生的双向流动，提供了可能。其三，如果一个普通班的学生，他本身暂时还没有发现艺术上的潜质，但是到了学校以后发现自己好像很喜欢，那就可以通过选修课来丰富自己的体验。结果就有不少普通班的学生，后来也去考艺术类的院校，他们在艺术领域的潜力被挖掘了出来。

但必须声明的是，在我们学校，除了专业课的师资，普通班和艺术班在师资上是完全对等的。比如一位语文老师带两个班级，通常来说，一个是艺术班、一个是普通班。

解放周一：存不存在一种情况，就是在某个阶段，艺术班和普通班的学生之间,会明显感到自身与对方的不同?

肖英:我曾在与学生交流时,特地和普通班的学生交流过这个问题。我说,你们在学校里会不会有"不被重视"的感觉。结果他们都回答我说"从来没有"。

反过来,他们会与我分享,"艺术班的学生都很放得开,让我觉得自己也应该放得更开些""看到艺术班的同学那么自信地展现自己,我觉得我也应该更勇敢地尝试"。曾经担心的情况并没有出现,反而是出现了一种更良性的互相启发、互相激励的状态。

这给我的启发是,当我们全心全意地用无所不在的细节去打造一个学校的艺术教育氛围时,也就是我们所说的"全息剧场",每一个孩子都能感受得到,并以自己的方式从中汲取营养。

我观察过很多学生,发现当孩子们在琴键上、在舞台上、在创作中自由翱翔时,全身的愉悦细胞都被激发了。

我认为教育就是一种打开。当我们给予孩子更开阔的视野、更大的成长空间,他们身上就具有了更丰富多样的可能。当孩子们觉得开心、有兴趣,他们的学习自然就有了动力,他们在每一个平凡的日子里也更容易感受到幸福。

很多艺术家的亲身经历曾启示我们,美育最大的敌人是功利心。那么,我想说的是,美育最好的朋友大概就是"无功利的愉悦感"。

美不是知识,审美不是技能,但美育可以晕染生命的底色,成为生命历程中不可以轻易抹去的痕迹。且让我们和孩子们一起不慌不忙,慢慢来,尽情享受审美活动可以带来的那种纯粹的愉悦。

解放周一:前不久,您在一次关于戏剧教育的演讲中,提出了"少年美则中国美"的命题。可否说说您心目中那位"更美的中国少年"是什么样子?

肖英:梁启超先生在一个世纪前就已畅想,"少年智则国智,少年富则国富,少年强则国强"。在提倡美育的当下,结合我自身的教育经历,我很想说"少年美则中国美"。

美育要从少年抓起,在教学中渗透,在社会中认可,在时间中沉淀。这不仅是考试制度的完善和进步,更是一个民族健步成长、全面发展、自信立于世界之林的底气。

在我的想象中,那位"更美的少年",首先,他的外在一定是阳光而灵动的。阳光且灵动的孩子不会不漂亮。其次,内在,我认为他的心中应该是有大爱的。无论他愿意学习什么,他内心都是有追求的。再则,他是有抱负的,不仅仅是为自己,也愿意为他者、为这个世界做一点事。就是说,你自己一个人幸福恐怕还不行,你还得带给别人幸福,哪怕你的影响只是局限在一个比较小的范围内,那也是一种影响。

解放周一:如今,受"美育入中考"的影响,一些孩子尚且年幼的家庭也开始思考自己在美育方面的规划。如何规划家庭教育中的美育,您有哪些经验可以与大家分享?

肖英:蔡元培先生曾说:"通过美育,可以提升人们的趣味和情操,树立美好的人生观和世界观。"既然是树立人生观和世界观的大事,就应该在孩子成长的关键期循序渐进地培养。

这期间,要注意孩子的年龄特点,小的时候可以广泛涉猎、不求甚解;等长大了些,家长就可以有意识地观察,尊重孩子的个性和需求,因材施教,培养他们对美和艺术的爱好、才能。当家长和孩子一起观察美、体验美时,请一定把自己的"频道"从"成人本位"切换到"孩子本位"。请和孩子一起沉浸在审美的情境中,尽情感受"美"带给你们的愉悦与美好。

——此文为 2020 年 11 月 16 日《解放日报》对肖英校长的专访

## 第六章
## 撰文品趣：我的学习札记

冯仑说："如果一个人喜欢历史和哲学，心就会变得强大无比。因为历史讲永恒，是说时间上的永恒；而哲学讲无限，意指范围的无限。有了永恒和无限，别人无奈时，你就会释然；别人恐慌时，你就会勇敢；别人无知时，你就会清醒。"无论在哪个学校工作，我与学校图书管理员的关系一直很好，原因是我喜欢图书馆。或者说，我不仅喜欢图书馆，还喜欢买书、藏书，因此在我的家里或学校办公室里，随处可见的都是书。其实，有些书买了根本没有时间看，但是放着也开心。我还有一个特点，看到好的书还特别喜欢和大家一起分享。这些年，我"逼"着我们的行政团队，"逼"着青年后备干部训练营的教师看了不少书；另外，这些年，囿于自己的视力，我又开始听书，"得到"是我常常使用的APP。下面，我和大家分享几本精读的书以及教育随笔。

一、《清华管理学课》学习札记

这是我在"得到"APP上听了时间跨度最长的一门课程。宁向东老师是清华大学经济管理学院教授，博士生导师。这门课程一共有316讲。分"人与行为""领导力""团队""指导下属""组织发展""企业文化""客户""战略""计划与变化""运作""业绩""激励""控制""转型变革"14个模块内容。我特别赞同这样一句话:"管理学不只是管公司的学问,更是管资源的学问。人人都需要学管理。"宁老师重新定义了管理的核心任务:破局。

"美国哈佛商学院现在最贵的教授是克里斯滕森。在他的管理课中。总是请学生思考这样的问题:如何乐在工作?如何与家人朋友常保幸福?如何坚持原则、保持正直?这才是掌握管理学智慧的最终目标:让你的生命更有意义。"

管理学的智慧也早超越商业世界的边界,走进了每一个人的生活。这点我在听第一讲"破局而出的智慧"时就深深感受到了。回忆自己在2013年3月来到上戏附中的那一刻,我一直想:破局的切入口在哪里?学校的发展从哪里入手?我经过反复思考确定把戏剧艺术特色做实做出品牌作为上戏附中新一轮发展的突破口。在获得上海市特色高中称号后,学校进入到了"后特色时代",我们开始聚焦于学科教学质量的提升上,力求真正做到普通中有特色,特色中铸品牌。

在"领导力"模块,宁向东老师的第28讲提出了"凭什么你当头"的话题。答案是:"自信乐观、诚实正直、自我驱动、勇于担责。""凭什么你当头"这个问题我曾无数次问行政团队和问自己。为什么是你做行政领导?我可以承担起一所特色高中校长的职责吗?在我看来这十六个字中最难的就是"勇于担责"。

宁向东老师说:"什么是真正的勇于担责?第一,就是绝不轻易承诺,但一旦承诺了,就要全力以赴,对事情的最后结果承担责任。担责不是简单地把责任扛到自己肩上,而是扛那个结果。第二,当事情出现了事先没有预料的因素的时候,结果超出了自己可以掌握的范围的时候,首先想到的就是如何尽最大的努力,把事情善后。第三,从心底里不要有'我已经尽力了'的念头,即使有,也要把它压在心里。这样,才能冷静地分析客观原因,诚实地作出解释,而不是简单地把责任推给其他人,推给命运,也不要简单推给自己。"这段话说得多么贴切。

在讲了勇于担责的三层意思后,宁老师说,管理者要努力建立起"担责文化"。如何建构担责文化呢,宁老师给出了简化清单:

选择具有担责意识的人担任骨干,学会信赖他们。调动他们完成任务过程中的参与意识,这样才能担责。杜鲁门厉害的地方,就是他在当选总统之后,他的内阁成员都是第一流的干才。

勇于担责,是指领导者要深入到运营层面。管理大师博西迪和查兰写过一本很著名的书,叫《执行》,其中有这样一句话:"如果有一份工作,既不让你亲自动手,又可以让你享受所有的乐趣和荣耀的话,谁不想干呢?"所以博西迪和查兰说:"执行是领导者的工作。"

承担责任的最好办法,就是全盘接受所出现的问题,尽快摸清情况,建立下一个目标。沉浸在所出现的问题之中,不是真正意义的担责。担责的一个很重要的方法,就是要及时摆脱问题的阴影。而摆脱问题阴影的最好方法,是用一个新的目标,覆盖原有的目标。

在达成新目标的过程中,要通过分清轻重缓急,解决和消化原有问题遗漏下来的尾巴,对于暂时无法解决的问题,要坦诚说明,给出时间表,对于老大难问题,要懂得借用资源,合力突击。

宁向东老师的管理学课的第 96 讲"企业文化:员工之心、企业之智、老板之行"中这样说:"我自己从来都是觉得在中国企业里面,由于领导者的独特地位和强大的影响力,由于上行下效的文化观念,企业文化就是老板文化,就是体制文化。而墙上贴的,并不一定是真的,有些就是装饰品,当不得真。我觉得,每个人都是环境的产物,谁也不傻,有什么样的老板,有什么样的同事,大家就在什么环境下,怎样做事,这些都是一眼就看得清的东西。在这样的情境下,决定大家怎么看待自己、看待工作、看待自己所在的组织,不是那些墙上的口号,而是在工作过程中形成的观念。这些观念,可能没有经过总结提炼,没有写在墙上,但是它决定了组织成员怎样想,怎样做,这就是实实在在的企业文化。"

这些年上戏附中所形成的学校文化也是融在大家血液里的:拼搏、向上、合作、共生。让想做事的人有机会,能做事的人有平台,做成事的人有地位。这种文化已经成为大家的共识。

宁老师说他去企业喜欢看三个地方:看老板秘书的脸,看卫生间,第三就是看会议室。为什么是会议室呢?"我喜欢看会议室里面,是不是有白板、黑板,白板前有没有笔,笔里有没有水。如果板前没笔,或是笔里没水,白板又干净得不得了,一看就不经常使用白板。我一般的直觉是这个公司的业务讨论往往不会有深度,因为我所经历的深入讨论,都是带着数字,带着推算的。如果一个组织不喜欢用白板说事,一般来说,讨论和思想交锋的深度,是有限的。"

当我听到这个点时一下子有共鸣。我也是一个讨论问题喜欢用白板写的人,也是一个喜欢带着团队边写边画边讨论的人。在构架学校的课程图谱时,在思考学校的课题时,在给青年教师培训时,永远要在PPT边上准备白板。这么一个习惯居然和宁老师有高度合拍点,让我第一次发现这一行为的价值。

当然听是一种学习,要把学习融到工作实践中还需要悟性与勤奋。

在写这本书时我欣喜地看到上海市课程领导力项目年度总结培训时主办方请来了上海大学博士生导师任剑婷女士讲"如何做好项目管理",看来跨界学习已经成为大家的共识。我通过听直播发现好多专用词语与宁老师的课程一致。

## 二、《赋能领导力》学习分享

2019年暑假,我要求所有行政人员一起阅读田俊国老师的《赋能领导力》一书,并在开学之际与全校老师分享读书心得。我把教职工分成两组,行政分享限时15分钟。当天,我整理出大家的分享内容,主要聚焦以下几个关键词:

### (一) 故事思维

魏丽娟老师、骆雁琳老师和王婷婷老师都关注到了"故事思维"这个关键词。王婷婷老师说:"当下热映的《哪吒》引发了我关于故事力的思考。站在我的角度,故事力是什么?有什么作用?如何讲好一个故事?我们总是本能地接受自己品味出来的道理,拒绝别人向我们灌输他的道理,却忘记了好故事胜过百万雄兵。"

如何开发自己的故事?我认为主要有三点。首先,我是谁?这个问题可以传播自己的价值观。其次,我们是谁?这个问题可以定义、传播团队的价值观。最后,我们将去向何处?这个问题可以描述、传播组织的愿景。

讲好一个故事可以从以下几方面入手。在主题思想方面,需要考虑素材取舍、故事架构、法则、背景、冲突、选项、结果、评价等因素;在叙述策略方面,需要考虑铺垫、悬念等因素;在细节刻画方面,需要考虑精神体验、想象力、画面感、同频震动等因素;在情感渲染方面,需要考虑语音语调、肢体语言等因素。

### (二) 迭代思维

程勋功、魏丽娟、王文涛等老师都谈到了"迭代思维"。魏丽娟老师说:"迭代思维对学校特色创建、课程建设、活动设计等具有启迪意义。"迭代并不意味着完全抛弃已有的做法,而是在模式持续优化的过程中积极寻求新的突破。就拿现在的新学生发展中心而言,它是整合原有的学生发展中心和艺术管理中心而成,但其职能绝不能成为原来两个部门的叠加,而更应当从融通、融合的角度进行思考,在学生常规管理上再将艺术专业课管理和班级特色创建纳入班级管理中;在学校活动组织中凸显戏剧艺术特色,并从可持续、可辐射、品牌化的角度建构活动,力求组织有层次、有创新的活动。本学期我们还借鉴"幸福积分"的积分评价方式,大力推行"码上幸福"德育课程评价体系,以积分方式对学生进行非学业评价,希望以此推进学生生涯辅导和学生的个性化发展。这些变革都是在迭代思维影响下提出的,也期待着能够在实践中持续迭代,从而对学生生涯指导和个性化发展起到积极作用。

(三) 复盘思维

我和魏丽娟、王文涛老师都谈到了"复盘思维"。复盘包括方法论复盘与价值观复盘。方法论层面复盘的目的,是提高学习者在今后遇到类似情景时的反应能力。价值观层面复盘的目的,是使学习者在今后遇到类似情景时,能够帮助他们做出正确选择。快速反应不是第一目标,在关键时刻能够做出正确选择才是第一目标。

正如作者所言:"从经验中学习的能力是人与人最大的区别之一。"如果一个人能把复盘当成生活和工作的习惯,他的人生就开始迈向高尚和从容。正如查尔斯·汉迪所言:"只要对过去经历的事情加以反思,学习就发生了。"对自己深度参与的事件进行深入反思,是最有效的学习方式。因为,一个人若能从直接经验中归纳、总结出某种规律,并在未来的实践中运用它,这便是人类学习的最精要之处,也是最能体现人类智慧的地方。复盘的确是很好的知识整理过程,要善于利用复盘思维整理心灵的花园。只有学会持续运用复盘思维、优化决策的方法,"赋能领导力"才算是真正落到实处。

(四)幸福曲线

在《赋能领导力》一书中,田俊国老师还谈到了"幸福曲线图"。徐嘉老师、我都和大家分享了这个内容。我创造性地围绕幸福曲线图中的一个点——"麻木"展开了研究。如果"麻木"后是"顿悟"会怎么样呢?如果"麻木"变成了"熟练后的麻木"又将是一个怎样的结果呢?打破习惯思维、走出舒适区后,我豁然开朗。为此,我还让老师们做了一个实验,让大家在热烈的气氛中感受到了思维屏障的严重性。伴随着学校进入"后特色时代"的步伐,面对着高一语文、历史、政治新教材的推进,我们必然面临着许多新的情况。因此,我们要归零思想、重新出发,为团队、为个人赋予新的能量。

我认为,举办读书分享会有三个目的:第一,行政领导必须是读书人、学习人,必须要与时俱进,学习讲故事,学会表达;第二,通过同课异构,我们要构出不同的精彩,构建学校的学习共同体;第三,形成开放、进取、向上的学校文化,为"后特色时代"开好局,迈好步。

## 三、《小米组织调整的8个关键词》学习分享

2019年5月26日,学校行政、两长(教研组长、年级组长)与后备干部相聚一堂讨论分享。

(背景)"上海市第三批特色普通高中命名大会"已经过去三个星期了,正式

挂牌成为"特色学校"的骄傲喜悦还没有淡去,学校里已经全面开始思考:"后特色"时代,学校该如何发展?这段时间,《理解小米组织调整的8个关键词(上)》《理解小米组织调整的8个关键词(下)》两篇文章在上戏附中的微信群内争相转发、研读、讨论,一个互联网企业的转型会给处在发展关键期的上戏附中,带来哪些思考和借鉴呢?相信充分的思考和讨论,一定会让我们逐渐看清上戏附中未来的发展方向!

学习分享摘录:

"应时而变,在一个阶段中保持正确性"是我的收获。这一变革直面小米公司发展新阶段面临的新挑战,一方面把经验丰富的高管集中在总部的核心工作上,加强总部职能,以使他们从战略和管理层面为年轻管理者引路护航;另一方面又为一线管理者的成长提供空间。这一组织架构的调整为职工们创造出了新的管理岗位,也创造出了上升通道,有助于形成职工们的组织意识。学习之后,我特别佩服小米管理层面对新形势应时而变的勇气,同时也深感保持阶段性正确之不易。小米公司从扁平化管理转向层级化管理,其中也经历过诸多的纠结,但最终还是选定在新阶段进行这样的变化。正因小米管理层始终秉承着"保持阶段性正确"的思路,摆脱了经验主义的牵绊,不僵化、敢改革,才能在那个时刻作出如此具有前瞻性的决定。

小米公司组织架构调整的思路对于我们学校现阶段发展也有一定的借鉴意义。想当初,我们从艺术办公室收回招生权,过程虽然艰辛,但却可以借此进一步梳理学校的招生工作。在厘清思路之后,学校的招生工作稳步施行,一步一个台阶,循序渐进地达到现在的高度。近年,我们学校又开始实行五个中心+扁平化管理的组织架构。例如,我校在对课程与教学的研究中,发现了科研的先导作用,并因此整合了学校的课程、教学以及科研等部门,推出课程与教学中心。而

行，以知趣
### 我的教育叙事

在之前五年的发展中，无论是上海市课程领导力项目还是上海市特色普通高中的评审，不得不说都是得益于对课程的深入研究；鉴于学校的戏剧艺术特色，专门设立出艺术管理中心，加强与外聘专业教师的联络，保障艺术专业课程的质量，这是基于当时情境的阶段性正确做法。

而今，经过艰难的创建工作，我校已实现弯道超车，正式被评选为"上海市特色普通高中"。在后特色时代，我们一方面必须大力提升教学质量，形成上戏附中独有的课堂教学模式；另一方面，必须深挖戏剧艺术教育的内涵，尤其加强对戏剧育人的研究。两手都要抓，两手都要硬。这样的现实客观上要求各部门加强协调和工作的整合，防止工作的冲突和重复建设，又促使我校在组织架构的调整上必须深入思考。

——魏丽娟老师

小米虽然叫小米，但它已经是个名副其实的大公司了。上戏附中现在也是市教委正式挂牌的"上海市特色学校"，这个沉甸甸的称号，时时刻刻在提醒我们全校师生，要调整对自己的定位，要对自己有全新的认识。在学习工作中，我们也要对自己有更高的要求。

那具体该有什么样的认识、什么样的要求呢？这就诉诸于"激励机制"的引导，这是需要智慧的。无论管理模式是扁平化的还是层级化的，都各有其优点和道理，而对我们这一个不到百人的组织，架构的选择可以更灵活。但是不管哪一种，我认为都应该清晰化和精细化——通过科学的激励机制，规划新教师、新干部的发展道路、营造学校的文化、提高管理效率，促进学校后特色时代的可持续发展。

——王婷婷老师

纵观小米组织变革的八个关键词,其本质是调整生产关系以适应生产力发展的一种体现。这方面,不仅是一个大公司要做,上戏附中也要做!

从开学初的第二曲线到现如今小米组织架构调整的学习,附中始终在以超前的思维引领全校师生弯道超车,从各方面提升全体教职员工的思想,为迎接新的机遇和挑战做好准备。不论是通过组织驱动来保证变革发展的稳定,还是通过不同的激励方式来保持特色发展的活力,附中的健康、可持续发展离不开每一位师生思想上、行动上的进取和奋斗。

——冯抒阳老师

## 四、教育随笔:音乐剧为什么越来越受青睐?

历史上第一部可以称之为音乐剧的是约翰·凯的《乞丐的歌剧》。这部剧1728年在伦敦首次登台亮相,把当时的流行歌曲穿插其中,推动故事情节的发展。这种耳目一新的表演形式被大家称为"民间歌剧",少了高冷,接了地气。

直到19世纪后期,制作人乔治·爱德华在伦敦盖伊特剧院上演的作品中出现"音乐剧"这一官方说法,"音乐剧"在伦敦开启了新篇章,这种艺术形式开始流传于世。

1893年琼斯创作了一部熔戏剧、音乐、歌舞于一炉的作品《快乐姑娘》,剧目的故事生动连贯,表演中融入古典舞、民间舞、话剧表演等多种因素,配以通俗易懂的音乐,引起了极大的反响。

音乐剧也常统称为"百老汇音乐剧",足以看出美国纽约的百老汇基本等同于音乐剧的宇宙中心。美国纽约的白老汇和英国伦敦西区是全球音乐剧的双子塔。《猫》、《悲惨世界》、《歌剧魅影》、《西贡小姐》并称(中国人称)世界四大音乐剧。

这些年在国内的演艺市场音乐剧作品越来越多，也越来越受青睐，例如学生艺考，希望考音乐剧专业的人也越来越多。我采访了几位学音乐剧的学生，他们告诉我：

A同学：我觉得音乐剧应该是戏剧性与音乐的完美结合。就是如果把看戏看作是走入别人的一生，观众在短短几个小时内通过音乐与故事体验到的共情感和内心的释放感是要更多的。再者加上现在国内音乐剧开始普及，越来越多人通过综艺、舞蹈，认识了解到音乐剧，开始喜欢音乐剧。

B同学：就好比话剧能因为一段经典台词被人记住，很多音乐剧是会因为一个经典唱段被人们记住，我因此对这个戏、这个专业开始喜欢。我觉得因为音乐剧有话剧没有的东西，观众的感官上会更加享受一点。而且，最普通的话剧中，也有音乐来烘托气氛，音乐剧的音乐起到的作用就更加大了。

C同学：我猜大家喜欢音乐剧是首先喜欢的音乐。很少有人能把对音乐的这种喜欢带进剧场吧。但是进了剧场之后，其实就能发现这些音乐如果在剧情的推动下演绎的话，更有味道。那么进剧场多的观众就喜欢又能看戏又能听歌这种感受吧。

随后我还采访了上戏教授范益松老师，他告诉我：音乐剧是一个新引进的戏剧样式，形式新颖，内容贴近普通人的生活，朴素真实，容易引起老百姓，特别是年轻人的认可、接受和共鸣。它的形式活泼生动，在传统话剧台词之外又加上了歌唱和舞蹈，风格又是丰富多彩，不千篇一律，传统、现代，甚至后现代的元素都包容其中。中国的戏曲也是唱念做打都具备，所以深得百姓的欢迎，而音乐剧除了这个同样的优势以外，又以它的现代性和接近年轻人，以及教育性和娱乐性兼具的特点赢得了观众的欢迎。随着它创作的发展和深入，今后的前景相当可观。

艺术在于创新,推陈出新是必然的趋势。当我怎么也看不懂B站跨年晚会的内容时,我知道自己老了;当我第一次听说"高管教练课",我知道自己落伍了。我们每个人不能倚老卖老,总觉得自己走过的桥都比你走过的路多,这时代不是比长度而是比高度和宽度。艺术也一样不能总说这是鼻祖,那是瑰宝,而是在不忘初心基础上要与时俱进。时代呼唤新的艺术形式,音乐剧在中国大地的蓬勃涌现证明了这一点。

### 五、教育随笔:一次"性价比"极高的接待

在2020年接近尾声的时候,我认识了非常崇拜的长者——赵其坤老师。赵老师带着12月1日内蒙兴安盟高中骨干校长高研班的10位校长来到我们学校,在参观校园后,我与10位校长们交流了题为"在不容易中造就不一般"的主题发言。发言后一位校长说:你今天发言主题是在不容易中造就不一般,我听完以后觉得是——不一般的女校长造就了不一般的学校。让我感动无比。

随后赵老师做了非常精彩且有深度的点评与指导。因为精彩所以记录一下,分享给大家:

校长是带着使命感来到上戏附中,在学校没有特殊条件、空间局促、资源匮乏的情况下,把学校打造成一所精致、精美的校园,处处都浸润了校长办学的智慧。校长通过抓住年轻人,对年轻人进行锻造培养,让学校成为了一所获得领导认可、同行认可、学生认可、家长认可、社会认可的特色普通高中的标杆。今天我们探讨美育,那究竟什么是美呢?

行,以知趣
我的教育叙事

(一) 什么是美

1. 美在形式

形式感是美的,学校每一个细节、每一个环境、每一个教室、每一个空间是美的。美在形式,身在其中的家长学生老师都能看到。

2. 美在理念

古希腊柏拉图说:"美是什么?美在理念。"一所艺术特色学校理念要美。不可一味地复制,美在理念。肖校长对艺术教育求证,具有先进的办学理念,寻找办学的真谛。因为美在理念,不崇高不可以办到艺术特色高中。

3. 美在典型

戏剧美的特点。戏剧是典型的,它把生活中的美搬到舞台上,它在讲故事,浓缩了典型环境,用舞台讲故事,浓缩了典型化。我们今天看到上戏附中地方虽小,但是能将空间用足,校长的智慧正是如此,把学校的空间利用好,并且都用在了为学生发展上。我们知道学科育人、活动育人、环境育人。艺术类特色的学校,把所有的空间用好、用足,用在了学生学习、活动中,空间还可多功能地使用,将有限的空间拓展资源利用好,为学生服务好。

4. 美在关系

办学校,若师生关系好、家校关系好、学校主管部门与学校、学校与社会关系处理好,那么家长将孩子送到学校,就放心。特色学校正是"美的关系"体现。

5. 美在生活

著名美学家车尔尼雪夫斯基认为"什么是美?美在生活"。戏剧所有的剧本来源于生活,来源于高尚的生活。上戏附中将幸福教育、空间的开发、戏剧品牌资源打造,比如仿真实验室,场景的模拟就是其观察生活、发现了生活的美,包括将自然、社会中人与人之间的关系在生活中挖掘了出来,培养学生的艺术思维、学习思维、表达思维……

美处处都有,时时刻刻都有,就看你会不会在生活中发现美。假如能在艺术教育和审美教育中将形式、理念、典型、关系、生活都处理好了,学校的美育就有载体,将学校的美育抓稳抓实,就能处理好真、善、美的关系。

(二)我对美感的理解

1. 美感是有生理基础的

在青少年身心发展过程中,所有的感官在人的大脑中形成了意识。审美的情趣、兴趣、爱好、通感、联系、迁移、归纳、推理……都是遵循儿童青少年生长发展机能的。所以高中生16—18岁青春发育需要心智成熟的审美教育。中共中央办公厅、国务院办公厅《关于全面加强和改进新时代学校美育工作的意见》是看到中国教育早已不是没有书读、学校很多,而是社会希望看到更多的优质教育,而到如今,我们希望孩子们能够接触差异化教育、个性化教育,以致能培养出特殊的人才。

上戏附中根据高中学生的年龄特征,根据学生需求开展设计校本化的学习资源、空间利用和对老师们的培养,这些都是符合教育规律的,肖校长在这点上把握得非常准。

2. 美感是有心理基础的

为什么人人知美?青年人爱美比爱财更重要。为什么人喜欢优美的环境?为什么人穿的服装要得体优雅?为什么喜欢空间环境?感受舒服。又为什么去超豪华的五星级酒店?因为愉悦,人很舒畅。为什么人愿意投入那么多钱购买

行，以知趣
我的教育叙事

艺术作品或高价购买奢侈品？买的是审美的愉悦，买的是品牌，品牌背后凝聚的是人类极高的创造性智慧。这就是心理基础，人对自然本质力量的追求，心理活动包括感知、想象、情感、理解，培养学生未来的知美、爱美、会美。

上戏附中办学理念是"幸福教育为幸福人生奠基"。肖校长一再阐述："幸福是要有能力的。"我认为，幸福是一种态度，幸福更是人生的境界。将好的经验、智慧分享，共享，以使得更多的地区能分享到我们的经验、管理的智慧，这就是境界。幸福是一种能力、一种态度、一种人生境界。

3. 美感是有社会基础的

中国教育发展到今天，实际上人们期待着原创性人才，培养原创性技术的发明创造。学校要树立创造性志向，开展创造性活动，培养创造性人才。学校通过课程、活动、环境来引导学生树立志向和理想。艺术给孩子们创造动手的机会、表演的机会，一个孩子一生当中，能在高中阶段，享受走上舞台表演，接受别人的掌声喝彩，接受老师和社会大众的悦纳和表扬，是多么美好的事情！美感的社会基础是今天社会的发展、国家的发展、城市的发展、地域的发展，全社会期待着学校要加强美育，给孩子们发自内心创造、体验、展示的机会。高中教育要为国家输送有志向、有能力、会生活的劳动大军（原创性人才）！

以上这些话都是赵老师在听我汇报时边听边写的，足以证明美、美感、美育，赵老师的研究是非常深刻的，已经到了信手拈来、脱口而出、出口成章的自由境界，不得不让人佩服。

随后还在我的恳请下，赵老师为我的书名写下了"行以知趣"四字大字，如此珍贵的墨宝让我实在感叹这是一次"性价比"极高的接待。每次的接待工作看似付出时间和精力，其实都是一次次的学习。与大家、名家过招就是爽！

## 六、教育随笔：静待一朵"颓花"盛开

他是一个物理可以考100分满分的学生，他是一个中考成绩不错的学生。但是他也是一个老师眼里上课一直睡觉，作业也不能按时交的学生，教师、家长都认为是晚上游戏玩到很晚的学生，也就是大家眼中的"颓废"学生。可是真是这样的吗？

一个阳光明媚的午间我与他晒着太阳，聊了一个小时，结束时问他："这样聊开心吗？"答："不是开心而是有收获。"聊了之后他的班主任告诉我："昨天和今天，能看得出来，他已经开始有意识地调整自己了。"这不禁让我欣慰了一些。

就暂且称他为"小李同学"吧，我们在一小时内聊的内容整理如下。

我：你白天为什么这么困，老师们说你晚上打游戏到很晚。

小李同学：（停顿好久）

我：为什么问你问题要好久才回答我？

小李同学：因为我在组织语言。

我：是希望说我要的答案？

小李同学：不是。是想应该怎么表达。

我：有点懵。

小李同学：我在做一个实验，计算我晚上睡多少时间白天可以不困，结果发现两者没有相关性。玩游戏是因为睡不着，也因为这是自我对话的一个自由空间。

我：我在想，如果不是睡眠时间问题的话，有没有可能是健康问题？是不是缺血？从科学的角度来说，你可以去医院看看。

行，以知趣
**我的教育叙事**

小李同学：老师，我觉得我有社交障碍。我不是和同学关系不好这种，从小到大和同学关系一直不错，就是没有什么话需要交流或者觉得交流无意义。

我：我听其他老师对我说，你经常戴着耳机，这是为什么呀？

小李同学：我觉得外面太嘈杂，没有什么意思。

我：你听说过"自闭症"吗？

小李同学：我初中有同学是自闭症的。

我：我告诉你我的理解，自闭症孩子都是绝顶聪明的父母生出来的。他们是在人类进化中比别人快了一点点，自闭症孩子往往觉得语言是多余的，是要用心来感受大千世界的。我想你可能也是这样，觉得你看我眼神就应该知道我在想什么了。

小李同学：我也这么觉得的。（这时他表现出我对他的一丝信任了）

小李同学：我会想很多，我常常觉得自己是隔着玻璃在看世界，看周围。我也觉得不要想这么多，但是就会有越来越多问题浮现在脑子里。

我：你是一个绝顶聪明的孩子，但是外面的传统教育只能满足中等智商区间的孩子，智商特别高或者特别低的都解决不了，所以你会觉得周围人常常不能理解你是吗？你和父母可以沟通吗？

小李同学：是的。我和妈妈可以沟通，和爸爸很少沟通。因为他太主观了。

（后续我们又接着这个话题聊了下去）

……

我：我们今天就聊到这里好吗？

小李同学：我还有一个问题（看来他还想和我聊）。关于价值观的问题我一直在思考。

我：你对于你父母就是最具价值的，所以你要好好地成长。至于对社会，你的价值我觉得是通过做好自己应该做且可以做的就是最大价值了,你觉得呢?

我:而且我看你身体状况,需要多晒太阳,以后注意经常晒太阳哦,太阳可以让你愉悦,让你长身体。

小李同学:太阳好神奇。(又思考了)

我:你有没有发现自己有个无意识动作:拳头握紧或者手里拿着东西。这是你缺乏安全感的表现,以后要试图练习握紧-放开-握紧-放开好吗?

我:下学期你来上我的拓展课,我们一起来探讨你心中的无数个问题好吗?

此时小李同学已经开始有笑容了。

面对小李这样的同学我们常常会觉得是一个"麻烦",他自己也会越来越怀疑自己而不自信,时间一长容易焦虑和抑郁。随着时代的快速发展,教育人面临的学生情况越来越复杂,我们可以做的有哪些呢?

(一) 倾听

用教师的爱、长辈的爱慢下来听一下他的心声。但凡教育,一定内含着倾听。不论是对于传统的"传递式教育",还是对于现代的"协同式教育"而言,都是如此。然而,长久以来受传统思维习惯的影响,人们有意无意地将倾听限定在学生对教师的单向倾听方面。当前,随着对传统课堂教学诸多弊端的不断反思,人们越来越认识到尊重学生主体性的重要性,从而重新发现了"倾听"的教育价值并将其置于重要位置。据日本教育家佐藤学观察,席卷全球教育的"宁静的革命"正在发生,它以"合作学习"为主要特点,其核心就是"倾听",强调师生之间、生生之间都应为相互倾听的关系。我在和小李同学的对话中,一直保持着倾听的姿态,在无数个"小李同学"身上,我倾听到了他们内心所想、所思。

### (二) 专业

用教育心理学的知识与他对话,试图引导他、帮助他,绝对不能否定他:在以往对于"问题学生"的教育过程中,常把教育的关注点放在了他们身上的问题和不足的地方,并不经意给他们贴上"有问题"的标签,而这样的标签在无形中给了学生和教师消极的暗示,这样的暗示不利于学生心理和行为的转变,同时在一定程度上也不利于教师对这些学生的教育和转化。在小李同学身上中,基于人本主义的教育观念,我从积极的角度出发将"问题学生"定义为"高需求学生"。"高需求学生"的定义既是对心理行为有差异学生的具有积极期待性的定义,也有助于教育者把注意力集中在学生独特的特性上,帮助教育者辨认和强化孩子的积极个性,同时让学生明白他们只是需要的更多,他们并不是不可改变的坏学生。从这样的角度出发,我并没有去否定小李同学,而是将小李同学定义为智商高的学生,处于马斯洛需求层次理论中比较高的需求层次。为了解决他的需求,我还希望他下学期来听我的拓展课。

### (三) 关怀

指导他和家长治疗因缺血导致失眠障碍问题,用运动来强身和抗压。关怀教育理论是由美国教育哲学研究会主席内尔·诺丁斯在其《学会关心——教育的另一种模式》中提出的,她提出"关心和被关心是人类的基本需要",因此"教育必立足于培养有能力,关心人,爱人也值得人爱的人"。"关心是一切成功教育的基石。"关怀教育理论的核心概念"关怀",是一种由关怀者和被关怀者在关怀情境中共同建立的相遇关系,"关怀"情境是这样的:关怀者真正关心一个人,就会认真去倾听他、观察他、感受他,愿意接受他传递的一切信息;被关心者接受他人的关心,然后显示他接受了关心;这种确认反过来又被关心者认知。我和小李同学的对话就一直努力在建立这种关怀情境下的相遇关系。

心理疗愈是一门复杂的学问。教师需要学,家长也需要学(父母也是在教育子女中自我成长的)。每一个生命体都是如此不一样,如此值得尊重。孩子的路很长,需要我们静待花开的那一刻。

### 七、教育随笔:师心荡漾——戏剧育人的魅力

从一个天天迟到、上课打瞌睡的孩子,到如今想考中国传媒大学、上课双眼放光的学生,从一个不愿与人沟通、令父母头疼的艺术生,到如今与同学们打成一片,成为同学和老师眼中的"艺术之星"。X同学的蜕变发生在康定路770号上戏附中的这块"福地"上,缘于一部名叫《奥菲利娅的影子剧院》的戏剧。究竟是怎样的魅力能将一个没有活力、平面的学生,变成了富有积极性、立体的生命呢?

一句话可能会毁了孩子,一部剧却可能成就一个孩子。在我看来,戏剧对育人有着独特的意义与价值。我深深希望,上戏附中的学生不仅是自信而美丽的,眼睛里也充满着光芒和善良,更重要的是,他们能在上戏附中被发现、被挖掘、被赞美。在上戏附中,教育拥有体现学生存在感的得天独厚的基础和土壤,那便是我们独具特色的戏剧教育。

为什么很多发达国家,特别重视幼儿园和中小学生的戏剧教育?上海的许多国际学校一般也都开设有Drama课程,这是因为戏剧的魅力是无与伦比的。

#### (一) 对话:戏剧让X同学被关注,被看见

上戏附中采访者:对于今年在《奥菲利娅的影子剧院》中参演的X同学,你

我的教育叙事

有没有发现她有什么变化？在这个过程中,你又有何收获和感受呢？

X同学班主任：我先说说她原来什么状态吧。初中毕业后,她很兴奋地考入我们学校,以为上戏附中比较自由。可是读了半个学期发现,我们的高中与其他高中都对学业非常重视。然后她就想要逃避,不想面对。这时候她就面临了一个高中生活的低谷。然后就是疫情,在这期间,她没什么机会和同学交流,也不能做她喜欢的戏剧。导致了她高一下学期状态非常差。经常上课趴着,走神,各门成绩都亮起红灯。直到线下复课后,赶了一赶,勉强通过了高一合格考三门学科。这是她变化之前的样子。据我了解,之前听她妈妈说过,可能在初中被打击过。当时老师说:"你学习都这个样子了,还有什么资格当主持人呢!"这是留在她心中的阴影。

上戏附中采访者：这真的是一句话可能会毁了一个孩子。那当时为什么要选择X同学来参加《奥菲利娅的影子剧院》的剧目展演,并让她担当主角呢？

X同学班主任：当初和这部话剧的负责老师讨论过,想替换掉她的主角。但当时又觉得,孩子在表演这块还是有热情和天分的,就决定不能放弃这个孩子的天分,还是让她来做主角。谁知道,当初这样的安排竟起了效果。她后来几乎没有迟到,在今年暑假,她每天都很早起来去排练,并积极配合艺术老师的安排。

上戏附中采访者：您认为她为什么有这样的改变呢？

X同学班主任：一个方面出于她对戏剧的喜欢,她喜欢做这个,就慢慢改掉了一些坏习惯。这就是戏剧育人的价值吧。另一方面,戏剧让她被大家关注和看见了,她体验了很强的存在感和自信心。在这之后,她的行为就产生了变化。因为住宿了,所以现在不迟到了。在高二上学期,X同学情绪上也有变化。你能明白吗？她的眼神有光了。所以这学期,我基本不用找她聊天来反馈问题。而且她和同学之间的交流也变正常了,同学之间经常会怼一怼,开个玩笑。她还发挥她的特长,在课间进行人物模仿,成为同学中愉快氛围的制造者。老师们也反映,跟她说话也不用像之前那么谨慎了,在沟通上完全没什么障碍。

上戏附中采访者:那在学习上,她有什么改变吗?

X同学班主任:其实语数外三门课都有进步,但目前由于基础较差,在英语和物理化学上还是困难很大。

上戏附中采访者:那您会如何应对呢?

X同学班主任:我觉得戏剧育人也启发了我。后来我也在有意识地让她在英语课上配音,用戏剧的这种形式引发兴趣。

上戏附中采访者:那您就是换一种方法,原来让她去读,现在让她去演。

X同学班主任:对的。她家长最近也反映,孩子已经在想着怎么把英语学好了。确实需要鼓励,她还是蛮感性的,对自己喜欢的东西才会去努力。所以我们也想做一些英语的戏剧,我们教研组内有很多年轻的力量,都在努力尝试走这条路。

(二)戏剧让X同学获得角色的认同和责任

上戏附中采访者:X同学您好,很高兴今天和你在这里聊一聊。和你班主任聊的时候,她认为你这半年有一个比较大的转变和进步。你自己意识到这一点了吗?

X同学:意识到了。

上戏附中采访者:你觉得是什么原因呢?

X同学:上戏附中有一个戏剧改变人生的理念,以及学校的一些相关活动,在这个过程中我改变了自己的心态。

上戏附中采访者:对,你刚才提到了戏剧。有一部剧叫《奥菲利娅的影子剧院》,这部剧你是参加的对吗?

X同学:对的,我在其中演的是"奥菲利娅"一角。

上戏附中采访者:能详细地跟我们讲讲奥菲利娅这个角色吗?

X同学:奥菲利娅非常热爱戏剧,但是她自身的声音条件不允许她做舞台上闪耀夺目的重要角色,可是她没有放弃并愿意去做一个"提词员"。在舞台上的演员忘词时,她会给舞台上的演员提词。她在舞台上可能并不光彩夺目,但是她还是非常知足的,喜欢做与戏剧有关的事情。

上戏附中采访者:奥菲利娅是喜欢戏剧的,从你刚才轻松自如的讲述中也可看出,你也是喜欢戏剧的,那除了喜欢戏剧这一点,你和奥菲利娅还有什么相同点呢?

X同学:在演绎这个角色途中,有一段戏是奥菲利娅被众人质疑其能力和才华。而我作为饰演这个角色的人,我就要把这种心态演出来。在这点上,我多多少少有点共鸣。

上戏附中采访者:这是你和角色之间产生了共鸣,那这种角色共鸣还让你联想到了什么?

X同学:我还想到,很多教师在学校的讲台上,其实和舞台上的演员也很相似,他们都渴望得到下面观众或学生的关注。

上戏附中采访者:那你觉得这个角色对你产生的最大的影响和改变是什么?

X同学:我觉得这是对我的一种认可,从一百多人里挑出我来演,我很幸运。这给我带来了很大自信。可能我条件不是很出众,但是导演给了我机会。这让我在学习中也变得自信起来。

上戏附中采访者:那这种自信怎么在学习中体现出来的?

X 同学：以前遇到难题，遇到不太擅长的学科，会比较颓废。就想着反正也解决不了，就放那儿吧。现在就觉得不喜欢的学科，起码可以主动做到跟上学习的进度，努力跟上老师布置的作业。在空闲时间，会去做一些补救，不让这门科目拖累太多。

上戏附中：其实这和舞台很像的，你和其他演员之间彼此也是同进退共荣辱，在学习上，你也逐渐能做到跟上大家。这是你从奥菲利娅身上学到的品质吗？

X 同学：是的。

上戏附中采访者：那除了学习之外，你觉得对你的生活有什么影响吗？

X 同学：参演的时候，每天早上规定九点五十到。但我为了不迟到，不拖累大家进度，选择早上六点半就起来，就定了很多闹钟，必须把自己叫醒。而且迟到对整体的排练，还是影响蛮大的，或者说这是一种责任感吧。

上戏附中采访者：那在家庭里，你认为你有改变吗？有什么新的变化吗？

X 同学：演戏时，因为奥菲利娅是一个时间跨度比较大的角色，我逐渐理解到一个成人的世界，在家里，也逐渐能承担一些家务活，也有一些理解父母了。

上戏附中采访者：那你演完这部戏后，你有演戏的志愿吗？想考哪所专业院校呢？

X 同学：有机会的话，我还是非常想演戏的，我的理想大学是中国传媒大学。

### （三）戏剧让 X 同学更加真实，体验共情

上戏附中采访者：刚才从老师到 X 同学本身，都说一部剧改变了一个人，那根据你的观察，你觉得这部剧和 X 同学的变化之间有何关联呢？

### 我的教育叙事

C同学（X所在班级同学）：我觉得X同学在这部剧里找到了她的位置，获得了认可。而且我觉得戏剧本身就是一个释放自我情绪并表现自我和表达自我的形式。在表演过程中，她的情绪可以被释放，一些真实的东西可以被表达出来。我觉得这对于心理健康和学习状态都有一定的促进作用。

上戏附中采访者：你的意思是戏剧的这些张力把X同学的负面情绪释放出来了。那在排练过程中，有没有印象深刻的与此相关的一件事或一个细节？

C同学（X所在班级同学）：她迟到变少了。而且她在戏剧表演上有天赋，她的表演风格非常真实，能够自然地释放出自己的东西来。在表演时，戏剧老师给她一些点，她能立马明白。

上戏附中采访者：那在学校生活中，她和同学们之间的交流有什么变化？

C同学（X所在班级同学）：她现在更愿意和同学们一起分享，课间也能说一些事情。

上戏附中采访者：那你是否也扮演过什么剧目的角色？你觉得戏剧对你的影响大吗？

C同学（X所在班级同学）：我也参与了暑期戏剧的排练，这让我每周少掉了三天学习的时间（开玩笑）。可以让我了解很多人文主义和文艺复兴的知识。可以让我明白戏剧是一个团队的活动。在演戏过程中，大家互相合作和摩擦，某些灵感被激发出来。同时感觉到自己的付出和成就感。

上戏附中采访者：除获取知识之外，还有其他方面吗？

C同学（X所在班级同学）：增加了很多阅历。不仅需要和老师和同学们反复沟通，也在剧本阅读中不断和角色沟通，获得了共情的能力。戏剧带给人的东西还是很多的，一定程度上，它增加了我的耐挫能力。同时，能让我更真实了解世界，比如在《李尔王》中，有一个关于真相和谎言的议论。

### （四）戏剧让 X 同学走向上戏附中的培养目标

上戏附中采访者：首先恭喜您的女儿获得上戏附中 2020 年度"表演之星"称号，那在获奖的激动之外，您肯定有很多话要说。

X 同学的父亲：是的。演了这部剧以后，女儿的自立和自律性比过去有了显著的提高。每周 4 次的高强度排练，虽然很苦，可是女儿回家后那股乐呵呵的劲儿，感染了我们。同时，这样一个有规律有要求的生活逐渐改变了女儿，我们看到女儿在集体中适应得很好。其次呢，女儿开始变得阳光自信了，每个星期五的下午放学，回到家里，女儿开始跟我们有一些交流了。把她在学校的学习、生活甚至对于角色的理解，都跟我们进行了充分的交流。同时，同理心也在增强，她回来说，老师上课就相当于在舞台上的表演，肯定希望得到观众更多的关注，所以她以后要好好地学习。还有，她也在观察日常生活事物的形状、声音等，这给了她更多的对角色的理解。最后，她这学期的学习有明显的进步。语文数学接近优秀，英语已经从 D 上升到 C，这也反映了她对学习的兴趣在增加。

上戏附中采访者：那您觉得这种变化根源是什么？

X 同学的父亲：我觉得这种变化的根源是戏剧教育的无形魅力，以及学校老师对孩子们人文的关怀。在浸入式的戏剧中，女儿体会着仪式感、纪律和要求，这对她产生了潜移默化的影响。也特别感谢肖英校长和学校，校长是一个很有人文魅力的管理者，在很久之前的招生宣传会上，我还记得肖校长说的"知行并举、德艺兼修、人格完善、责任担当"。我想最好的教育一定是在启发孩子，唤醒孩子的潜质，也希望越来越多的家长可以选择上戏附中这一个好地方。

在这个访谈过程中，我也深深地感受到戏剧的魅力。我们不希望抛下任何一个孩子，现在的孩子每一个都渴望被看见、被关注，我们可以采取他们喜欢的

行,以知趣

方式去改变他们,从产生兴趣开始,慢慢去产生知识和人格的转变。戏剧育人,首先要相信"孩子不是不可为"、"孩子的问题不是不可解"这一真理,选择好合适的方式,对如 X 同学一样的孩子,对这些孩子身上显现出的问题的解决都很重要。

其次,在上海这个国际大都市。学生的父母很多都是某些领域的精英或佼佼者,但是父母是学霸是能人,不代表孩子一定要和父母一模一样。孩子有他们的独立的思考和志向,我想,很多孩子都不想成为谁或谁,他们要做的,是成为这个世界上独一无二的自己!这也是戏剧育人的价值,每个孩子都是一个独一无二的角色。

而在戏剧上,当我们从追求语数外的主课地位,到开始重视戏剧这类美育形式,从开始追求千篇一律的培养目标,到对孩子个性化的追求,到我们今天强调的戏剧育人,这就是教育上的一个大进步。

为了更好了解、理解自己女儿,这位 X 同学爸爸甚至请来了他当年的数学老师,但是老教师也是束手无策。但当孩子爸爸和其老师一起观看着 X 同学在上海话剧中心的表演,在台下泪流满面的时候,他们一定明白:上戏附中的魅力在于戏剧育人,戏剧育人的魅力就在眼前这美的形态和角色中。愿我们携手一起,让戏剧育人的魅力彰显在每一个孩子身上。

### 八、教育随笔:游戏化,重塑人类积极的未来

对我一个从来不玩游戏的人来说,什么时候开始关注游戏了呢?一次在上"逻辑思维"拓展课时,让学生讨论"软实力"与"硬实力"时,学生在表述中大量的运用游戏来说明。对我来说就是听天书。但是我没有放弃,而是跟着学生的脚步不断追问:游戏到底有哪些积极正向的价值?学生回答我:首先人类一开始

看书是对视觉的冲击,到有了电视开始有听觉和视觉的双重冲击,再到游戏就有了听觉、视觉、触觉的多重冲击,也从平面直观走向了立体多维,因而游戏有巨大的吸引力。其次,游戏的每一步选择结果都会不同,有高选择性,就会有挑战,也会刺激,无限种可能在等着你。于是我问:无限种可能与数学的一题多解有什么区别呢?学生回答说:游戏让你有很强的"带入感",是"带入感"让你身临其境,愉悦身心。最后学生认为游戏还对启迪智慧、培养想象力等都有非常重要的作用。

与学生的对话,让我对此产生了兴趣,我又去请教了我曾经的市三女中学生,哈佛大学毕业后,在腾讯公司工作的谢同学。谢同学非常热情且乐意回答我的一连串问题。

(一) 我的第一个问题是:游戏有哪些特征吸引了学生?

答:因为游戏的类型有非常多,比如说最近几年在国内非常流行的王者荣耀(moba)和和平精英(fps)就是两种不同类型的游戏。但总的来说,游戏一般有以下几个特点:

目标、规则、反馈和自愿参与。游戏中的目标一般就是赢或者通关,目标很清晰,路径很明显(与现实生活不同)。规则就是游戏规则,可能会对玩家设置一定的障碍,但玩家总是知道通过长时间的尝试或者看通关策略是一定能够通关的(可以多次失败重试)。反馈其实是非常重要的一点,游戏的即时反馈性特别强。基本上每一步操作都会有当下立刻的反馈,对或者错,有奖励等等。

从我个人的角度以及对于一些年轻玩家的聊天中,还发现游戏有其他的一些吸引力:

1. 成就感。

2. 社交。（游戏中可以组队，游戏技术好的还可以带其他人上分很有面子）

3. 体验现实生活中没有的体验。（操纵英雄大家、设计等等）

对于一些在现实生活中可能无法获得特别多成就感的小朋友们来说，游戏世界是一个他们更有掌控力的世界。（有明确的目标和规则、失败没关系可以多次尝试、有即时的反馈和后续指引、取得胜利后有成就感）

4. 从展现形式来看，游戏和文学作品的最大区别是非常强的互动性。游戏会给到玩家很强的视觉、听觉等感官刺激，同时会设计各种关卡来和玩家互动，给到玩家反馈。游戏中，玩家和玩家之间也可以实时互动。

(二) 我的第二个问题：游戏会不会让人成瘾？

答：这个问题目前在学术界没有定论。但确实观察到小部分的游戏用户会比较不可控地投入过多时间在游戏中，忽略了现实生活。这个和游戏本身无关，但从我们接触到的案例来看，更多是源于对现实生活的回避（成绩不好、和家长关系不好、对自我的厌弃）。从我的角度来看，目前国内的游戏的设计可能还不足以能够达到让人在虚拟世界里走不出来的程度，也许未来的 VR 游戏有可能会。

(三) 我的第三个问题：游戏思维在日常生活与工作中有何用？

答：我个人认为，游戏思维对于日常生活其实有很多借鉴意义。《游戏改变世界》这本书也提到了很多。游戏化的核心概念是将游戏设计的元素和原则应用到非游戏领域，从而让某种活动变得更加吸引人。其实现在很多应用软件已经开始使用这种游戏化思维了，很明显的一个例子就是会员积分。

在请教了我的学生后，我又去查询了《游戏改变世界》一书。之前看过这本书时还没有很大冲击力,今天有思考研究了去看,感觉不一样了。书中有这么一些话:我们的未来要靠懂得游戏的力量和潜能的人去创造。游戏,前所未有地占据和改变了我们的生活。我们借助游戏的力量,便可以让生活变得像游戏一样精彩,我们的未来将焕然一新。

看到这些话时我未必都相信,但是有一条我想我开始关注游戏了,试图去了解、去思考、去分析了,尽管不超前,但是努力让自己不落伍。游戏中的"高互动性""及时反馈"等特征是值得我们在工作生活中学习和运用的。以游戏的心态去享受,以侠客的风度去驾驭。这大概也是一种"趣"吧。

### 九、教育随笔:"鸡娃"不如"鸡自己"

周末看见我的学生,一位上海外国语大学毕业,英国诺丁汉大学留学回国后工作好多年,一个五年级孩子的妈,又去复旦大学读"人和心理学研修项目",发了一个朋友圈:"鸡娃不如鸡自己!"这句话 get 到我了。于是准备写一篇文章,进一步分析这个观点。于是我采访了我的多位做妈的学生,她们说:

因为改变自己比改变他人容易得多。鸡娃容易自我焦虑,患得患失,影响亲子关系,孩子也容易失去自驱力,严重的还可能习得性无助,产生心理问题。一个人的一生太长,每一个孩子的未来都有无数的机遇,无数的可能和无数的挑战。今日的鸡血可能让孩子获得眼前的成绩,但无法替他扫除未来人生里的每一个障碍。相比学科成绩,他们更应该具备淡定、从容、好学的品格,自我调节情绪以及追求幸福的能力。这些不是机构和教科书可以给予的,而是需要父母言传身教,让他们看到什么是活到老,学到老,什么是努力奋斗,以父母自身的不断进取成为孩子眼中最上进的那个偶像,教会他们在人生的长河里,要靠自己的努力和智慧去攻克每一个难题,应对每一次风暴,享受每一次成功。

如果把人比作一部车,那么汽车与手推车的区别犹如宇宙之于浮尘。造成这种区别的原因在于汽车是内燃自驱的,手推车是外力驱动的。鸡娃的本质无非推车的人拼命去跑,顶天了就是雇匹马拉着跑。与其如此,父母们不如追求自我修养的提升,当我们都是高速奔驰的汽车,我们的家庭犹如先进的高速公路时,同行的车怎样也慢不下来不是? 毕竟最低限速标志在路上杵着呢。

父母的格局决定了孩子的格局,与其把焦虑传递给孩子,不如让自己成为具有大智慧的父母,把更好的生活方式带给孩子,让他们可以追求自己的人生梦想。这难道不是每一个父母所希望的吗? 所以鸡娃不如鸡自己,鸡完自己发现娃也开始自鸡了。

我的这些学生都非常优秀,都属于明明可以靠颜值却要努力拼搏的人。毕业这么多年我们一直保持着非常好的关系,因为我需要向他们学习,让自己不落伍。

在教育中我发现,有的人明明自己不是学霸,却一定要让自己孩子成为学霸;明明自己读书期间也很普通,却一定要自己孩子出类拔萃;明明自己不思进取,却要孩子勇往直前。这是什么逻辑呢?

靠别人实现的人生是不真实的。静待花开不是对老师说的,真正是需要家长耐心、恒心和爱心。

鸡自己吧,你优秀了,你努力了,你上进了,相信你的孩子差不到哪里去了。

## 十、教育随笔:"控制"和"溺爱"是教育的大忌

教育问题一直是大家关注的问题。在工作中我越来越发现,教育的大忌是

下编　踽踽行十载，兴感当如何

控制与溺爱。

要么是事无巨细，一切都想牢牢把控，从孩子的日记到微信朋友列表，从学生的每个细节把控，要么就是纵容，什么都可以答应或者什么都不管不过问，让孩子"自生自灭"。

我认为这两个问题背后有着深刻的心理逻辑。

就"控制"的心理逻辑来说。第一，我觉得父母心里肯定在想："你必须得听我的。我是大人，我肯定比你懂，所以我该指点你怎么做。"第二个逻辑特征就是，因为我这样子"控制"着你，你就不会走错路，可以成长得好。果真这样吗？

社会心理学里有一个概念叫"最重要的他人"，意指每个人在不同的生命阶段都有一个"最重要的他人"。孩子较小时，"最重要的他人"是父母，等孩子上学后，"最重要的他人"是老师，等到中学后，"最重要的他人"常常是朋友，所以初高中学生会特别在意同学关系。等工作岗位时，"最重要的他人"是情侣或伴侣。而现实却常常是这样，孩子小时，父母把这个"最重要的他人"让给了外公外婆或爷爷奶奶，而到孩子上学阶段却以"控制"的方式去抢占"最重要的他人"。这种时间上的错位会导致在孩子和父母的关系上，一个想控制，另一个却反抗这种控制，反抗的结果是亲子关系的破裂，于是这样的家庭教育越发走向紧张，极端会出现抑郁或离家出走等。

控制欲强烈的大人其实内心是无助与失落的。往往想通过控制他人来证明自己。

我们也可以发现，在日常生活中很多有心理疾病的孩子，其实在背后是父母的强烈的控制欲导致的。所以，心理医生常常说，不是父母带这个孩子来看病，而应该是孩子和父母一起来治疗。而"溺爱"背后的心理特征认为："孩子还小，孩子还不懂。""溺爱"往往是无原则，没有底线的满足和包办。

溺爱小辈的人是以爱为名,其实质是害人。爱的无原则和爱的无底线是对爱的亵渎。等孩子长大以后,他就会变得以自我为中心,把自我的意识凌驾于社会集体的意识之上。当下社会的"巨婴"亦是如此,心理的发展和年龄的增长、外貌的变化不相匹配,这种孩子在社会上比较任性、缺乏责任,也不会感恩。

从哲学意义上说,教育的最高境界是分寸感的把握。要真正认识到孩子不是你的所有财产,而是一个独立的生命体,一个需要自由地生长的生命体和自由呼吸的生命存在。

### 十一、教育随笔:家长会上有爸爸的身影吗?

在 2020 年的 2 月 26 日上戏附中开展了艺术专业学生的期末考试,邀请家长参加,为此中午还召开了艺术生家长会。我注意观察了一下 80% 以上都是妈妈的身影。对于这个习以为常的现象,我在第 14 期的"肖邀午后"与学生们做了一次交流,先听听学生怎么说。

第一个问题:这次家长会你们家谁来参加的? 结果 6 名学生都是妈妈参加。

第二个问题:你希望开家长会爸爸妈妈中哪个来?

A 同学:妈妈,因为比较温柔。

B 同学:妈妈,比较细致,会有反馈,有建议。

C 同学:爸爸妈妈都可以,都比较关心我。

D 同学:爸爸妈妈都可以,爸爸总是夸我的,妈妈可能会提点小要求。爸爸来会不断打电话很煞风景。

E 同学:妈妈。她会鼓励我,爸爸会说,虽然很好,但是……。我问:不希望有"但是"? 学生答:不接受打击性话语,能接受建议。

F同学：爸妈都可以，我也不喜欢"但是"句型，因为感觉表扬的话也会变成假的了。

第三个问题：你如果是妈妈，你觉得妈妈要参加家长会的心理逻辑是什么？

A同学：了解其他家里孩子情况，喜欢和老师及同学的父母交流。

B同学：妈妈指向性很明确，了解完自己孩子情况，然后找到孩子方向就好了。

C同学：了解我在学校的情况。

D同学：妈妈想看看我有多优秀。

E同学：妈妈平时不太了解我学习情况，生活方面关心多一点，所以来参加会议了解一下。

F同学：妈妈会想全面了解学校的情况。

第四个问题：你家爸爸不参加家长会的心理逻辑是什么你知道吗？

A同学：都是妈妈去，我去很傻。

B同学：爸爸我很忙，妈妈如果不能去只能我去，如果妈妈能去最好不要我去。

C同学：爸爸总是打电话，只能我妈妈去。

D、E同学：爸爸事情多。当然主观上不那么愿意来。

F同学：主观上是愿意来的。这次是忙着所以没有来。

第五个问题：在家庭中，关乎你自己的升学等重要问题你们家谁决定？

A、B同学：我自己可以决定。

C同学：爸爸能一票否决，关乎人生大事的，妈妈会听爸爸的。

D同学：爸爸妈妈全力支持我。

E同学：妈妈决定。

F 同学：妈妈会支持我，但会帮我分析利弊，最后尊重我的决定。

从学生们的回答来看有三点：1. 孩子希望妈妈去开家长会的居多；2. 爸爸主观上不想去开家长会的居多；3. 妈妈们都比较积极想去开家长会。

这些特点有没有心理基础呢？这个问题是一个两性心理差异问题。第一，男性更喜欢共同参与"做"某件事的活动方法来建立关系，女性则是通过信息分享。家长会是典型的信息分享型的。第二，男性的自尊心高到无法让女性想象，因此在这样的场合尤其如果孩子成绩不是特别理想，是不是爸爸出席会有自尊心的因素影响。

从社会学角度讲，大众认知上抚养和教育小孩更多是妈妈的职责，这不仅体现在开家长会，也体现在其他如盯作业、接送小孩、报辅导班等等与教育相关的活动上；当我采访一些爸爸们后答案有意思：老婆不放心我，说我不善于交流；工作确实很忙没有时间顾及等。

家长会参加情况只是反映家庭教育一个缩影。不来开家长会也不等于不关心孩子教育，但是就怕一直不了解新东西，不接受改变，长此以往会固执己见，于夫妻关系、亲子关系都是不利的。一般来说父母同心，父母共同培育的家庭孩子的心理、生理、学业、性格会更好些。

爸爸们，请走进你的孩子，与他交流，走进学校，了解教育，用你的智慧与思维去引导和带领孩子。在孩子的成长中不能缺失父亲这一重要角色！愿你和你的孩子都拥有一颗饱满的内心和一个有趣的灵魂。

十二、教育随笔：你听说过"雌雄同体"一词吗？

雌雄同体（hermaphroditism）是雌雄异体现象的反义词。即在一个生物体中雌、雄性状都明显的现象。雌雄同体是指动物同时具有两性腺体。通常仅指正常的现象而言,与间性和雌雄镶嵌现象等现象是不同的。植物也有雌雄同体现象。这是生理意义上的解读。我们今天讨论的是性格意义上的。所谓雌雄同体,就是她们都在处理同事关系这件事上保有了较强的母性特征,但是,在决策行为上却表现出男性还要强烈的原则感和坚定感。具有这样特质的人是非常优秀的女性。

周国平说过:最优秀的男女都是雌雄同体的。如果没有另一性别的特征你会觉得这个人有缺憾。男人只刚不柔,你会觉得生硬,女人只柔不刚,你就会觉得她软弱。雌雄同体也是在追求一种人性的完善,刚柔相济,兼具感性与理性思维。有温度,却不失智慧,有力量,却不失温柔。知世故,却不随波逐流。雌雄同体的人,有气质更有气场。

阳刚和阴柔是辩证统一的,没有人是绝对阳刚和阴柔的。舞蹈家杨丽萍曾经说:自己是雌雄同体。还比如梅兰芳一生有两位夫人11个孩子,他生活中绝对是纯爷们,可是舞台上揣摩女性心理、表现女性风姿非常棒。人生如戏,戏如人生,我一定相信人性的内涵是丰富的,人性中也不乏截然相反的对立面,包括性格中的阳刚和阴柔,只是看在什么情况下、面对什么处境、对什么人,《红楼梦》里说"假作真时真亦假"。我对这四个字的听闻,是在华东师范大学参加教育部第61期高中骨干校长培训班时听班主任说起的。因为这个词敏感,我就开始了解并学习了。期待这个话题大家可以进一步思考。后来在听清华大学宁向东老师的《管理学》课程时听到这么一段:在未来世界里,善于发挥女生长处的组织,是有前途的组织。因为女性领导者具有以下特征:

男性领导者更倾向于从自己的角度出发想问题、作判断,沟通工作不如女性;而女性则比较注意跟大家沟通,这样就能够有全面的信息,能够更好地对这些信息进行整合,所以女性在整合力上,有着特质上的优势。

女性的韧性特别强,持久力也比较好,所以,当面对多数人都认为做不到的事情时,她们的信心和进取心反而更高,这往往会导致意料之外的结果。

女性的耐性十足,更善于倾听,她们也更愿意跟别人分享自己的意见,所以问题经常就会被讨论得比较充分。这就导致了她们在决策的过程中,可以听到更多的声音,也可以更加全面地去作决定。

女性具有更强的牺牲精神,所以,她们更容易为一件她们认为值得的事冒险。这可能跟女人的生育过程有关,女人的生育过程,其实就是一个死去活来的过程。所以,女性更容易把那些沉重的负担,变成前进的动力。

最优秀的男女、最伟大的灵魂,必是雌雄同体的。心里有束光,眼里一片海。

# 后记：因为热爱，所以懂得

有些事情说起来很容易做起来还是需要下决心的。2018年5月我在静安芮欧百货的钟书阁举行了一个非常高规格的《行，以知道：我与上戏附中这五年》新书发布会。当时我就说："2021年我将出版我的第三本书《行，以知趣：我的教育叙事》。"当时以为三年很长，容我慢慢思考。时间如梭，一晃2020年底了，第三本书在哪里？好在平时一直在思考，一直在积累，一直在撰写。当我准备书稿时，这些刚好都冒出来了。我所整理的每一篇文稿都是一段回忆，回忆这篇文章产生的前前后后场景，每一次接受的访谈，每一次思路泉涌后的文字，每一次与小伙伴们讨论好久的课题、发言等。所有的过往都值得留下。留下的不仅仅是记录，是回忆，更是对自己生命历程的一份尊重，一份美好，一份热爱。

近40年我都在做一件事——教育，但是教育的轨迹还是很长的。横跨上海三区工作过，在不同类型学校都有我辛勤工作的足迹：有完中和高中，有市实验性示范性高中和普通高中、特色高中，还有女中，可谓是丰富多彩；也从事过学校的许多岗位。我一直相信所有经历都不会白费，这些学校的工作经历都让我感恩认识的许多崇拜的前辈，从他们身上学到了专业主义精神，了解各种学校的课程特点和管理机制，为来到上戏附中工作都奠定了基础。思路决定出路，眼界决

行，以知趣
#### 我的教育叙事

定境界，看多了，自然也就知道怎么回事，但真是这么回事吗，还是要亲自做了才能得以求证。

来到上戏附中后我越来越发现：每一个生命是不一样的，每一个生命都是独一无二的存在，每一份热爱都是有意思的。真正学艺术的，搞体育的，以及在这里面的学问与这其中的辛酸和付出并不是我们一般人所能理解的，所以唯有尊重和敬畏。

有家长在朋友圈写道："作为戏剧特色学校，上戏附中给予的是符合学生特点的双轨、平衡的课程设置；给予的是优师优质的艺术特色课程内容；给予的是公办平价的学费；给予的是身心健康的积极引导。感恩附中，感谢上戏附中的平台，让孩子们在青春季健康、快乐、自信地成长！"每每收到家长的一封又一封表扬信，听到一位又一位家长说，孩子到上戏附中以后开心了，非常喜欢学校，自信、阳光、笑容又出现了，此时此刻我就非常幸福。教育不就是让人幸福吗？有位跨行业领导夸奖我说："你走在时代的前沿，为我们带来希望，为现代教育破题开路，真正是为了人的成长而教育。"我想我没有做到，但是一直在努力中。

最近有个词是高频词：美育。究竟什么是美育？我特别佩服赵其坤老师给予上戏附中的指点："校长把一所普通学校办得不普通，一所美的学校，一定是美在形式、美在理念、美在典型、美在关系、美在生活；校长把有限的空间全部用在了促进学生发展上；美感是有生理基础的，美感是有心理基础的，美感是有社会基础的，培养学生知美、爱美、会美；幸福是一种能力、一种态度、一种人生境界。其实，一个孩子一生当中，能在高中阶段，享受走上舞台表演，接受别人的掌声喝彩，接受老师和社会大众的悦纳和表扬，是多么美好的事情！高中教育要为国家输送有志向、有能力、会生活的劳动大军（原创性人才）。"

"艺术美育创新，成就卓越校长。艺术与科学的结合可以有效地在未知领域建立新的现实，艺术与科技的结合可以在新的现实的基础上设计出新的价值。

## 后记：因为热爱，所以懂得

新的现实与新的价值是推动人类思想进步的源动力。基础科学类艺术思维（抽象思辨性、概念性现实塑造），科技类艺术思维（设计性价值创造）和无目的感性思维（非理性通感表达与感受）这三种思维方式的结合对综合现实塑造及创新可能性的捕捉能力的升华有很大的帮助和提升……上戏附中就是这样一所探索成功的特色高中！"

当我请我的导师，华东师范大学终身教授、教育部中学校长培训中心原主任陈玉琨老师为我写序时，陈老师欣然答应了。我想不是我的书写得有多好，而是陈老师对一个战斗在基础教育第一线，一直笔耕不辍的校长的鼓励与期许。收到陈教授的"序"后，我读了一遍又一遍，忍不住热泪盈眶。教授已70有余，眼睛也不好，还要看我十多万字的书稿，并一个字一个字地把序文敲打出来怎让人不激动。我一直觉得有一种情感叫作：在心里。在心里的这份情，这份暖，这份感恩。陈老师对后辈充满关爱，而袁岳老师则对教育人充满期待，期待中国教育真正关注人的感受，关注社会发展，关注与世界的同步。

我与袁岳老师是在2014年的一次讲座上认识，在这六年中我觉得我与袁老师的缘分越来越深——来上戏附中做"文化名人进校园"活动，参加袁老师的读书分享会，袁老师还亲自来参加我的《行，以知道：我与上戏附中这五年》的首发式。今天他又为我的《行，以知趣：我的教育叙事》作序，从教育外的视角来看教育。当他把这篇序放在了他的个人公众号时，我知道我们已经成为一生的朋友了。

在本书的撰写过程中还得到我的同仁们的支持和帮助，得到静安区教育基金会的大力支持，得到华东师范大学出版社的大力支持。一并感谢！

期待本书得到大家喜欢！

肖英

二〇二〇年十二月